大夏书系·全国中小学班主任培训用书

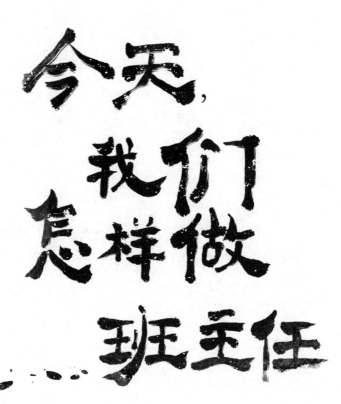

今天，我们怎样做班主任

优秀班主任
成长叙事

齐学红 ——————— 主编

华东师范大学出版社
ECNUP
全国百佳图书出版单位
·上海·

全国教育科学"十三五"规划课题国家一般项目"历史文化视域下的师德建设长效机制研究"系列成果之一。

目 录

　　长期以来，人们习惯于把教师描述为燃烧自己照亮别人的蜡烛、辛勤的园丁、人类灵魂的工程师……这些形象高大、神圣却不可亲近，离普通人的生活相去甚远；教师只是权威的化身，无法走进学生的心灵深处。今天的班主任面对的是网络时代成长起来的学生，他们是网络时代的原住民；与传统意义上的学生相比，他们的眼界更开阔，获取信息的渠道更广泛，教师不再是唯一的信息源和影响源。作为新生代的青少年，他们大多不盲从教师、家长的权威，独立而有主见，叛逆而不顺从。教育对象发生了变化，今天的教师形象也更丰满：做一个与时代发展相融合、相适应的人，一个充满生活情趣的人；了解今天的学生在想些什么，喜欢什么，不满什么，只有这样，才能走近学生，理解学生，进而影响学生。那么，今天的学生需要什么样的班主任，他们眼里的班主任形象是怎样的呢？

一、有真爱心的班主任

一项问卷调查显示，学生心目中的好班主任具有以下特点[1]：

1. 真心实意地关心爱护学生，体贴理解学生；

2. 平等地对待学生，每天能用微笑面对学生；

3. 督促学生抓紧时间；

4. 经常给学生鼓励，不打击、不训斥学生；

5. 不说套话，布置工作有重点；

6. 善于发现学生的心理变化，给予学习心理指导；

---

[1]　节选自：唐巨南.学生喜欢怎样的班主任 [N].德育报，2004-04-19.

7. 能把学生的意见反映到学校领导那里去；

8. 能融入学生之中，有号召力、凝聚力，能带动班级学生活跃气氛；

9. 能如实公布班级的每一点进步和退步；

10. 博学多才，幽默风趣，性格好，易相处；

11. 经常对学生进行学习方法指导，减轻学生学习的心理负担；

12. 小事糊涂，大事清楚，该管的管好，不该管的不管；

13. 经常开展有益于学生才能发挥的活动；

14. 教会学生怎样才能做好，而不是一味讲道理；

15. 经常和学生聊一些社会动态方面的信息，开阔学生的视野；

16. 不拿扣分来约束学生。

可见"爱学生"是班主任必备的修养，学生和家长对教师最主要的期望是在情感方面，希望与教师建立良好的师生关系与师生情感。教育是一门心灵的艺术，存在于人与人之间的交往性活动中。在人与人的沟通中，情感起到关键性的作用。对于教师而言，是否把对教育事业的理解，对学生的爱投入教育工作中，是衡量教育成败的试金石。没有爱便没有教育。

班主任仅仅有爱心还是不够的，重要的是把对学生的爱定位在合适的位置上。教师对学生的爱，重要的是爱的目的与方式：不以爱为理由，让学生背负沉重的负担；不以爱为筹码，让学生感到天平的失衡；不以爱为条件，让学生陷入功利的误区。教师的爱是无私、高尚的，是公平、公正的，是宽容、深沉的，是纯粹、无条件的，是不求任何回报的，是真正意义上的爱，而不是虚伪的爱。如果说爱有回报，最大的回报就是在学生心灵深处播下爱的种子。正如李镇西老师所说："以厚此薄彼的态度对待学生，并不是真心爱学生。所爱的一部分学生实际上成了班主任的私有物，因而这种爱是自私的。真正的爱是爱所有的学生，爱身边所有的人。"[①]

---

① 李镇西.做最好的班主任 [M].桂林：漓江出版社，2014.

二、有亲和力的班主任

学生为什么喜欢有亲和力的班主任？有亲和力的班主任是怎样的？

班主任工作是以心与心的交流作为前提条件的。只有真诚的话语才能换来心扉的开启。居高临下地呵斥、虚伪自私地卖弄，都不会赢得学生的尊重，也无助于学生思想症结的打开。教师要给学生以自由度，让学生敢于说话，敢于争辩，无所顾忌。

黑板忘记擦了，老师默默地拿起黑板擦擦干净；地上有一片纸屑，走过去悄悄地捡起；教室后排有一张椅子还没翻下，走过去把它拿下；在 QQ 空间里记录学生成长的点点滴滴，并向学生开放……滴滴甘露，润物无声。

孩子生病时，给他一个关爱的微笑；孩子无助时，给他一个鼓励的微笑；孩子成功时，给他一个赞许的微笑；孩子犯错时，给他一个宽容的微笑……善意的眨眼、幽默的话语、一句时尚酷语、一举手一投足都可以是微笑的外延。①

从下面这篇学生的短文中，我们可以了解一名具有亲和力的班主任是怎样的：能与学生打成一片，体谅学生，以身作则，真诚地面对学生。这样的班主任是一个对学生充满爱的形象。从我们身边那些深受学生欢迎的班主任身上不难发现，那些能够真诚对待学生的教师更有亲和力，更容易走进学生的内心世界。我们把这样的教师称为时尚教师。所谓时尚，不是看你是否年轻，而是看你是否有一颗年轻的心，是否能够与时代同行。时尚不是看你是否追得上潮流，而是看你对潮流能否接受，是否有一种不断学习、接受新鲜事物的能力。时尚是一种美的感受，在每一个孩子的心里，都希望自己的老师是最美的，而这种美不仅仅是外在的，更来自内心。

有一种美叫作气质，有一种气质叫作幽香，有一种幽香叫作优雅，有一种优雅叫人赏心悦目，在我眼里，包老师就是一个有着优雅气质的女人。背

---

① 杨建彬. 亲和力：班主任高效工作的秘诀 [J]. 江西教育，2012（27）：1.

影，绝对的赏心悦目。

今天的包老师真的很美。神采飞扬的眼眸，头发是浪漫的颜色，衣服大方优雅而又不失个性，有着自己独特的韵味。我相信所有人的第一反应都是"好美"的一声惊呼。包老师绝对是我崇拜的对象：有个性，有条理，有优雅内敛的气质，永远都能把事情做到最好。

我最欣赏包老师的，是一种气质，那种气质包含了淡定从容，含蓄和深沉的内敛。仿佛无论什么事情放到她面前都能处理得极有条理，那种沉稳，让人很信服。

作为一个老师，包老师也是最好的。她悠扬的声音，曾让我们班为之掌声雷动。她对每一篇课文的分析，都极有条理。她对工作的态度，总是细致而周到，让我为之叹服。老师的背影，曾有许多次看见过，我不知道该怎样形容这种感觉，是欣赏，是赞叹，还是对背影的主人一种深深的信任感。我们的老师，真的，很美。

（学生博客 楼小洋）

教师是为人师表者，在学生面前，教师的风度、体态、着装、气质无不体现着一种修养，传递着一种优雅，教师不是盲目的时尚追随者，也不是时代的落伍者。时尚是一种与时俱进的状态，是一种接受新生事物的学习精神，它可以使你处于时代的最前端，始终充满活力与朝气；你可以与学生谈最新的赛事，可以与学生交换对明星的各种看法，可以在线与他们平等交流，可以成为学生无话不谈的朋友和知己。

面对学生对班主任的更高期待，老师也在学生期待的目光中悄然改变着自己，不断完善着自己的教师形象——

我非"偶像派"教师。空有1米78的个头，"苗条"的身材！但是学生不止一次提到，喜欢看我咧嘴大笑的傻样，说那特别有感染力！看来自己慢慢地已从一个不更事的小伙子，变得也有"风度"了！

回味自己这两年多的变化，其实还要归功于学生的"培养"。自己在面对学生时，每天早上起来要把胡子刮干净，把头发梳理整齐。如果是穿西装的话，要让老婆选一条比较协调的领带。衬衫虽然不是名牌，但保证每天一换，不让污渍出现在领口和袖口；天暖时争取每天洗个澡，不让头皮屑落在肩膀；脚上的皮鞋每天保持黑亮。这样每天都有一个好形象出现在学生面前。因为自己心里清楚，我是一个班56个学生的"头"，整天给他们讲要注意自己的行为规范，要注意个人修养，要树立君子风度，自己总不能太掉价吧！

也是慢慢地，发现自己的脾气变得不那么火爆了，发现自己也可以娓娓而谈了，发现自己站在那里不会东摇西晃了，无怪乎学生说，对刘老师既喜欢又怕，搞不懂是为什么。

想想自己最初的本意是要为人师表，为了不辜负学生的期待，为了不辱没教师的真正形象，结果却改变了自己！ ①

班主任在孩子成长中扮演着什么样的角色呢？他是孩子最亲的朋友，陪伴孩子成长的左右；他是孩子的亲人，呵护孩子成长的每一步；他是孩子的榜样，引领孩子成长的方向；他是孩子的桥梁，架在学校与家庭之间；他是孩子的医生，保证孩子成长中的健康……

教师职业是影响人一生的职业，班主任更是学生生命成长的精神关怀者和"重要他人"，他的地位是任何人都无法取代的。这是理想中的班主任角色，也是每一位班主任心向往之的境界。然而当你进入学校从事班主任工作后却发现，班主任必须面对现实生活中具体的人和事，而人是世间万物中最复杂的，即使面对的是未成年的中小学生，也同样如此；面对教育现状，班主任的困惑也会随之产生。

当我们满怀激情、踌躇满志地走上班主任工作岗位时，这就意味着走上了一条理想与现实并存、鲜花与荆棘交织的人生旅途，我们会为孩子点滴的进步而欣喜，也会为孩子每一次遭受的挫折而牵挂；我们的今生将注定与孩子的生命联系在一起，伴随着每个孩子生命的成长，我们的生命也将发出绚烂的光彩。

---

① 刘国营，李镇西. 情到深处 [M]. 北京：教育科学出版社，2006.

1. 你如何看待今天的教师职业？在学生面前，你希望树立怎样的教师形象？

2. 你怎样理解班主任对学生的爱？你觉得这种爱具体体现在哪些方面？

第一章 初任班主任需要面对的三个问题

人们常说：一名优秀班主任一定是一名优秀教师，而一名优秀教师未必能成为一名优秀班主任。刚走出大学校门不久的新班主任，对于自己的学科教学心中还有些底气，但对于如何做好班主任工作，心中则十分茫然，总有一种摸着石头过河的感觉。班主任可能面对怎样的学生，学生中可能会出现什么样的问题，是无法完全预知的；同学科教学相比，班主任工作的付出虽然无法用分数来衡量，也无法用课时来计算，但班主任对学生成长的影响远远超过学科教师。作为初任班主任，新手上路，往往会因缺乏经验而在班级工作中手忙脚乱，不知所措。那么，我们身上有哪些优势可以弥补经验的不足，帮助我们尽快适应，并且胜任这份看似平常却又艰辛的工作呢？

一、面对自己

（一）年轻也是一种优势

初三（6）班，一个普通中学的普通班级，一个三年 3 次"易帅"的班级。初一带班的朱老师因为生孩子"退位"了，初二带班的孙老师因为教地理，初三没有这门课也下来了，在学生毕业最后一年的关键时刻会由什么样的班主任来挂帅呢？

史老师，一个刚工作两年的年轻教师接替了这个重要岗位，虽然教了两年书，当班主任还是第一次，面对两次换班主任的班级，以及初三最关键的阶段，对于一个初出茅庐的小伙子来说，这份重担能挑起来吗？

史老师中等身材，清瘦的面庞上架着副眼镜，在教师队伍中是最年轻的，平时默默无闻，在办公室很少听到他的声音，对其他老师他总是很尊重，很谦虚，若混在学生队伍中，压根看不出来他是这个班的班主任！

第一次当班主任，经验值为零。人们只看到他每天来得最早，走得最迟。两个月下来，这个班没有什么大的波澜，一群"小猴子"似乎也没有闹出什么动静来，平稳过渡！这对于一个年轻人来说已实在不易，能这样坚持到毕业，就算是圆满完成任务了。这也是学校对第一次担任班主任的他最大的期望。直到有一天，下了晚自习，校长在值班清场时看到了这一幕，才对这个小伙子格外关注起来——

距闹市很近，离繁华很远

今晚在校园巡视，清场后看见三（6）班的灯光依然明亮，此时已经 7:30 了，不禁上楼看个究竟。只见七八个孩子在写作业，3 个男生正狼吞虎咽地吃着晚饭，这三大盒盒饭竟是史老师下班后特地回家为他们带来的，目的就是让这几个学习有困难的孩子能在学校安心完成好当天的作业再回家……

校园的夜晚很安静，灯光下，几个孩子显得很专心，似乎没有了白天上课时的那种随意，这时觉得他们也很可爱，他们似乎在这时找到了一种学习的感觉，而这种感觉需要一定的氛围。在这个环境中，没有家长的训斥、没有老师的强求、没有他人的干扰，只有一个比他们大不了多少的老师在静静地陪着他们……

我静静地走开，不忍打扰这夜色中的宁静，一个大男孩和他的学生构成了这校园夜色中最美的却最不被人注意的景致。

关注学习困难的学生是我们教学工作中最重要的任务，它需要从学生和教师两个层面共同努力，对这些孩子，我们如果能少一些抱怨，多一些鼓励，少一些批评，多一些微笑，少一些指责，多一些指导，相信孩子们是会感受到的！

校园的夜色，映衬在高楼大厦的霓虹灯下，显得很宁静。出门 5 分钟，就能融入新街口的热闹繁华之中。可是为了孩子，我们距闹市很近，离繁华很远……

（吴虹校长手记）

这是一个初出茅庐的年轻人，一个新手上路的班主任，一个处处为学生着想的大朋友，一个时时让我们惊喜的小伙子，一个常常带给我们感动的新教师——

教室一角摆放的微波炉，让班上路远的孩子能吃上热腾腾的午饭；

新年前，老师买来的圣诞树上系满了同学们对中考、对未来的美好期望；

中考临近，他带来茶叶、咖啡为同学们提神醒脑；

毕业前夕，他每天深夜在网上为每个孩子写一篇文章，贴上孩子在学校的一张张照片，插入一段段动听的背景音乐，用自己独特的方式为每个孩子加油、祝福！

他带领着34个孩子走过不同寻常的初三，每个孩子的激情被点燃，每个孩子的潜能被焕发，每个孩子的心灵被荡涤，每个孩子的自信在崛起……班上每个学生在他眼中是那么透明、可爱，他在学生眼中又是怎样的呢？

昨夜，我翻看着去年暑假军训时拍的集体照，同学们在烈日下晒黑了脸与脖子，却露着雪白的牙在笑。那是多么令人怀念的时光啊！我喜欢被烈日暴晒的感觉，被暴雨淋漓的畅快，但是在我尽情享受这一切的时候，我的身体因为受不了而发烧了，这预示着我将要在病床上躺着。

白天，当同学们训练时，老班一直守在我的床头，忙于为我更换毛巾，史老师，不知您是否注意到躺在床上的我眼角挂着的眼泪，不知是对母亲的思念，还是因病不能参加训练的遗憾，但我想更多的是出于对您的感激。

对照相片里的你，现在的你瘦了，我知道为了这个班您付出了很多，却常常收获失望，不懂事的我们总是让您操心，但我们真不是故意的……

再次说声谢谢您，老师！

家长给他的留言：

认识你是一种荣幸，孩子们拥有你是一种福气，你的年龄与你对孩子们细致的关心让我们感动。自从孩子进入你的班级后，学习在进步，自信心在增长。在你这个年龄能把教师作为一种事业、责任在经营，而不是作为一份职业去完成，是令我们做家长的由衷敬佩的。祝愿你身体健康，阳光快乐，桃李满天下！谢谢！

网友给他的留言：

史老师，你真让我感动，在这样一个让人浮躁的时代，你如此用心经营你的班级，如此真诚地对待你的学生，如此有激情地从事在很多人看来枯燥乏味的工作，怪不得你赢得了学生的热爱和家长的尊重！

一个第一次带班的年轻人和 34 个孩子的变化，让校园中的每个人从关注、惊喜到感动、鼓舞，我们看到年轻教师独特的魅力与感召力——

因为年轻，我们充满激情，在班主任岗位上实践着我们学生时代的梦想；

因为年轻，我们充满朝气，让班集体处处感受到阳光与活力；

因为年轻，我们格外用心，精心陪伴学生走过成长的每一步；

因为年轻，我们与学生没有距离，与每个孩子结下了不解之缘；

虽然是初出茅庐、新手上路，但是年轻人的激情、努力可以成为我们最大的财富！

〔实践与反思〕

新班主任的优势与常出现的问题

新班主任的优势	常出现的问题
激情、活力，有热情	易冲动，缺乏冷静
与学生之间关系密切	难以把握距离与度
善于创新，爱动脑筋	遇到问题苦恼、无助、易打退堂鼓
思维活跃，班级活动丰富	缺乏计划性与条理性
善于学习，易接受新生事物	易受周围人的影响，需要良好的团队工作氛围
毕业不久，有教育教学的理论功底	缺乏实际经验，应变能力弱
为人谦虚，尊重其他教师	与班级任课教师之间缺乏协调配合能力

联系上面表格中的内容，结合自身特点，你认为初任班主任身上具备哪些优势？在工作中我们将如何发挥这些优势，以弥补自身的不足之处呢？

（二）不要忘了自己曾经是学生

来吧，我来指给你这个世界，去那个既是你的世界，也是我的世界的道路，我知道做孩子的滋味，因为我去过你现在去的地方，我曾经也是孩子。

——马克斯·范梅南

从学生成为教师，很多年轻人觉得自己身上的学生气太重，不像个老师，希望尽快改变自身形象。在从学生到教师的角色转换中，我们往往会刻意改变自己不够成熟、不够老练的一面，同时，不断克服与学生相似的一面。渐渐地，我们习惯了用教师的口吻讲话，从一名班级的管理者、纪律的维持者的角度看问题，却忘记了一年或几年前，我们自己也是学生，也曾和他们一样调皮、贪玩。在改变自身形象的同时，不要改变自己曾经对教师的那份渴望与期盼，曾经希望自己遇到怎样的教师，今天你就努力去成为这样的教师吧！

教师领导风格对学生的影响[①]

领导风格	教师的行为特征	相应的学生反应
强硬专制型	★ 对学生时时严加监视，认为大部分学生都不爱学习，只要一放松就会出问题 ★ 要求即刻无条件地接受一切命令，有严厉的纪律 ★ 认为表扬可能会宠坏儿童，很少给予学生表扬 ★ 认为没有教师监督，学生就不可能自觉学习	★ 屈服，但从一开始就厌恶或不喜欢这种老师 ★ 学生常常会推卸责任 ★ 学生容易被激怒，不愿合作，而且可能会做出背后中伤别人的事情 ★ 教师一旦离开课堂，学生就成了一盘散沙

---

① 新课程与学生发展 [M]. 北京：北京师范大学出版社，2002.

领导风格	教师的行为特征	相应的学生反应
仁慈专制型	★ 不认为自己是个独断专行的人 ★ 表扬并关心学生，但这样做的目的是控制学生 ★ 以教师的好恶作为班级一切活动的标准 ★ 专断，相信自己的所作所为都是为学生好 ★ 在和学生交往中几乎没有什么信心，或认为学生爱怎么样就怎么样 ★ 优柔寡断 ★ 没有明确的目标	★ 大部分年龄较小的学生会喜欢这样的教师，但随着年龄的增长，学生会渐渐地对这样的教师反感 ★ 学生在各方面都依赖教师，不会表现出很大的创造性 ★ 课堂学习效率高 ★ 屈从，缺乏自主性发展 ★ 学生不仅学习差，而且不能形成良好的品德 ★ 学生常常会"推卸责任"，"寻找替罪羊"
放任自流型	★ 既不鼓励学生，也不批评学生；既不参加学生的活动，也不提供帮助和方法	★ 学生缺乏合作 ★ 课堂上谁也不知道该做些什么
民主权威型	★ 和学生共同制订计划，做出决定 ★ 在不损害集体的情况下，乐意给个别学生以关心、指导和帮助 ★ 尽可能鼓励大家参与集体活动 ★ 给予学生客观的表扬与批评 ★ 把学生的问题看成是发展成长中不可避免的现象，总是采取乐观、宽容的态度	★ 学生喜欢学习，喜欢同别人尤其是教师一道学习 ★ 在教师面前，学生情绪上轻松愉快，乐观向上 ★ 学生的学习效率高 ★ 学生相互鼓励，能够独立承担某些责任 ★ 不论教师在不在教室，学生都表现出较强的主动性

从上面的表格中，我们发现有什么样的教师行为，就会产生什么样的学生行为，学生行为几乎就是教师行为的投射。当我们一味地要求或责备学生却很难产生效果时，不妨从分析自己的领导作风和行为方式做起。

对照上表，分析一下自己属于哪种类型的教师呢？

新班主任成长日记（一）

我们影响着学生

很多人都说我肯定从小就是那种传统意义上的好学生，其实不然，上学时我只是一个非常普通的小孩，学习一般，有点小调皮但也没违反过校纪校规，有过迟到旷课、有过上课睡觉、有过不交作业等情况。我的改变应该就是从当老师后开始的，其实做老师的应该是最优秀的人，因为我们每天都在以严格的标准要求学生。当我每天要求学生做到这条做到那条的时候，自己也不好意思不做到了。

我们经常要求学生考完试或犯了错误后写总结，反思自己的得失，知道这样才会成长。而教师同样如此，记录下自己的成长点滴，不管你是否从中受益，若干年后再看都是一笔财富。

在这学期还没开始时，我知道自己会当班主任，以为是从初一带起，还想象着每天能写一篇反思心得，三年以后就可以出本书了。但真正开始以后，总是以各种理由为自己开脱，到最后为班级学生写总结的时候，要挖空心思、搜肠刮肚找寻以前的片段。我很是惭愧，因为我总是跟班上的学生说，世界上最重要的就是认真，能把平凡的事情坚持做下去就是不平凡。

老师要写日记其实并不难，因为我们每天都在与几十个小生命打交道，每个人每天都在发生新鲜的故事，尤其是成长中的他们。前几天我和一名学生在地铁中相遇，说着说着他竟不自觉地睡着了，让我产生很多感慨。如前天在四班上最后一节课，一名平时非常调皮的学生知道我不舒服后，竟主动帮我维持秩序，下课后一名平时默默无闻的学生竟主动帮我拿东西回办公室，都让我产生很多感动。每个教师如果能坚持记下每天有感触的瞬间，每个人都会是伟大的作家。

我们不能成为死板的老学究，我们应该是那种健康向上、热爱工作也会品味生活的人，因为我们影响着我们的学生。

（史菁）

新班主任成长日记（二）

教师因学生而改变

校服事件

某同学因为没有穿校服到学校，被值周生做了班级考核扣分记录。回到教室后，情绪低落，趴在书桌上不愿意说话。

以教师立场处理问题的教师知道后，非常生气。

老师：你怎么不穿校服就来了？

学生：老师，我的衣服脏了。

老师：脏了？脏了就不能穿了？

学生：老师，我昨天把校服洗了。

老师：谁让你洗了？你好像是讲卫生，可全班的脸都让你给我抹黑了。

学生：呜……

同样的事情，以学生立场处理问题的老师看到学生情绪低落，会这样处理。

老师：怎么了，有什么不高兴的事？

学生：老师，我昨天把校服洗了，今天被值周生扣分了。

老师：你能认识到自己的错误并说明原因，说明你有很强的集体荣誉感。其实，我们每个人的一言一行对这个集体来说都很重要。希望今天的事以后不再发生，你能做到吗？

学生：能！ ①

一件小事的处理，便能够看出班主任的教育立场。班主任不应该忘记自己曾经也是学生，要学会换位思考，从以自己为中心到为班上几十个孩子着想。把班级里的每个孩子都放在心上，先成为学生的益友，再做学生的良师。

---

① 见《教师改变学生改变》一文。

1. 你认为，成为班主任后的我们应在哪些方面尽力去改变自己呢？
2. 班主任的成长动力来自哪里？如何在成就学生的同时成就自己？

（三）感动自己，才能感染学生

年轻班主任的"小猪之班"

这是一个年轻文静的女教师，去年刚接手一个初二的"差班"。从来说话轻声细语的她能否"吃住"（管得住）这帮学生，很多人有顾虑。"对付这些学生，一定要狠，不能太客气！"不时有些教师为她出主意。

她依旧是一张笑脸，一副好脾气，从不大声训斥学生，因为她知道对这些脆弱的孩子不能再有任何的歧视。她一直鼓励孩子，和他们一起学习、一起劳动、一起娱乐，分享着孩子们的快乐，分担着孩子们的烦恼。

收获情感是一定要付出情感的，这是我和这帮孩子相处以后渐渐感悟到的一个道理。虽然带班三个月，虽然有些人犯错误时我也会恨得牙痒痒，但多半时间我会平静地想起每一个孩子，理性地评价每一个孩子，好像复杂的情感里找不到一点恨的影子，每个孩子都那么可爱，有时反而会产生一种叫怜爱的情感。

我开始渐渐地放弃所谓的架子，开始喜欢被围绕的感觉，开始喜欢那种从心里喜欢的感觉，开始喜欢他们的调皮，开始喜欢像长辈一样抚摸他们的小脑袋。

当我收到满满一瓶幸运星的时候，我不知道小女孩的手是不是被磨得很疼（因为我也做过那种东西）；当收到一张张贺卡的时候，我很不好意思，我不知道又用去了他们多少零花钱……

其实喜欢可以用最简单的语言来表达的。

（夏庆教育博客）

这个不被人看好的班级就这样在这位文静班主任的悉心呵护下、爱的抚慰下奇迹般地发生了变化。孩子们用充满自豪和爱的笔触描述着自己的班级：

我们初二（5）班，是一个朝气蓬勃、活泼有余的班级。

在我们初二（5）班的大家庭中，30个人都用不同的方式深深地爱着这个班级。

虽然成绩是我们班的弱项，但是在我们班同学身上还是有许多闪光点的，我们的班主任——可爱的小班，就是这样不停地肯定和鼓励我们的。

谁说我们班级没有凝聚力？！看看一次次的校运动会和体育节比赛吧，我们班绝不比别的班差，每个人都有强烈的集体荣誉感，在集体中贡献着自己的一份力量。

谁说我们班级没有上进心？！班级中很多同学，他们在学习上从未气馁过，从未放弃过，每一分的进步，每一个老师鼓励的微笑，都深深地激励着我们。

谁说我们班级没有自律性？！看看经常停留在班级墙上的那面常规流动红旗吧，说明我们只要想做好，还是能做得好，做得到的。

谁说我们班级没有好的课堂气氛？！看看吧，很多时候同学们在争论问题时互不相让，这也使得很多老师偏爱我们班热烈的课堂气氛，一次次地选择我们班来上公开课！

当然，我们也能看到自身的缺点：有点懒惰，有点散漫，有点调皮，有点行为不够规范。

所以小班总说我们像长不大的孩子，像一只只"笨"小猪，这让我们班从此开始充满了童话色彩，让我们班形成了以"麦兜"为标志的"小猪之班"，可爱的麦兜形象在我们班级随处可见。

天资平平却乐观单纯，有着很多希望，却又不断遭遇失望的麦兜成了我们心中的象征。世界上没有事物是完美的，可爱的麦兜不完美，我们也一样。

这就是我们的集体，校园里一道独特的风景线！

"世界上没有事物是完美的，可爱的麦兜不完美，我们也一样。"然而我们总是按照理想中完美的形象塑造着我们的学生。长久以来，我们是选择适合教育的学生，而不是选择学生适合的教育。对不同的学生不能以同一尺度来衡量。要走进孩子的心灵，先要走进孩子的生活。

我们时常感叹，现在的孩子为什么不会感动？再动人的故事仿佛也触动不了他们。其实还是我们的教育没能打动孩子的心灵。

什么是学生喜欢的教育方式，每个老师自有不同见解，但是无论何种方式，感动自己，才能感染别人。

新班主任成长日记（三）

情到深处泪自流

在课堂上，一般每节课我都会结合相关的知识点讲述我成长过程中与之有联系的小故事。一来可以加深学生对知识的理解，知道正确方向；二来也可以拉近与学生之间的距离。

学校上下对我带的六班很关注，这几天有不少老师知道班上出了点事情并热心给我出谋划策。初三已经进入关键总复习阶段，政治一周只有三节课，这个星期我拿出其中的两节来处理问题。一节课把全班同学拉到操场，狠狠地训了45分钟。另一节讲了一堂课的道理，就是用我的两个方法：第一，讲述我的人生经历；第二，用图片配上音乐，加上我想要说给他们的话，因为有些话很动情，如果要我讲，可能很难讲出口。

对我的学生，我讲过我为什么选择教师这个职业，中间过程很复杂，但最关键的一条就是教师有很大的魅力，能够改变很多人的人生道路。我工作以来，也一直在这方面努力，想以我的教学让学生在生活、做人等各个方面有所感悟。

要想改变学生，必须让他的心灵受到震撼。我尽量在每节课上，都能让学生心灵有所触动，有所思考，有所领悟，特别是在我所教的思想品德课上。最能震撼人们心灵的是什么呢？我想了很久。

突然想到，在我看电视、电影的时候，到什么地方达到高潮最让人感动呢？那就是当主题曲响起的时候，再配上感人的画面。因此我把这借鉴到我的教学和班级管理上来，并且这几年都在尝试。如果有可能，我都会在讲课最后编辑一部分相关图片和文字，再配上合适的音乐，作为升华主题的高潮。学生看过后印象非常深刻。

这一招在班主任工作上也很有帮助，在我们班一位学生与老师发生矛盾时我跟她谈了一天，一直到晚上六点钟还是谈崩了，闹得不欢而散。晚上我连夜制作了一组幻灯片材料，在第二天的课堂上，我没有说一句关于昨天事情的话，只是把这些图片放给全班同学看，下课后那位同学主动找到了我，并写了几千字的心里话给我，我们之间的感情又深了一步。

（史菁）

回复：

当同学们看着自己的照片，读着老师对自己的评价，露出复杂的神色——欢喜于自己的优点，羞愧于自己的缺点。

利用这样的方法触动学生的心灵，从而达到他的教学目的——不要自负，也不要自卑，而是要自信，正确地面对自己的优缺点，对自己说"我能行！"

原来教学并不只是备课，讲课这么简单的事情，最重要的还是要了解学生，教到他们的心坎里，讲对他们有用的话，他们愿意接受的话。讲道理也是要有方法的，史老师的教学方法让我对教学又有了新的理解。

如果我是学生，我会非常愿意有史老师这样的师长伴随自己成长。

（一位实习教师）

史老师把图片、音乐、文字制成几分钟的幻灯片画面，其效果远远胜于一天的谈话。教育需要的是一种情境，一种静悄悄的渗透与体验，一种来自心灵深处情感的自然流淌，它不需要说教，更忌讳空洞。如何把深奥的大道理变成一个个小切口渗透进我们的德育中，需要班主任不断创新，不放过任何一个教育契机。

你是如何理解教育情境创设的？如何在班主任工作中创设教育情境？

二、面对学生

（一）留给学生的三个良好的第一印象

新教师第一次接手班主任工作，往往因缺乏经验、头绪繁多，显得力不从心，不知从何下手。万事开头难，迈好这关键的第一步对今后的班级管理有着不同寻常的意义。第一次带班给学生留下的第一印象很重要。作为新班主任，有许许多多的第一次会给学生留下很深的第一印象。其中，与学生的第一次见面，开好第一次班会，上好第一堂课，成为最重要的三个第一印象，可以看作班主任工作的三个良好开端。

1. 与学生的第一次见面。

一早，我坐在教室门口，期待精灵们的出现。

6点24分，我迎来了第一位学生——王有为。他对我这位"盛装打扮、满脸笑容"的班主任并没有表现出多大惊喜，只是淡淡地说："老师，还重新分宿舍吗？铺盖放哪里？"考虑到化学实验室离宿舍比较近，便帮他将东西带到实验室并请他告诉后面的同学。从言谈笑容中可以看出，他并不讨厌我。

7点50分，所有学生都进了教室，这群小精灵就像有说不完的话一样，整个教室里吵得人头疼。我也极想融入其中，但是他们好像对我并不感兴趣，闲聊几句后我就坐在讲台上，静静地听他们讲暑假里的逸闻趣事。[①]

第一天走进学校的孩子们对学校是新鲜的，对教室是好奇的，对班主任更是充满想象：是男老师还是女老师？是老教师还是年轻教师？是教语文还是教数学？是和蔼还是很凶？他（她）会对我好吗？……

---

① 闫相友. 班主任开学一周记 [J]. 班主任之友（中学版），2018（9）：59.

第一次以班主任身份走进班级，就像演员登上正式演出的舞台，学生、家长的眼光如同镁光灯一般向你照射过来，似乎一眼想把你看透，你也被学校寄托着厚望走上了新的舞台。教师生涯正是从当班主任的那天开始的。王波老师在《初任初中班主任的良好开端——留给学生三个良好的第一印象》中写道：

七年级报到的第一天，我有点激动，起得很早，把自己仔细装扮了一下，得体的套装最能体现教师的身份。我是最早到班上的，我要用微笑去迎接我的每一个学生的到来。刚走进教室，第一眼见到的是一群稚嫩而乖巧的面孔，让我感到很亲切、很自然。"你好！你是某某同学吧！2班欢迎你！"……

学生第一次进班是我的客人，我是这个家庭的主人，我希望我的学生第一次踏进班级就能感受到新集体的温馨、洁净和有序。等全班到齐了，我便开始介绍自己，让学生了解我的基本情况。也许是从小学刚升入初中，大家并没有对我是第一次当班主任感到太多的好奇，只是很认真地听着我的话。说起我的自我介绍，因为怕忘词，我把稿子写在了本子上，在宿舍里已经练习了好几遍。为了那一天特殊的开始，看起来只不过是闲聊，实际上我费了很多的心思。

这是一位新班主任的自述，你能说说他的做法有什么道理，对你有什么启示吗？

与学生的第一次见面

	记住每个人的姓名	在你第一眼看到他时就能准确认出来
	了解每个人的学习成绩	对班级学生大致状态心中有数
资料准备	了解每个人的特点	便于发现人才，组成临时班委会
	了解身高状况	提前安排好教室座位
	了解住址与父母单位	最好有针对性地提前家访，了解家庭背景与教育情况

环境准备	把班级卫生打扫好	让学生一进门就对班级有个好印象
	写上新集体的欢迎词	营造温馨的班集体氛围
	把学生座位表提前写在黑板上	让学生进教室即找到自己的位置
	教室的美化	看各人的本领了
心理准备	提前准备好第一次发言提纲	主要对孩子进入中学提出希望
	对学生提出新集体的要求	事先可以先写在黑板上或用多媒体投影在屏幕上
	提前到校	第一个到班，用微笑迎接每个新生的到来
	准备好相机	把升入中学的第一天记录下来，对学生和自己都是最美的回忆
	形象与服装	装扮得体大方，不要浓妆艳抹，不要带过多饰品
	备忘录	把重要的事及时记录下来，以免忙中出错

2. 开好第一次班会。

为增强班集体的凝聚力，拉近师生距离，可以用新颖的方式设计一节主题班。下面提供的就是融入新集体的班会案例。

一个小个子"女生"拎着一个大大的鼓鼓的仿佛随时要炸裂的方便袋"优雅"地站在讲台上，当然优雅也是装出来的，这便是被期待的她。教室里顿时弥漫着一种奇怪的气息，有同学窃窃私语说，"这不会是讲义吧""应该多半是试卷""班主任不会第一节课就考试吧"？各种猜测不绝入耳。

她环顾一眼教室，早已明白了学生的想法。只见她慢悠悠地打开方便袋，很自然地拿出了一个小核桃。剥弄了半天，总算是剥出了核桃米，津津有味地吃了起来。一边嚼一边亲切地说："吃核桃必须吃这种小核桃，一切风趣和味道全然不在于吃，而在于剥。剥壳是一种期待，有了期待，趣味才会更浓，正像各位同学刚才等待我的到来一样……"其实她这是"高配"模仿林语堂，只是溢出的是幽默风趣和坚定果敢，收效还是一样的。

学生们都乐了。

她拿着核桃在教室里转了一圈，请学生们一起吃。由于刚才的玩笑，学生们也放松地吃起来。大家一边吃一边交流，不到一节课的功夫，她便认清了班上 80% 的学生，对于大家的性格爱好、能力特长也有了大致的了解。而这对于"脸盲症"的她实属不易。在临近下课的时候，她突然话锋一转，继续说道："同学们，老师今天教大家一个道理，'吃人嘴软，拿人手短'，今天你们吃了我的核桃，就是我的兵，往后就必须听从我的指挥。核桃又乃长生果，万岁子，大家第一天进教室，吃了我的长生果，我祝大家皆长情：学习长情，纪律长情，师生长情，同学长情，快乐长情！唯愿今天你以太中为荣，明天太中以你为荣！""初次见面，相聊甚欢，能成为诸君的班头，三生有幸，唯望幸之也长情……"

教室里忽然响起热烈的掌声。①

与学生第一次见面的自我介绍

各位同学：

大家好！从今天开始，我将担任大家的班主任。我是一个看起来像体育老师的语文老师，我叫文丽，大家可以叫我文丽老师。

作为家里唯一的孩子，父母给我起了这个名字，并寄予厚望，希望我做一个有文化且文静的女孩子，所以我的名字里有一个"文"字。显而易见，父母希望我拥有好容貌、高颜值，而我，在漫长的岁月中没有辜负父母的希望，也算人如其名。大家在叫我"文丽老师"的同时，也可以叫我"吴老师"。忘了告诉大家，我姓"吴"，全名"吴文丽"，所以叫人如其名。

在今后的学习生活中，希望我们能对彼此产生积极的影响，希望 2020 年的这一次相遇，会成为今生我们彼此的荣幸。谢谢大家！

诚然，我没有办法保证把每一个学生送进南宁市的二中或者三中（南宁二中、南宁三中是南宁市较好的高中），但是，我希望我的存在能在你的生命中产生积极的影响。作为吴老师带过的学生，你们可以没有非常优异的成绩，但是我希望你们至少能做到以下两点：

一是能够自食其力。你们能够通过自己的努力，学有所成。在步入社会

① 王梅.她的新生见面会 [J].班主任之友（中学版），2018（11）：40.

之后，最起码能够养活自己，如果能够承担起自己组建的家庭的责任，能够一定程度上分担父母的经济压力，并且孝顺、赡养老人会更好，而不是一味啃老。

二是不危害社会。你们可以做个遵纪守法的普通人，不给社会增加负担，如果能够给这个社会传递正能量更好。吴老师很喜欢看法制节目，希望以后不会在屏幕上看到穿条纹的你。

社会精英、成绩优异的人永远是少数，吴老师不会只要求你做最优秀的人。只要你能积极面对生活，付出努力，做最好的自己，我就会为你骄傲，即使若干年后，你只是这个社会中最普通的一员，我也会深感欣慰。

我只是你们成长道路上暂时的陪伴者，你们有你们的人生，我也有自己的旅程。初中学习结束后，我会退出你们的生活，甚至会退出你们的生命。希望你们在今后的人生中，可以偶然想起初中语文老师曾经说过的对你们有积极意义的话语，可以给予你人生低谷时一点点的欣慰，哪怕你们连我姓什么都不记得，我也会保持微笑，衷心祝福你们。

（南宁市第三中学初中部青秀校区，语文教师吴文丽）

目前学校的班会活动存在这样的误区：最常见的是训话课，老师们往往会认真备专业课，但是很少会去备班会课，认为带几件事或几个问题到班会上处理一下，即兴说说就可以了，不必那么正规。于是班会课变得琐碎而缺乏计划性，单调而缺乏多样性，机械而缺乏趣味性，盲目而缺乏针对性，空洞而缺乏实效性，自主而缺乏指导性……

班会课是班集体建设的重要载体，学校每周都会有一节班会课，如何利用这一宝贵的教育时机，对学生进行行之有效的班集体教育呢？作为一名新手班主任，如果能把每周一节的班会课抓好，那么对新班级建设的作用是不言而喻的。一般说来，班会课前要考虑以下几方面问题：

（1）班会的主题是什么？（每次班会课要有明确的主题）

（2）学生需要了解哪些方面的内容？（班会课应关注学生需要解决的问题）

（3）设计哪些主要环节？（精心设计活动步骤，避免班会课内容的盲目和走题）

（4）运用怎样的表现方法？（用丰富的媒体与多种活动使班会课更有吸引力）

（5）希望达到怎样的目的？（班会课后的思考可以使班会更好地达到预期目的）

3.上好第一堂课。

今天是我第一次给同学们上课。刚开始感觉还是有点紧张，提前进了教室，还有两三分钟的时间，我看了四五次表，既害怕上课又期待铃声响起。我深深吸了一口气，开始上课。看到学生都安安静静地等着我讲课，心里又有了几分底气，便对自己说：我能行，现在我是他们的老师！

我用一个国王选婿的小故事导入今天的新课，刚讲几句发现学生都很感兴趣，而且还积极发表自己的想法。在和他们的对话中我发现我已经放松了好多，很自然地带着他们继续学习。在接下来的提问过程中，我发现，只要是他们很熟悉的或者是知道一点点的，他们都很踊跃地发言，都想把自己的想法讲出来，比如关于蛀牙的问题，大家都知道要少吃糖，要保持早晚刷牙等好的习惯。我观察到每一位同学在说完自己的答案后，如果是正确的，脸上都会露出很自豪的表情，因为自己的表现得到了大家的肯定。

在放映幻灯片的时候，遇到了一点问题，我心里一急又紧张起来。看到台下那么多双眼睛在望着我，忽然觉得不能让他们失望，更不能慌张。接下来的课还算顺利，在处理习题的时候，发生了一段小插曲，一位同学给我指出了一个错误，我的第一反应是：科学性错误！看来群众的眼睛是雪亮的，我在台上讲，台下的学生在观看并监督着呢。

课后，指导老师告诉我，我讲得没错，是忽略了关键词。原来又是紧张惹的祸。上课要像演戏一样，要让自己的表演吸引学生，并要灵活运用各种方式调动学生的情绪。让他们积极参与到课堂中来，在兴趣中掌握知识，而不是枯燥地死记硬背或是教师的满堂灌。

我想把自己当一个表演者，把课堂当作一个充分发挥的舞台。站在讲台上就是走到了台前，但又是一个独特的舞台，并不能自己唱独角戏，需要每一个学生都扮演一个角色，在谢幕的那一刻，每个人都得到了自己的掌声，那才算是有收获。

在幕后就是认真地备课。第一，要考虑到学生的接受能力和知识储备量，如果对着一群活泼可爱的孩子讲马哲，肯定会冷场。因为学生没有兴趣也没有能力去理解。第二，备教材，只有吃透了课本，对重难点把握到位，才会在课堂上表现得游刃有余。第三，要备表演者自己，自己明白了要表达的含义，但是要用怎样的方式让台下的观众——学生明白并接受才可以，不能像是在茶壶里煮饺子——有货倒不出。

不管是台前的表演，还是幕后的准备，都需要用心。对于一个刚走上讲台的表演者，更需要用功。打好基础才能走得更稳一些，我想对自己说，努力，让自己以后的舞台更精彩。

（李飞娥）

班主任作为班级教育教学活动的组织者、协调者，更是学生学习的引导者，只有成为一名出色的学科教师才能被学生接受。新班主任在学习管理班级、积累带班经验的同时，首要任务是树立自己在学生面前的形象。这个形象的确立不是靠一时的亲和、两三次活动，而是靠教师扎实的教学基础、生动的授课方式、多样的教学手段、科学的评价机制，只有这样才能奠定你在学生心目中的地位，才能让学生在你的引领下学有所长。所以，作为班主任的青年教师，不仅要上好第一节课，更要把今后的每一节课上得精彩，只有这样才能向着优秀教师的方向迈进。一位教学优秀的班主任，会奠定一个良好的学生基础，赢得学生的认可。班主任的成功没有诀窍，只有脚踏实地做好每件事、上好每节课、过好每一天。

〔实践与反思〕

在班主任工作中，除了与学生第一次见面，开好第一次班会，上好第一节课之外，还会遇到许许多多的第一次，如第一次开家长会、第一次带学生外出活动、第一次家访、第一次与学生发生冲突等。请为自己选择一个场景，设想一下你会如何面对班主任工作中的第一次呢？

（二）把握好师生平等的度

这是一位初为人师者的困惑，相信这样的心路历程在年轻班主任的成长中有一定代表性。

十年前的我，一个刚刚踏上教师岗位的年轻人，深切地热爱着自己的教师职业，觉得班主任工作是变化、新奇的工作，面对的是有思想、有感情、有个性的学生，是到学生的心灵世界中去发现这个世界的广阔和迷人。本以为只要辛勤地耕耘、播种、培育就能采摘双倍的幸福。教学水平、教学能力在自己的钻研下提高很快，可是班主任工作呢？辛辛苦苦地付出，得到的回报却是：学生的不合作、家长的不满、领导的批评和自己的灰心丧气。

刚带班的时候，我希望与学生建立民主、平等的朋友关系，建立起理解、信任的关系，给学生创设舒展个性的环境。于是我按照自己理解的"平等"去开展班主任工作：课间，我和他们玩在一起；有事，我征求他们的意见；班级活动，我是积极的参与者；课余，和他们谈心，了解他们的所思所想……为此投入了很多的时间和精力，也给学生足够的自由，和他们进行轻松的交流，常常是扎在学生堆里出不来。学生有问题时，也尽量和风细雨地教育。用别人的话说：几乎看不出你是老师。开始，学生都很喜欢我，把我当大姐姐看，学生还乖乖的，很听话，我也乐此不疲。后来发现我这个大姐姐很好说话，于是上课随便讲话、作业不完成、不参加值日的人越来越多，班级也越来越松散。

有一次，我终于失去了耐心，发了火，并且劈头盖脸地大声训斥学生——学生怕我了，上课的确不敢随便讲话了。当时，我就纳闷了：耐心的说服教育往往抵不过"怕"字的压制效果，难道老师的教育一定要以学生的怕为前提吗？

后来一段时间，我改变了策略，对学生凶，试图镇住学生，给自己提的要求就是态度要严肃、表情要凶狠，让学生怕我，不敢惹我。一开始这招非常有用，学生看到我，就像老鼠看到猫一样，但是后来的效果就越来越差了，再严厉的表情来个两三次，学生也就习惯了，最终发展到，任课老师在班级里学生很安静，而我在班级上课或者开班会，学生很闹腾。有时我说话稍稍过激，学生立刻当面顶嘴，甚至有个男生拿着砖头要砸我！

最后，这个班级换了一个班主任。

我从自己初为人师的失败经历中开始了反思：

班主任对学生的爱，首先体现在他能够尊重学生，承认师生是平等的，而不是居高临下地面对学生，这基本上成为教育工作者的共识，但是师生之间的平等并不意味着自己全部、真实地暴露，不等于在学生面前无所顾忌，完全迁就学生，那样的爱是肤浅的，也是不可理喻的。从学生的角度看，学生对老师没大没小，甚至称兄道弟，也不是真正意义上的师生平等。正如学生所说：我喜欢有距离的爱。我觉得好的班主任应该是站出来有种威严感，但是和你接触，也能说得开，稍微有点幽默，但是也不能和学生走得太近，老师还是老师，我不太喜欢没有距离的交流。师生再平等，班主任再爱学生，也不能完全是零距离的。

如果班主任不能正确理解"师生平等"，往往会导致一些始料未及的问题。在我个人看来，新班主任要与学生保持适当距离，守住"师道尊严"这个阵地，这样可以弥补个人经验的不足。与学生走得太近，很容易为学生所伤。学生一旦觉得老师很熟之后，就会认为"自己犯点错误也没关系，既然老班是我好朋友，那么他一定会给我面子，不会在班上出我的丑"，这样，一个学生的问题不处理，类似的错误便会在其他学生身上接连出现，整个班级成为一盘散沙。老师觉得很多事情上不了手，会有一种心有余而力不足的感觉。

班主任与学生之间，开始时应保持一定距离，相互适应之后再作进一步的交流。平等并不简单地表现为起点的平等，而是最终结果的平等，是一种沟通意义上的平等。和学生保持怎样的距离，其中的度如何把握，这门学问需要班主任在实践中细细揣摩。

（三）与学生相处"六步曲"

很多新班主任在刚刚走上工作岗位时，容易走入两个极端：或者是与学生完全打成一片，失去了作为一名老师应有的威信；或者是希望学生怕自己，师生之间等级森严，水火不容，学生有错误，动辄斥之，久而久之，两者之间的关系如同仇人。事实上，学生真正怕的老师并不是一般人眼中的凶老师，再严厉的老师，学生与之接触一段时间，就可以基本适应他的语速、语调、面部表情和身体动作。学生发自内心地"怕"实际上是一种敬畏，不是屈服，而是臣服，"我觉得你是对的，所以我怕你"。

这是一位优秀班主任与学生相处的经历：

第一步：学生很"怕"班主任，因为班主任很严厉，会提出各种严格的要求。

下面是这位严厉的班主任在接手一个乱班后，处理一个突发事件的经过。

乱扔食物事件

学校教学楼后面是一个巷子，学生经常将吃剩下的早饭从楼上扔下来，极不美观和卫生，我开始着手处理这件事情。

寻找问题的突破口

开始，我找来一个学生，告诉他：我看到你今天早上吃什么了，并且楼下巷子里有同样的剩余部分，我已经搞清楚这是怎么回事了（学生觉得有点害怕和惊愕）。接着我来软的。好，没关系，你说还有谁扔了，我找问题更严重的。一个套一个，"恐吓诈骗"一般，把扔食物的学生都揪出来，一个也不放过，防止有漏网之鱼，以免学生觉得老班想包庇一些同学，有失公正。这项工作我要花很长的时间，细致地去完成。

巷子里的美丽风景

犯错误的人员名单搞清楚之后，我决定给他们一个比较深刻的记忆。要求所有人一起去打扫那个巷子，穿得光鲜靓丽的男生和女生一起来到臭不可闻的巷子，清除长时间以来积淀的垃圾，周围的老师和群众都觉得非常奇怪，为什么中午时有这么多衣着整洁的学生，一起在避之唯恐不及的臭巷子里劳动，并且里面好几个都是身高一米八几的大高个男生。我和他们一起动手，一个人肯定不行，大家都干，这个时候尤其不能偏心，男女都一样。先捂着鼻子用扫帚扫一遍，扫不掉的用铲子慢慢弄掉，实在不行的就动手，直到弄干净为止，每个学生从巷子里出来的时候，都是灰头土脸，身上发出一阵阵难闻的味道，学生称是有史以来参加的最脏的一次劳动。

强制的免费午餐

中午打扫完之后，我想"抚慰"一下劳动结束的学生，准备买点东西给他们吃，这时候我发现有些学生没什么事干，就用管子吹珍珠奶茶里的珍珠，有点无聊，其中有颗珍珠刚好吹到路边卖馒头的锅里。我先不吱声，想了想，干脆把那一笼馒头都买下来，学生笑着问："是不是有珍珠的那笼馒头？"我说："是的，你们吐哪锅，我就买哪锅，一人一个，不吃也得吃。"那几个吹珍珠的学生低着头，不吭声地朝嘴巴里塞馒头。我想，类似的事情估计不会再发生了。

如果是你遇到这样的突发事件，你会怎样处理呢？

第二步：学生有一点喜欢班主任，因为班主任通人情，以理服人。

原来小玉喜欢上了班里的"数学王子"小雨。今天午休时间，小玉通过班上其他女生知道，小雨上午向隔壁班的"她"借了数学试卷。小玉便又气又恼又心痛，因爱生妒，情绪就像火山一样喷涌而出。爱而不得，竟要自我伤害……

小玉的暴脾气我是了解的，开始我抱着她，她在我肩膀上颤抖呜咽。我在心里想着一会儿该如何和她谈这件事，怎么帮助她。

十分钟过去了，看她已经停止哭泣，擦干眼泪，努力让自己振作。我便轻声说道："来，跟我走吧！"她随我到了办公室。老师们不在，时机正好，我搬了一把椅子，和她面对面坐着。

我拉着她的手，不禁叹息："小玉啊！你怎么这么傻！"她泪珠在眼里打转转。"所以你是喜欢小雨对吗？""嗯。"她点头。"那他喜欢你吗？""不喜欢。"她淡然地答道。

我惊讶她竟如此笃定："你怎么知道，搞清楚了没有？"小玉见我不相信，就继续说道："我是通过几个男生知道的，他曾公开说过不喜欢我。"我又问："那你知道他现在有喜欢的人吗？""不知道……"我顿了一下，又问她："所以你今天这样发疯，是因为小雨和曾经喜欢过的女生又有来往了是吗？"小玉表示默认，我便忍不住戳她的脑门，恨恨地说："所以，你这丫头就割手腕来引起他的注意？还是想让他愧疚？你以为你是九尾狐啊，准备死几次啊！"见老师说她是有九条命的狐狸，她突然笑出声。我见她似乎更能接受直白的话，便想继续用凌厉、直接的话点醒她。

"你以为你这样，他就能心痛，对你愧疚？错了！首先，对于一个不爱你的人，这只能让他看轻你。更严重的是，让他害怕你。一个连自己都不爱惜的人，对方能相信你会爱惜他吗？动不动就用伤害自己来惩罚他人，只能让人害怕你而躲得远远的！"小玉眉头紧皱，拳头捏得紧紧的，我看着她的眼睛说道："其实你割伤自己，不是在惩罚你，而是在惩罚你的父母。如果你爸妈知道了，该有多心疼！"说到父母，她流下了眼泪。小玉和家人关系很好，记得到她宿舍看她时，她书桌上还醒目地摆着和家人的合照。

我和小玉分享了自己的情感经历，读书时也曾喜欢过一个不喜欢我的男同学，当时也痛苦了很久，自己也曾荒废时光、消极度日，后来凭着剩的一点儿自尊心和朋友的陪伴鼓励，决定努力做一个漂亮的学霸，华丽丽地开挂，听我说完，她若有所思。①

在这起事件中，班主任耐心地等待学生内心波澜平复后，结合自己学生时代的经历，充满同理心地与学生交谈。这样的处理过程，从学生的角度出发，顾及到孩子的心理特征，充满人情、以理服人，消除了学生与班主任之间的对立情绪和戒备心理，平复了学生内心的波澜，使他们学会情感上的进

---

① 周悦.青春总有一次爱而不得 [J].班主任之友（中学版），2018（11）：27.

退自如。

第三步：学生能"接近"班主任，因为班主任给过他们帮助。

静悄悄地"减免学费"

我们班级有一部分学生家境很不好，特别是单亲家庭比较多，有些外表看似很张扬的学生其实连学费也交不起，我通过自己的方式私下里去了解他们的情况（做到不让其他学生知道，不伤害他们的自尊心），然后尽可能地帮助他们向学校申请减免学费，将我对他们的关心和帮助落到实处。

刚开始的时候，学生怕我，不管我走到哪儿都躲，有时走在楼梯上，都离我远远的。但是通过一段时间的相处后，我觉得学生已经渐渐地能与我融洽相处了。

第四步：学生"服"班主任，班主任对学生提出适度的要求，成为他们中不可缺少的一员。

象棋事件

学校体育馆大修，每逢下雨，班里的学生们无处可去，体育老师就组织他们下棋。我也很支持他们的活动。渐渐地，班里兴起了一股象棋热，先是午自修前下棋，后来发展到一下课就开棋局。两人对弈，一群人围观议论，十分钟哪够呢？眼看要影响正常的上课秩序了，我跟他们说，要控制好时间，课间太短，是用来休息和为下节课做准备的，不能下棋。然而他们还是偷偷摸摸地玩，屡禁不止。有一次班里临时调课上自修，我赶去教室的时候，只见门窗紧闭，还拉上了窗帘。开门一看，女生在聊天，男生围坐在一起，吵吵嚷嚷在下棋，乱糟糟的。我自然没有好脸色给他们，于是我收了棋，把自由和规范的制约关系和他们好好说了一通，最后宣布，从此班里禁止下棋！

班里安静下来，孩子们自知理亏，没有谁来向我讨回象棋。但是看到他们空闲时幼稚地打打闹闹或是趴着睡觉的样子，我又于心不忍：入学时我调查过，这群十五六岁的孩子，有益身心的兴趣爱好几乎一片空白，如果不加以正确的引导，恐怕会在玩手机打游戏的路上越走越远。我决定找个合适的机会开禁。

……

又是新的一周，我带着没收的象棋去了教室。我说："我理解和支持你们的爱好，你们也懂得不加克制的害处。今天我把棋和 U 盘放在讲台上，如果你们觉得自己能节制地下棋，就把它取回去；如果你们确实希望和老师一起看看课本外的世界，就把新的纪录片拷贝进电脑。"

等我再去教室的时候，讲台上的东西都已经不见了，班长上来把 U 盘还给了我。他们看着我，似乎有点不好意思，但是又有些欢喜。课间，教室里再也没有人下棋了，固定的活动时间后，孩子们会把棋收起来放回讲台抽屉里，我也没有再干涉过他们的棋类活动。[①]

第五步：学生犯错会主动找班主任，因为他们知道班主任的眼中不能有沙子。

在学生经历了由陌生到熟悉，由畏惧到喜欢的适应后，班主任和学生的交往在一步步地加深，这个时候会出现两种情况：一是随着时间的推移，学生会放松对自己的要求，有"技巧性"地犯错误，慢慢地越来越大胆，越来越放肆；另外一种则是良性循环，学生逐渐由表面上的惧怕发展为内心的臣服，自觉地用自己认同的教师标准约束行为，一旦偏离这个轨道，自己会产生负罪感。

第六步：班主任一定是"学生的朋友"，分担他们在学习、生活、感情上的很多问题。

"慧英姐"，这称呼除了年龄的原因，从中还可以感觉到这时的我和学生的关系近了，会和学生唠家常、谈八卦新闻，师生之间的防线解除了，所以他们也不回避当面这样称呼我，而我呢，听了心里很舒服。此时我对学生的称呼不再刻板地叫"同学们"，在班上你会听到我说："姑娘们，路上注意安

---

① 张燕.妥协，何尝不是一种教育 [J]. 班主任之友（中学版），2018（11）：29.

全""小伙子们，咱们打篮球去"。这是我从教十年和学生关系的写照。[①]

鲁迅先生认为，作为一位教师，必须"知道孩子的世界"。他曾经做了一个形象的比喻："要下河，最好事先学一点浮水功夫。"鲁迅在《我们现在怎样做父亲》一文中指出，要教育好孩子，"开宗第一，便是理解"，因为"孩子的世界，与成人截然不同；倘不先行理解，一味蛮做，便大碍于孩子的发达。所以一切设施，都应该以孩子为本位"。他还指出应当重视儿童心理发展的不平衡性和个别差异性，要求教育者在指导过程中"决不能用同一模型，无理嵌定"。

哲学家雅斯贝尔斯认为，"教育过程首先是一个精神成长过程"。班主任从事的是以心育心、以德育德、以人格育人格的精神劳动。"精神关怀"深刻、准确地反映了班主任教育劳动的意蕴，体现了班主任以人为本的教育精神，表达了对学生的情感和态度。班主任专业化成为一种特殊类型的教师专业化，了解和研究学生是做好班主任工作的前提，做学生的良师益友，对学生充满爱心和信任。从马斯洛的需要层次理论和学生年龄阶段发展的需要来看，爱和信任是他们最渴望得到的东西。如果班主任能以发自内心的爱和信任对待学生，那么学生就会把你看作他的知心朋友，你也会从中了解他们的性格特点及日常学习、生活中的兴趣、爱好等，从而寻找到最佳的教育方法。

如果班主任处处以尊者形象出现在学生面前，学生将会对班主任敬而远之，班主任也难以熟悉自己的学生，更谈不上结合实际对学生进行教育了。学生学习、生活的良好情绪很大程度上来源于师生之间良好感情的交流。为此，班主任要抽出一定的时间接近学生，为建立良好的师生关系打下基础，从而能够顺利地对学生开展各方面的教育工作。

班主任工作应在细微处洞悉学生的内心世界，需要长时间、不动声色地观察，并进行多方面的验证。班主任与学生相处要善于选择方式方法、技巧及态度，营造恰当的气氛，以消除学生的紧张、拘束感，使学生无所顾虑地

---

① 王惠英. 我看师生间的称呼 [J]. 班主任之友（中学版），2018（11）: 53.

倾吐真实的心里话。例如，在审阅和批改作业的同时，可采取写"日记"和"周记"等渠道了解学生的内心世界，以消除面对面交谈时所遇到的尴尬，以利于掌握学生的第一手材料，不失时机地引导、说服和感化他们。

〔实践与反思〕

在现实生活中，当面对具体学生和具体情境时，师生如何相处的问题就要复杂得多。请看下面两个具体案例。

"我是懂法律的"

王同学在学校多次违反校纪，班主任苦口婆心地对他进行批评教育，收效甚微。于是对他直言，如果依旧晚到早退，就让他的爸爸把他领回家，先养成良好的作息习惯，再回到学校继续学习。听完之后，王同学义正词严地回答："你们剥夺我的读书权，我就告你们，我的小学老师就被我告得扣发奖金，我是很懂法律的。"

如果你是班主任，面对这样的学生，你会怎么办？你如何看待今天学生的"维权"意识？

"老师，你的爱是虚伪的"①

说这话的是一个很特殊的学生，有点早熟，班主任以前关心他很多，包括学习和生活等各个方面，他也很想在老师面前表现为一个很棒的小孩，但是他管不住自己，关键的原因就是懒。有一次，班主任找他谈话，苦口婆心，他直面回答道："老班，我觉得你的爱是虚伪的，你的爱是有目的的。"

——为什么觉得老班的爱是虚伪的，是有目的的？

——我觉得老师的目标不切实际，是喊空口号，老是让我们写计划。另外班主任说的话，我都能猜测到说话的动机是什么，如果我们这样做，老师会有什么反应，如果那么做，会有什么反应。班主任经常让一些调皮的学生当班干部，其实我们都知道，她是用他们去管其他的学生，摆明了是利用，

——————

① 陈娟. 跋涉于专业化之途——T校班主任的叙事探究 [D]. 南京：南京师范大学，2006.

自己怕丢人，不想和那些学生斗，就让我们学生出面，利用我们管坏小孩。

如果你是班主任，听到学生的这番肺腑之言，你将如何应对？你怎样看待今天的中学生？

三、关注成长

（一）让班级日志伴随学生一起成长

人们研究植物的生长、动物的发育要写观察日记，船员出海有航海日记，母亲有育儿日记，科学家做研究有实验日记，为什么班主任不能有意识地把学生的成长过程记录下来？有什么样的记录能比记录生命成长更有意义呢？

新班主任成长日记（四）

第一本班级日志

我有一本发黄的笔记本，那是我第一年当班主任的第一本班级日志，虽然已经过去了 16 年，但是几经搬迁也没舍得扔掉这个本子，今天再细细看来，上面记载的每一个名字后面都能映出一张清晰的笑脸。

一天，儿子发现了这个本子（比他年龄还大呢），饶有兴趣地翻开阅读，不一会儿大笑着说："妈妈，你们班怎么全是坏同学啊！"

是啊！我当时怎么没有意识到呢！翻开微微泛黄的日记本，每一天值日班长都十分工整地记录着当天的班级情况：某某上课讲话被老师批评，某某今天作业没有交，某某哄闹被老师扣分……

16 年后再看到这本班级日志，我不禁有太多的后悔，难道我 16 年来就是珍藏着他们的过失吗？如果当时我用的是优点本，那 16 年后我的儿子或者其他人再看到这个本子的时候对这个班级又会是一种什么样的感觉呢？

这是我带的第一个班，也是投入感情与激情最多的一个班。如果时光能够倒流，我一定不会再用这样的日志，我会用放大镜去捕捉每一个细小的进步、我会用照相机去定格成长的每一个精彩瞬间、我会用 MP3 去留住青春最美的声音、我会用教育博客记录发生在班级中的每一个动人的故事……

这才是我理想中的班级日志！16 年后我们若能翻开这样的日志，你会发现你的面前那些曾经让你烦恼、曾经令你伤心、曾经使你心酸的孩子都会像一个个天使出现在你面前，让你无法忘怀曾经走过的日子。

如果我有这样的日志，我会把它刻成光盘在我学生的婚礼上送去一份惊喜、送去一份永恒，新人也一定会珍藏着，直到他们的孩子长大，一同欣赏父母的成长历程……

班级日志到底是用来捕捉学生过失的，还是放大学生优点的？好学生是被表扬出来的。如果我们能改变工作思路，不但让学生在自主管理中学会发现别人的长处，对班级来说也一定会有意想不到的效果……

新班主任成长日记（五）

"违规记载簿"改名后

新学期，为了能及时了解班级的动态，有针对性地对同学们进行教育，在教室的一角，我放了一本班级违规记载簿。

"轮流值日班长"很尽职地把每天的情况向我汇报，×月×日，×××在教室里追跑，×月×日，×××今天作业又没做……开始，我挺感激他的，因为我刚接手这个班，对班级情况还不太了解，是他让我对这个班的违纪现象了如指掌。每天翻阅后，我总免不了声色俱厉地训斥，苦口婆心地劝说，循循善诱地引导。可是我的"制班法宝"同学们并不买账，班级打架骂人的现象时有发生，作业不做的现象也屡禁不绝，而每次走进教室，看到讲桌上的记载簿，我就感到心烦意乱，一天都没有好心情，恨不得把它撕得粉碎，扔到垃圾堆里。

为了改变这种局面，我把违规记载簿撤掉，并举行了简短的告别仪式——向不良行为告别，向文明行为靠拢。我庄严地换上一本新的记载簿，在封面上端正地写上"文明记载簿"。

自从记载簿换了名字后，我班的纪律竟然出乎意料地好转起来，学习氛围更加浓厚了。现在，讲桌上的记载簿是我每天最爱看的，翻开记载簿，上面记载的是让人颇受感动的好事。渐渐的，同学们都变得善于发现别人的长处、懂得怎样去关心别人。我呢，自然每天都有一份阳光的心情去面对他们。

（金坛　周群）

魏书生说："你把学生看作天使，你就生活在天堂里；你把学生看作魔鬼，你就生活在地狱里。"这个记载簿不仅仅是名称上的改变，它折射出教师教育理念的改变，它改变了教师对孩子的观察视角，改变了学生对自己的自信体验，一个小小文字的改变，却改变了师生的心态，让原先的苦恼、烦躁被快乐、自信取代。创新其实并不难，不要墨守成规就行了。

新班主任成长日记（六）

丰富多彩的班级日志

班情通报 1018[①]

今天颜同学演讲，本来应该是黄同学点评的，但是黄同学因故离场，我就临时充当了点评人。

颜同学演讲的时候，我统计了一下，大概有三十人在有意识地做笔记。我没有去看具体记录的是什么，只留意了大家在做什么。颜同学的演讲说的是中国的新说唱，从社会文化变迁、心理压力宣泄和社会经济价值三个角度探讨，令我耳目一新。这些内容和分析方法都可以作为学生笔记的内容，一方面积累思想，一方面积累素材。

午间和几位同学交流月考反思，发现行文行款问题普遍。联系前天课堂的情形，我知道这些都是和学习习惯有关，这就是差异了。如果我们是新建班级，我可能会觉得不同学校老师要求不同，但是我们作为一个教学

---

① 节选自南京市金陵中学尹湘江老师《班情通报》。

班已经存在了一年多，这就是一样逢春各短长了。关键还在于个人对自己的要求。

今天的班会课上我们零零碎碎说了十几件事。班会课有主题性的，也有事务性的。今天就属于后者了。说起那些让人敬佩的同学，我几度哽咽，但是当时也有一些不恰当的做法，虽然已经过去了，我们还是拿出来作为教育资源，引起大家的思考，以期找到最恰当的处理方式。

在看似固定、一成不变的班级工作中，你想过去突破、去改变吗？你会经常向池塘平静的水面扔一块石头，让水面泛起涟漪吗？没有创新，我们的班级就会是死水一潭，毫无生机与活力。

人最难改变的是思想，而人最具有生命力的也是思想。只要能突破已成固定模式的教育思路，世界在你眼前便豁然开朗。班主任是学生的精神关怀者，如果教师本身不具备善于创新的品质，又如何能激发学生的创新精神呢？

让学生喜欢这个家——从班级的环境布置入手，让你的班级随处显得生机勃勃；一年四季，你的班级绝不会只是一个色调，包括桌椅的摆放、墙面的布置、环境的美化、班规的设计，在你眼里都大有文章可做，每一个细节都能体现教师的用心与创新。

让学生喜欢自己——从着眼于每个孩子的成长入手，为他们精心设计每一次活动、每一次谈话，为他们积累每一个鼓励、每一次成功，让孩子为自己喝彩。活动前要多想细节怎么做，活动后还要趁热打铁做什么，不能为活动而活动，要让每一次活动与体验都具有真实感。即便是一次普通的班会、一个平常的周记标题、一段简单的师生对话，因为有你的创新，也变得有滋有味。

今天，班级日志的形式变得更加丰富多彩，可以用班级日报、班级日记来记载，也可以用"班级博客""学生博客""班级网站"等新途径，无论何种形式，不在于学生记录了什么，而是在记录过程中让学生学会观察、发现、欣赏、友善、自主、自律……

[实践与反思]

　　文中的三个班级日志，反映了班主任教育思想的变化过程，你将如何建立自己班级的班级日志？你会如何管理这本记载着你和学生一同成长的日志呢？

（二）送学生一份值得回忆的礼物

　　礼物是每个人都期待的，一个特殊的日子、一份有意义的礼物是令人难以忘怀的。尤其是来自教师之手的礼物，会给学生带来怎样的惊喜与感动呢？

世界读书日的礼物

　　在 2016 年 4 月 23 日世界读书日那天，我送给班上每位学生一枚竹质书签。其实一开学我就在构思这件事，当时因为文理分科，高二要重新分班了，我希望给孩子们留一份充满正能量的纪念品，但要选好时机和载体。最终，酷爱读书的我选中了世界读书日这天送书签。

　　书签是我独立设计并在网上定制的。竹木材质、红色流苏，古色古香；正面刻有荷花掩映着的两句诗"春眠不觉晓"和"静坐观众妙"，诗中藏着我的名字"晓静"；背面刻有"生活不止眼前的苟且，还有诗和远方"。

　　将书签赠给学生的时候，我说："不难看出书签上的两句诗是来自孟浩然和李白，在李白的朋友中，和他心心相印的首推孟浩然，孟浩然比李白大 12 岁，是李白的老师、兄长、朋友。我选择他们二位的诗，就是希望我与你们也能亦师亦友。这两句诗本意是不知不觉天亮了，用自己感性的心智去体味一切深奥玄妙的道理，这也是我给你们的建议，在成长路上要珍惜时光、领悟真知。诗中还藏着我的名字，希望'晓静'能陪你们读到一本又一本的好书，见证你们的点滴进步。事物总是具有两面性，当你沮丧颓废的时候，还可以看看书签的背面，畅想属于你的诗和远方。"正是由于准备阶段的充分构思和这一段"甘言"，小小的廉价书签成了学生们心中的"厚礼"，以至于现在还会被学生和家长津津乐道。①

---

① 王晓静.甘言厚礼 [J].班主任之友（中学版），2018（11）：16.

生活中，我们也许会因为一次意外的邂逅、一份突然出现的生日礼物、一条遥远的短信问候、一句作业后不经意的点评而惊喜，这会让我们沉浸在愉快的心境中。

生活中我们需要的不是礼物、问候本身，而是礼物、问候背后的那份惦记、关心的传递。许多惊喜既在意料之外，又在情理之中……

生活中需要惊喜，这种惊喜能带来无穷的动力。下面三位年轻教师送给孩子的礼物会给你带来什么样的启示呢？

礼物一：意外的惊喜。

互赠祝福

首先，我给每个学生发了一张表格。表格到手后，我让大家填好姓名、出生年月日、成长地（可写两三个）、兴趣爱好三到五个，喜欢的颜色三到五种。

我请学生看姓名右边"祝福的话"四个字，并念出来。（目的是使每一位学生的注意力跟上。）我说："请每一位同学想一句祝福的话，这句话是你送给本班同学的礼物。要求是：（1）现在你并不知道这句话会送给谁，只知道是班里的某些同学，所以祝福应该男女通用。（2）你送的这句话能以'愿你'或'祝你'二字开头，也可以只是一句你很喜欢的话。也许它曾经温暖过你，或激励过你，或给过你惊喜，或给过你感动等，所以你现在把它作为一份礼物送给班里的同学。（3）当你想好这句话，请把它写在'祝福的话'右边空白的地方。"

五分钟后祝福语写好，到了送祝福语的环节。每个人拿着自己的表格，去寻找和自己有共同特征的同学。找到以后，双方把自己的祝福语和姓名写在对方的纸上。

每一份祝福分享出去，都会扩展 N 倍。因为有前面的向善的引导，同学们的祝福都很真诚、温馨。有的写："愿你能触碰心里的美好。"有的写："愿你永远是那个最快乐，最放松，最本真的自己。"有的写："祝你每天活得自由开心！"①

每个人的生命中都有很多重要的日子，如果这个日子里有老师的一声祝福、同学的一声问候，那他就是这个世界上最幸福的人！

爱是一种神奇的力量，是可以传递的。享受着师爱的孩子也一定知道如何表达爱。

礼物二：考第一的孩子奖励什么？

"包老师，我和你打赌，我能考到年级第一。你要给我奖品。"

"好，你能考到年级第一我就给你奖品。"

这是几周前楼小洋和我的对话。刚开始我不以为然，这是孩子的撒娇，能考到第一当然好，为什么不给奖励？

考试结束了，楼小洋语文考了91分，确实是年级第一。我准备掏钱包买奖品了。

"楼小洋，你想要什么奖品？"

"包老师，我早就想好要什么奖品了。老师，你奖励我去你家吧。"

出乎我意料的要求。我有些转不过弯来，这是什么奖励？能带孩子去我家吗？

周末，我的家中来了一个特殊的小客人……

（包新颜）

爱是教师对学生的喜爱和亲近，它是教师对学生以生活上的关怀体贴为起点而产生的爱的情感，如同父母对子女的关怀和爱抚那样的感情，使学生产生情感的依赖；

爱是教师对学生的理解和尊重，是随着学生年龄的增长、自主和独立意识增强所产生的不同于成人的需要，这是对学生人格的尊重；

爱是教师对学生的信任和期待，是教师期望学生获得较快进步和成长的

---

① 谢细妹. 我的祝福你收到了吗？——记一节新生适应心理活动课 [J]. 班主任之友（中学版），2018（9）：31.

情感，教师赋予学生成就感而让学生对自己充满信心，这是教师对学生更深沉的情感体验。

礼物三：送学生一份值得回忆的礼物。

2018 年 1 月 24 日是农历腊八节，我们高三（1）班的师生还在为期末的联考奋战，正是疲惫焦灼的时候。这一天古人有祭祀祖先和神灵、祈求丰收吉祥的传统，我特意设计了一班独有的大红福字，在这一天送给每一位任课教师和学生。福字上有我班每一位老师和同学的名字，还有我们"风范一班"的蝴蝶班徽，寓意一班团结一心，在即将到来的戊戌狗年，共创辉煌。[①]

王老师送给学生的书签因为她的亲自设计而令人感动；谢老师送给学生的祝福，因为分享而更显珍贵；包老师带孩子去自己家里做客，让师生之间更加亲近；王老师送给学生的"福"字，更是值得学生一辈子珍藏……可见，送给学生礼物的价值不以价格的贵贱衡量，也许它只是一句话、一封信、一段情，但因为包含着教师的一份良苦用心而倍显珍贵，成为孩子成长过程中难忘的回忆。

〔实践与反思〕

送一份有意义的礼物不仅会给学生带来意想不到的惊喜，更让师生之间的沟通变得默契，它能对学生产生神奇的激励作用。对于礼物，每个人都会有不同的创意，你能设计几个场景，想想为学生选择什么样的礼物吗？

（三）留住成长的每个瞬间

信息化时代的到来给我们的生活带来了很多改变，也带来了更多精彩。对一个社会而言，时尚是一种进步的代名词。对学生而言，手机、电脑、网络、游戏是这个时代赋予他们的一种享受、一种时尚。我们不能将学生与这个社会隔绝，那么我们就要尊重这种时尚的存在，并利用这种时尚为自己的

---

① 王晓静.甘言厚礼 [J].班主任之友（中学版），2018（11）：16.

教育注入新的元素。

1. 班主任的新法宝之一——数码相机 / 智能手机。

长期以来，学科教师的课堂教学总是需要一些教具、实物、模型，或者制作课件，让学生对知识的理解更加通俗易懂。而班主任工作很少听到需要什么道具、课件，似乎班主任的最大武器就是一张嘴、一支笔和一腔热血。其实，我们的班主任完全可以做得很快乐。

翻开家里珍藏的影集，孩子每一个成长的足迹便清晰地显示出来，但你是否发现丰富多彩的相册中出现最少的是学校的生活，因为家长无法捕捉到那里的镜头，最能反映学生时代印象的也就是几张集体游玩合影或毕业合影。你可能找不到一张你当年在课堂读书的照片、找不到一张你与班主任单独合影的照片，我们只能任那些学生时代美好的记忆随风而逝。

随着数码时代的到来，让每一个日子永远地留在记忆中便成为可能。自从有了数码相机，我的眼睛便学会了发现。每周班会上的内容也不再是枯燥的说教，而是镜头回放、情景再现，同学们也都很喜欢这种方式。

第一类镜头：细节再现——用镜头把学生平时忽略的细节呈现出来，让学生自己感受。

教室里，同学带来的鲜花开得正旺，但墙角几盆枯死的花草似乎被人遗忘。我告诉学生，养花也是一种对生命的责任，既然是你养的花，你就要时刻关心它，让它的生命如你一样灿烂。

从讲台处取景，教室的桌椅摆放得整齐划一，地面一尘不染，洁净光亮，而换个角度拍摄，展示在学生面前的抽屉肚里，有凌乱的书、各种废纸团，还有美味的零食，这下学生坐不住了，纷纷把手伸进自己的抽屉。我说："下周，我还会把大家的抽屉拍下来。"一周后，学生的抽屉里再也找不到一张废纸片。

做操时，总有几个孩子偷懒，动作不到位，夹杂在队伍里显得很突出。我请他们看自己做操时的视频，真是百闻不如一见，下次做操时自然腰杆挺直了许多。

······

第二类镜头：精彩再现——用镜头把学生真实的生活呈现出来，让父母一同分享。

学生生活是真实的、学校生活是快乐的，而家长对孩子了解最多的是分数，似乎看到分数就能了解孩子成长的一切。新年到来的时候，如果你能参加这样一个家长会，你会有何感想呢？走进教室，老师把孩子劳动时的认真、运动时的拼搏、春游时的疯狂、读书时的宁静、思考时的专注、获奖时的甜蜜一一用图片呈现出来，让家长与孩子一同分享校园生活的甜蜜。孩子的每张图片上还有老师对孩子的祝愿：

No.1 喜欢看见你求知的眼神，欣赏你不屈的品质，相信你会在生活的磨炼中更自主，更坚强！

No.2 不要在天冷的时候只穿一件毛衣，单薄的你看了让人心疼。好好地照顾自己，其实你的周围有很多人关心你，聪明的你在新的一年会让大家刮目相看吧？！

No.3 你的好胜是因为你有强烈的上进心，对集体有强烈的责任感，谢谢你对班级的付出！相信以后你一定会一如既往地带领大家走向新的辉煌！

No.4 你是男生中的男生，浑身上下一股男子汉气概。我期待着你的英语像你的身体一样棒！

No.5 你的心思比起你的外表来可要细致的多，文采不错！不过有时也会像男孩子一样浑水摸鱼。有没有一种感觉：你的生活越来越阳光了！

No.6 为了班级你付出许多精力和时间！谢谢你！你是一个敏感的、极有自尊的女孩。对目标的渴望常常让你忧郁不安。多注重过程，自然会有好的结果！希望你天天快乐！

No.7 喜欢看武打小说的你说话做事一身豪气。不过那功夫也是一招一招地苦练出来的，你有没有悟到它的精髓呢？好好努力吧，假小子！

……

（潘永玲）

第三类镜头：打开窗户——用镜头把教师眼中的世界呈现出来，让师生一同分享。

除了同学们熟悉的校园生活，每次外出听课、参观、学习、交流，我都拍很多照片带回来与大家分享。这样就为学生打开了一扇通向外面世界的窗户，让学生可以站得更高，看得更远。老师也可以经常把自己成长过程、家人、孩子的照片与学生分享，让学生领略教师丰富多彩的人生经历，师生之间的关系自然更加和谐。

2. 班主任的新法宝之二——数码录音。

有心的班主任和家长往往会把孩子成长中的许多东西，如图画、奖状、试卷、作业本、成绩册等作为宝贵的资料珍藏起来，而很少会想到把孩子的声音录下来。你是否知道，录音笔等让声音也可以作为资料永久保存下来，成为班主任工作中的重要资源，成为你研究学生的第一手资料。

留下孩子的心声——师生沟通中，教师首先要学会的是聆听，鼓励孩子大胆说话，勇敢地表达内心的真实思想。课堂上动情的朗读、班会时精彩的辩论、新年时真心的祝愿、快乐时动听的歌声都可以录下来，作为每个孩子成长的一部分珍藏起来。

留下难忘的对话——我们鼓励新教师从教育叙事开始记录、反思，那么记录什么呢？教育过程有时是无法事先预料的，需要教师的灵感、智慧和随机应变，有时我们发现自己今天的课上得特别精彩，有时我们感到今天与学生的谈话特别投缘，但是事后的回忆总是支离破碎，不能完整再现。如果不能及时捕捉这些精彩的瞬间，时间就是最好的稀释剂。对新班主任来说，如果把一些重要的师生间的对话、班会上学生的活动过程用录音笔录下来，反复听，"实录"下每一次对话的过程和内容，就能很快地寻找到自己沟通或语言表达上的亮点与不足，凝练出自己的教育智慧与精华，同时也为自己的教育叙事、教学实录留下了最宝贵的资料。

录音还有许多独特的功能呢！

清晨，王老师踏进了教室，因为班委反映这几天早自习老师未到前大家总不能按要求安静下来看书，于是王老师事先准备了一点资料。见班主任到了，教室里的同学们自然安静下来，准备开始晨读。忽然班级的多媒体音响中响起一片嘈杂声，学生愣住了，这是什么乱七八糟的声音啊！只听录音里"快交本子！""不要吵了！""谁今天值日，快扫地——"声音此起彼伏，大家明白，原来这不就是我们每天早晨制造的噪音吗？王老师也不说话，示意大家继续早读。20分钟的早读就在噪音的伴奏下结束，同学们也都明白了其中的道理。

3.班主任的新法宝之三——班级网络管理平台。

从第一代人用网络到今天全民接受网络这一概念，大约用了15年，当离休老干部都能每天点击鼠标查看新闻的时候，我们怎能将求知欲最强的学生隔离于网络之外？当今的学生是在网络知识时代成长起来的，对他们而言网络是一种全新的学习、沟通和娱乐方式，为什么我们不能以学生最喜爱的方式与他们沟通呢？有人担心因为游戏，很多学生沉迷于网络不能自拔，如果我们的班主任再利用网络迎合学生，岂不是让学生找到更多上网打游戏的理由了吗？

其实，网络的开放性、隐蔽性最大程度地迎合了当代学生的心理需求，网络可以极大地拓展学生的视野，拉近教师与学生、学校与家庭的距离，为什么我们不能将班级管理搬到网上，营造一个开放、民主的网上家园呢？为什么不能把网络办得丰富多彩来吸引孩子的注意力呢？如果我们的班主任能为自己的班级在网络上打造一片天空，利用好网络这把双刃剑，以学生喜闻乐见的形式与学生交流、与家长沟通，不就为班级学生的成长开辟了一个全新的空间了吗？

如果我们每个班级都能有一个网上家园，一定会给我们带来全新的感受。每天打开"班级之窗"，你就可以看到班上的最新消息；在"空中课堂"里，你可以浏览到今天各学科教师的讲课重难点，并提出疑问让老师解答；点击论坛，可以与同学或老师对话；走进师生博客，可以自由抒发自己的随思所想；进入信箱，你可以跟老师畅所欲言；而学生家长们也一定乐意交流育儿经验，不妨为家长们建一个"教子有方"的平台，让你随时可以听到家长们对学校、对老师最真实的感受与声音，从而为班级管理搭建一个开放的、民主的、立体的教育平台。

〔实践与反思〕

作为 e 时代的班主任，你准备如何记录你的班级与学生成长的足迹呢？还有哪些先进的手段可以渗透进班级管理中呢？

第二章　班级教育氛围的营造

　　班级是学生生命成长的重要环境，也是学生发展成为社会人的重要场所。个体要生存发展，必须首先适应社会，实现个体的社会化。良好的班级作为一个小社会，对学生个体社会化起着重要的促进作用，具体表现在：它为学生提供了提高"做事"能力，学习"做人"之道，获得"价值"启蒙的场所和机会，推动个体社会化的日趋成熟，为以后适应真正的社会生活打下基础。

　　班级还是学生发展个性的重要环境。有人说：没有个性的民族是没有希望的民族，有了丰富多彩的个性，就有了丰富多彩的创造力，就有了生命的蓬勃生机。促进学生个性全面和谐发展是时代的呼唤。良好的班级生活中，丰富多彩的集体生活能够促进学生个体不同能力、不同兴趣爱好的发展；各种形式的人际交往促进学生自我意识的发展和健康个性品质的形成，从而形成个体的独特个性。

　　学生的生命成长需要怎样的班级环境和文化氛围呢？作为班主任，我们能够为学生身心的健康成长创造怎样的条件呢？

一、班级环境建设

（一）营造生命成长的真实空间

　　《大戴礼记》曰："水至清则无鱼……"意谓水太清了，鱼便不能活了。在很多老师心里，为了让学生健康成长，总是试图给学生创造一个"纯洁"的班级、学校环境，使学生做到"两耳不闻窗外事，一心只读圣贤书"；至于社会人生这一课，只能有待他们长大成人后自觉自悟。这种纯而又纯的学校生活把孩子同真实的生活隔绝开来，导致他们对人生的多样性、社会的复杂性认识不足，一旦走出校园往往会陷入困惑与迷茫之中。

这是一个初为人师者的一段心路历程：

走出美丽的师大校园，走进了一所很小的中学校园，走出时是学生，走进时是老师，在短短的时间内感受着角色转换带来的动荡与煎熬。

不久前，你还是所谓的"天之骄子"，别人赞你、捧你，你是自己生活的重心，不必对身边的同学、老师负多少责任，生活得简单而轻松。而现在，世界不再是围着你转，尤其是作为教师，你必须懂得为别人做些什么，并且懂得如何去做。同时感到要对身边的所有人负责，不仅仅是你的学生，还有学生家长、同事、领导，歉疚之情常因自己的过失接踵而来。有时真的感到有些力不从心、应接不暇——一个"累"字！

象牙塔中学到的文化知识、教育理论，足以使你有信心去做一位好老师，然而没有学过为人处世这一高深的社会学实践，却使你焦头烂额。没有人教你，你也没有任何心理准备，只是在摔得鼻青脸肿时才能慢慢领悟一些，学生时代总爱幻想的头脑在现实中渐渐清醒了一些……

有时不免抱怨：为什么父母、老师不教给我们这些？害得我们走了许多弯路，刚工作时的热情和锐气也消磨了许多。

可是又想：或许这不用教的，社会就是一所大学，中学校园再小仍是个社会。之前一帆风顺的你坐井观天，把现实想得像大学校园一样美丽、单纯，到了广阔的社会自然要一跌再跌。但是又有什么可抱怨的呢？跌跌爬爬中你不是站起来了吗？揉着身上的伤痕，不觉得筋骨坚强些了吗？至少不知不觉中，你心中已沉淀了承受这一切的基石。

走进教室这个门，就注定不再是个遇事只会哭鼻子的学生了。只是过了很久才意识到。

面对理想与现实的落差、理论与实践的脱节，这位年轻教师在阵痛中重新学习缺失的一课。她缺少的不是教育教学的专业理论知识，缺少的正是学校教育中忽视的社会知识。卡耐基认为，一个人事业上的成功，基于专业技术的因素占了 15%，另外的 85% 要靠人际关系即与人相处、合作的品质和能力。现实中有很多刚刚工作的充满热情的年轻人，因为缺失这重要的一课，而可能变得一蹶不振。

缺失的这一课，在学校的课程安排中没有，那么在哪里可以学到呢？那就是班级。班级是什么？班级对学生的生命成长能够产生怎样的影响呢？

班级是现代学校制度的产物。班级是由一定年龄阶段、发展水平相当的一群学生根据学校的安排组成的。班级是学校实施教育教学的基本单位，整个学校教育功能的发挥主要是在班级活动中实现的。

学生的生命成长面临着两个世界：知识世界和生活世界。"知识世界"引导学生获得知识、开启智慧、拓展心智视野；"生活世界"启迪、培养学生的生活感受力，增进、丰富个人的生活体验。[①] 只有知识世界与生活世界的融合，才能培养完整的人。无视"生活世界"存在的教育，是不完整的、残缺的教育。教育者需要从"知识世界"出发，引导每个人面对"生活世界"，发展个性、舒展自我，成为真正意义上的人。

但凡去过幼儿园的人，都会喜欢那里的环境布置。操场不管是大的还是小的，总有孩子们爱玩的滑滑梯、秋千、沙坑，学校的橱窗里有小朋友和老师们快乐的身影。走廊的墙面上，绿叶的映衬下挂着孩子们幼稚而可爱的图画。循着绿色的长廊，来到教室，简直就是一个童话世界。教室的背景是一棵茂密的大树，如此茂密而丰富，抬头就能看见好多诱人的水果，有能闻得见香味的苹果、黄灿灿的桔子、紫得像玛瑙的葡萄……教室中央的小桌上，放着好些拼插玩具，孩子们面对面坐着，开心、认真地玩着，不时和旁边的小伙伴交流、嬉笑。进门的角落里有一个置物筐，冬天孩子们脱下的手套、围巾，夏天路上遮挡太阳的帽子都放在这里，教室内外的墙上不时变换着，有孩子的食谱、游戏安排、活动项目，老师提供的家庭教育的窍门，还有每个孩子的图画、手工制作。教室的窗台上还有一些小花小草、鱼缸里的小金鱼。最里面的角落是个图书角，是个必须干干净净才能进入的地方……

就在这样一个童话乐园里，小孩子爱上了老师，爱上了同学，爱上了自

---

① 刘铁芳.守望教育 [M].上海：华东师范大学出版社，2005：128.

己的班级。

如果说小学生的班级还能让我们看到一些童趣，而一走进中学校园就会发现，中学的教室环境几乎是千篇一律。大多数教室干干净净、简简单单，习惯性地在教室里放上几幅名人名言或学校统一的标语。至于如此简单陈设的原因，一是怕麻烦，二是觉得这样便于管理，以免学生分心。美其名曰：不能干扰学生上课的注意力。为什么不可以将我们的班级布置得更人性化，让每个人更喜欢一些呢？

想想每个人自己的房间，会贴上自己喜欢的画或者偶像的海报，会把自己获得的荣誉证书张贴在书桌前，会把自己喜欢读的书放在随手能拿到的地方，桌上放着自己最得意的照片——我们的教室难道只能为学生提供一张课桌椅吗？如果他能在教室窗台上、墙上看到自己喜欢和重视的东西，那么心理上会对这个班级产生归属感。这正是班主任在进行班级管理中期望看到的。

一个充满真实的生命成长气息的班级会是什么样子呢？

1. 班级有"花香"。

我是个喜欢养花种草的人，从家里搬来许多花花草草，茉莉、吊兰、芦荟、碰碰香、薄荷草……久而久之，教室窗台便成了"花草的海洋"。课余，我给花草浇水剪枝，班里几个孩子总是围着我好奇地问这问那。有时候发现惊喜了，他们会第一时间跑过来和我分享。比如：吊兰开出了第一丛小白花啦，薄荷草上什么时候搬来一只可爱的小蜗牛啦……孩子们一惊一乍的样子特别可爱。慢慢地，水有人帮我浇了，枯黄的枝叶也有人帮我修了，太阳出来的时候，教室走廊前一盆盆"翠绿"便一字儿排开，这些绿色的小精灵在阳光下摇曳生姿，长得极好。

也不知道哪个孩子弄来了几颗牵牛花的种子，不久，种子便生根发芽，长出了一抹淡淡的新绿，孩子们把它搬到窗口，每天都期待它开出小小的喇叭花。日子一天天过去了，在我们的精心照料下，小小的喇叭花终于俏皮地从绿色的枝叶中冒了出来。[①]

也许你会觉得：一个班级有这些东西，太繁琐了，学生把花盆碰翻了，把花折断了，班主任凭空又多出好些事来。可这恰恰能够约束学生的行为啊！同时吸引每个人为班级贡献一些个人的东西，吸引每个人为班级倾注更多的心血，就是培养他对班级这个"家"更深刻的情感。

在班级中养花或者养一些小动物，开始容易，能坚持下去不容易，班主任要分阶段地加以提醒、评比，相信这会成为班级每个学生最引以为傲的风景。在养育动植物的过程中，我们的学生不仅仅在关注生命成长的过程，也在养心——善心、恒心、细心、耐心、责任心……引导学生的成长就从养花、养小动物开始吧！

2. 班级有"书香"。

全世界的人都一致公认犹太人最聪明、最富有智慧。犹太人为什么聪明呢？

在每一个犹太人的家庭，当小孩稍稍懂事时，母亲会让孩子亲吻涂上蜂蜜的《圣经》。意在告诉孩子：书是甜的。

古代犹太人的墓园也常常放着书本，因为犹太人相信"夜深人静时，死者会出来看书"。他们认为生命有结束的时候，求知却永无止境。

犹太人家庭的孩子几乎都要回答这样一个问题："假如有一天你的房子被烧毁，你的财产被抢光，你将带什么东西逃命？"如果孩子回答是钱或者钻石，母亲将进一步问："有一种没有颜色、没有气味的宝贝，你知道是什么吗？"要是孩子还是回答不出，母亲会告诉他："孩子，你将带走的不是钱和钻石，而是智慧。因为智慧任何人都抢不走，只要你活着，智慧永远跟随你。"

让大脑充满智慧的最好办法就是：让读书成为我们每天的生活。[②]

---

① 崔伊静. 花的教室 [J]. 班主任之友（中学版），2018（7-8）.

② 吴辰主编《循着智慧的手指走去》，江阴市华士实验学校国际部，第 237 页。

设立一个图书角，学生和老师的好书在这里汇集，让学生在阅读中与大师对话，与圣贤交流；班级再订上一两种报纸、杂志，让学生学会"家事、国事、天下事，事事关心"；定期召开"读书会"，让学生的思想和更多美好的思想在这里碰撞；还可以来个"读书竞赛"，给学生的读书热情"火上浇油"；偶尔将家长会变成"亲子读书会"，让阅读的热情蔓延到每一个家庭；不妨联合其他班级搞个"读书征文"，让学生找到读书的真正乐趣，越来越喜欢读书，乐于在书的世界里流连，在书的世界里陶醉……

有人说：阅读不能改变人生的长度，但它可以改变人生的宽度。阅读不能改变人生的起点，但它可以改变人生的终点。让我们带着学生一起去体味吧。

3. 班级有"心语"。

黑板、课桌、墙壁是"心语"的开发地。

黑板留言——格言警句。在黑板的固定角落，每天由一位学生写上一句名人名言、哲理警句。魏书生说："我觉得格言警句像一盏盏心灯，倘在学生心灵中点燃，会有利于学生选择正确的道路，朝着自己理想的高峰攀登。"天天点亮"心灯"，这一盏盏思想的明灯，引导着学生树立起正确的人生观和世界观。

课桌留言——座右铭。每个学生的座右铭包含三项内容：自己最崇拜的人的名字或照片，班级里自己竞争对手的名字，针对自己不良习惯的一词一句的警示。座右铭的内容由学生自己用心制定，使他们树立人生的榜样、身边的榜样，目标明确，促使他们立即行动起来。

墙壁留言——写满快乐与自信。可以是悬挂的一本"好人好事"，可以是班级活动剪影，有欢笑有泪水，可以是学生心仪的图画作品、手工制作、书法笔墨，可以开辟一块"优乐园"，把所有学生的照片和优点卡贴在里面，卡上的优点还在不断增加，让每个学生在班级里快乐地成长，自信地微笑。

墙报、黑板报更是学生挥洒青春活力的园地，让它们的色彩再绚丽一些、再夺目一些。

也许，角落里还有"心语"的开发地。放扫帚的地方，不妨让它成为

"天将降大任处"；靠门的墙上一句温馨的提醒："如果你是最后一个离开教室的同学，请检查灯、窗、门是否关好。谢谢！"……

只要我们用心引导，学生们还会开发出更多更妙的"心语"天地！每一个走进这个班级的人一定会觉得这里的桌子、扫帚都会说话，每一个角落都散发着生命的芳香！

4. 班级有歌声。

在学校举办的"校长杯"足球联赛中，我们五（10）班历经坎坷，终于闯进决赛，与五（2）班进行巅峰对决。可是因为各种原因，我们班最终没能拿到冠军，三连冠的美梦泡汤了，孩子们一时接受不了残酷的现实，陷入失败的情绪，全班哭得稀里哗啦。为了安抚孩子们的情绪，我组织了一次主题班会，和孩子们一起回顾了整场比赛。最后我总结道："今天的比赛我们输了，我们都很伤心，很难过。但是我们也要学会坚强，好好总结这次比赛的经验教训。明年的足球联赛，我们从头再来！"随后，我播放了刘欢演唱的歌曲《从头再来》，这首歌用在此情此景中再贴切不过了。为了让这首歌更贴近班级，我发动学生及家长对歌词进行了改编。因为孩子们的全员参与，家长的全程指导，改编的班歌精彩纷呈。"辛辛苦苦才闯入决赛，今天重又走进风雨……心若在，梦就在，我们团结有爱……"生动演绎了我们班这段特别的历程，注入了我们班全体成员的爱与情怀。

就这样，我们的班歌以一次特殊事件，以套用知名歌曲的模式正式诞生了。我们借用名歌金曲的旋律，有效利用名歌的传播效应，很快在班级传唱开来。在以后的学习和生活中，孩子们只要遇到困难，就会情不自禁地想起班歌，在潜意识里把班歌当作力量的象征，将其作为激励自己的"法宝"。[1]

让班级的歌声再高昂一些。让学生自己创作班歌，同时不妨让他们放开喉咙歌唱，让班级充满歌声，形成班级特有的精神文化。

---

[1] 敬军. "输"写出来的班歌 [J]. 班主任，2018（12）：25—26.

无锡中学苏春瑜老师发现同学们不够自信，和全班同学一起创作了这首班歌《我能行》："如果面前有一座山峰，我们就勇敢去攀登；如果眼前有一场暴风雨，我们就奋力去迎接。跌倒了，爬起来，说一声我能行；失败了，不放弃，说一声我能行……"[①]这首催人自信的班歌唤起师生的信心和面对困难的勇气，使"班歌"成为一种无声的力量，感染着每一位学生，使他们的爱班情结不断发展、升华。

"你牵着我的手，我牵着你的手，用凝聚的力量，迎接所有的挑战。你牵着我的手，我牵着你的手，同心同行同乐的感受。让我们彼此牵手，让我们彼此加油，不畏惧风雨勇敢拼搏。让我们彼此牵手，让我们彼此拥有，让心与心感受家园的温馨。让我们看，一双双求知的眼睛，一张张微笑的面孔，面对荆棘与坎坷，面对梦想与追求，需要你我牵手。你牵着我的手，我牵着你的手，营造我们欢笑创造的天空，你牵着我的手，我牵着你的手，为家园更美，让我们牵手。"这首江阴华士实验学校某班学生和老师共同创作的班歌《牵手》，让我们看到一个友爱互助、团结向上的班级，学生感受着精神家园的温暖。

让班级的歌声再嘹亮一些：当我们召开班会、队会的时候，唱起它；当我们参加学校各种集体活动的时候，唱起它；当我们获得荣誉的时候，唱起它；当我们不够自信的时候，唱起它；当我们灰心丧气需要振作的时候，唱起它；当有同学掉队的时候，唱起它……

班级的歌声是"润物细无声"的教育。让班歌与班级的成长同行！

5. 班级有"运动"。

每周一短短十几分钟的晨会，总有好几个学生晕倒。老师们不由自主地说：现在的学生怎么这么弱不禁风……

是啊，我们的学生运动时间太少了：每学期一次学校运动会，每周只有

---

① 苏春瑜. 把班主任工作弹奏成一首动人的乐曲 [J]. 班主任，2005（9）.

两节体育课，每天的时间被上课、补课挤得满满的。运动才能造就健康的体魄，我们老师必须想方设法让学生运动起来。这是一位班主任总结出的"五个一"班级运动工程：

每人坚持一种运动。要求学生根据自己的情况，坚持一种运动锻炼的方式，如：徒步上学、长跑、踢毽子、跳绳、爬绳、单双杠、爬楼、爬山、羽毛球、乒乓球、篮球、足球、溜冰、哑铃、俯卧撑、仰卧起坐等。

每人参加一个协会。个体运动往往会三分钟热度，所以要求学生自己组建各种运动协会：篮球爱好者协会、足球爱好者协会、围棋爱好者协会、远足爱好者协会，等等。各协会不定期安排活动和比赛。

每天运动一小时。培养学生"挤时间"运动锻炼的习惯：向课间操15分钟要质量，从每个课间10分钟挤时间，从放学后、节假日等边角时段挤时间。

每月一次小运会。利用课间10分钟，每月开展一次班级小型运动会，设计可以全班参与的比赛项目，比如：一分钟跳绳（单人跳、双人跳、接龙跳）、一分钟踢毽子、一分钟乒乓颠球……发挥学生的智慧，会开发出很多可行而有趣的课间10分钟比赛项目。

每学期评一次先进。学生采用自我汇报的形式，讲述自己锻炼的体会。班级通过办影展等形式鼓励坚持锻炼的同学。让学生不断体会到：在运动中锻炼体格、磨炼意志、开阔心胸。

生命在于运动。让我们的学生记住："每天锻炼一小时，工作五十年，幸福一辈子！"

6. 班级有"班规"。

有的老师接手新班级，对学生情况深入了解，可以说对每一个学生的学习情况、家庭情况了如指掌。在教育学生的过程中，也尽量以理服人，用爱心、耐心来教育感化每一个学生。因为学生觉得老师好说话，他成了学生喜欢的班主任，可是所带班级却成了一个乱班。

我们身边尽责尽心的班主任，可以用"日理万机、呕心沥血"来形容，因为事必躬亲，有时教师很累，学生还不买账，觉得班级是老师一个人的，都是班主任一个人在管头管脚。

心中有爱，口中有理，为什么却不能管理好班级呢？

别忘了，班级是个小社会，由于年龄、家庭等原因，坚持歪理或者不讲理的学生客观存在着，每个人身上的不良习惯，也不是单单靠爱心、靠讲道理就能改变的。一个好的班级具有这样一些特征：有健全的组织和领导核心，有共同的目标、共同的荣辱感，有正确的舆论和良好的班风，有团结友爱、平等相待、相互帮助、和谐相处的人际关系，也有严明的规章制度和纪律。[①]

所以班中还要有"法规"。

无论是身兼数职的魏书生、倡导民主教育的李镇西，还是与小学生们一起成长的窦桂梅，都在"班规"的实施中尝到了甜头，班级形成了"人人有事管，事事有人管"的面貌，班主任外出很多天，班级秩序依然井井有条。

班规的制定有以下几点具体做法：[②]

1. 引导思想：提高学生对班规的认识，意识到班规不是老师约束学生，是学生"希望班级好"的自我约束。

2. 统一认识：班规与《中学生守则》不尽相同，班规是每个学生共同参与制定的，是《中学生守则》中有关纪律要求的具体化，有相应的惩罚措施，具有法律般的约束力。

3. 确定原则：可行性、广泛性、互制性（同学之间、师生之间的相互制约），使得班级内违纪现象的处理都"有法可依"。

4. 起草班规：让人人都成为"立法者""执法者"。班规涉及学习检查、纪律监督、体育锻炼、清洁卫生、人际关系等各个方面，形成一个网络，人人有分工，职责分明。人人都是管理者，人人都是被管理者，相互制约。

5. 执行班规："班规面前，人人平等！"在班规的约束下，班主任也能不断改变自我、挑战自我，和学生们一起成长。

---

① 谭保斌. 班主任学 [M]. 长沙：湖南师范大学出版社，2005：97-99.

② 朱永新. 中国著名班主任德育思想录 [M]. 南京：江苏教育出版社，2005：108-113.

让班规把班主任从繁重的班级事务中解放出来，使我们能够有更多时间深入学生的心灵；让班规成为实现学生自我教育和自我管理的手段，使学生真正成为班级的主人。

苏霍姆林斯基说过："用环境、用学生自己创造的周围情景、用丰富集体精神生活的一切东西进行教育，这是教育过程中最微妙的领域之一。"用真实的生活来充实个体成长的生活空间，让班级成为每个人精神成长的家园。

〔实践与反思〕

学生的生命成长需要怎样的班级环境？你的班集体建设的理念是什么？

（二）协调好班级教育系统内外部关系

《中学班主任工作暂行规定》明确规定："班主任的基本任务是按照德、智、体、美全面发展的要求，开展班级工作，全面教育、管理、指导学生，使他们成为有理想、有道德、有文化、有纪律、体魄健康的公民。"由此，班主任被赋予"班集体的组织者、教育者和指导者"的角色。

前不久，针对班主任在班集体中扮演的角色问题，研究者分别在教师和学生中间做了一个调查。在被调查的学生中，有93%以上的学生认为班主任就是学校纪律的执行者；有84%的学生承认对班主任的评价一般；只有3%多一点的学生选择苦闷的时候会找班主任交流。在被调查的班主任中，100%的班主任选择了班主任工作主要就是上传下达，执行学校的各项规章制度；76%的班主任选择了班会课的任务就是进行常规教育与学习指导；83%的班主任认为班会课没意思；只有16%的班主任选择了会经常尝试新的带班方法。通过调查分析得出如下结论：

1. 班级管理者、学习指导者、纪律执行者的角色，是绝大部分班主任经常扮演的几个角色；

2. 学生与班主任的隔阂很大，严重影响了他们之间的和谐交流；

3. 班主任工作的简单化，实质是班主任角色的简单化造成的。

那么，是什么原因造成班主任角色的简单化呢？主要有以下几点：（1）升学压力仍然很大。孩子能考上一所好的初中、高中、大学仍然是普通大众的基本要求。在这一主导性社会价值取向的影响之下，学校把工作的着重点都放在抓学生的考试成绩上，这也成为班主任工作的主要内容。重考试成绩的提高而忽视学生的全面发展，成为班主任工作的普遍现象，由此导致了班主任角色的简单化。（2）班主任队伍素质不够全面。班主任尤其是年轻班主任绝大部分来自师范院校，大学教育重专业学习，而对教育学、心理学、教育管理学等与中小学实践联系紧密的课程接触不够，掌握不够扎实。班主任工作在很大程度上带有盲目性。（3）学校、班级德育存在着严重的理论脱离实践的倾向。新时期的德育工作面临着许多现实困境。

班主任自身的成长往往是同班集体的发展紧密联系在一起的。班主任的角色意识、工作方式、个人魅力的形成都离不开班集体，同时也都能从他所带班级中体现出来。同样是带班，好班和差班的经历也会有所不同。随着社会的不断发展，班级工作的新情况、新问题不断出现，对班主任的要求也越来越高。新时期的班主任同以往的班主任相比，最大的不同之处在于，班主任作为学生精神关怀者的角色不断凸现出来。

新课程下的班级教育就是要培养全面发展的综合素质高的具有现代文明的学生。具体来说，就是培养共性与个性和谐统一，能与他人和谐相处、情绪稳定、善于适应环境、具有开拓创新型的人才。因此新课程注重生活化、过程化。从这个意义上讲，班主任是学生生命成长的引领者，承担着全面育人的责任。从良好行为习惯的养成，人生理想的确立，到倾听学生生命成长过程中的烦恼和苦闷。无论从何种意义上，班主任都是学生生命成长过程中的重要他人。

同时，班主任面对的是一个复杂的教育系统，需要协调处理班级、学校内外部各种复杂的关系。班主任处于学校工作的核心地位，学校的各项工作都要落实到班主任身上。班主任作为班级教育系统的调控者的角色，是其他普通教师无法取代的。从学校管理者的角度出发，则希望班主任能够从学校工作的大局出发，处理好班级日常工作与学校工作之间的关系。

例如，某小学五（1）班接到了上级教育主管部门下达的任务，组织学生看歌剧。班主任刘老师对于这项工作虽然有意见，但从学校工作的大局出发，还是服从学校的安排。不仅如此，在他看来，既然这件事要做，就要抓住每一个教育契机，让它发挥应有的教育价值。刘老师是这样做学生的动员工作的：

同学们，今天我们班接到了一个光荣的任务，代表学校参加一项重要活动——看歌剧。大家知道，在国外，歌剧是一种高雅艺术，欣赏歌剧是有文化、有品位的表现。这次活动还有区里其他小学的学生参加，这是考验我们学生组织纪律性的大好机会。希望同学们按照顺序入场，自觉保持会场秩序。回来后，我们还要就今天的歌剧内容展开讨论。

从上述事例可看出，刘老师善于从学校工作的大局出发，抓住每一个教育契机，对学生进行恰如其分的教育。反之，如果班主任在学生面前表现出牢骚不满，对这项活动采取消极应付态度，将无法发挥活动应有的作用。

以班级教育内部系统中任课教师与学生的关系，班主任与任课老师的关系为例，探讨班主任如何与任课教师相处，如何协调任课教师和学生之间的关系，架起学生与任课教师之间的桥梁。

（1）夸奖便条。

初一年级的办公室里，今天每位老师都收到了孩子们的"夸奖留言"，陈老师、张老师、曹老师个个脸上洋溢着笑容，他们相互传看着，并不约而同地把留言条保存起来。

张老师，你性格直率，说的每一句话都很实在。还有，你总是严格要求我们，真是一个认真负责的老师。

陈老师，您好！你真聪明，要不点子怎么这么多呢？我能从你身上学到很多东西。我还感谢你一大堆，无法说。谢谢。

曹老师，您好！想起刚上学的时候，我们对英语不是很感兴趣，自从您每天坚持给我们看疯狂英语，我们敢说英语了，谢谢您，您辛苦了！

这个活动源于一（1）班的班主任陈老师。新学期开始了，首先她带头给孩子们写留言便条，贴在孩子的作业本上、课桌上、文具盒里，夸得孩子们一个个乐开了花。班委又自发地给各位同学留便条，同学一有进步，或心情波动时，都能收到留名的、不留名的夸奖便条，同学们生活在一个充满温馨和关爱的集体中，其乐融融。三八妇女节的前一天，陈老师又策划了一下，让孩子们给自己的妈妈写一句感谢或夸奖的话，将它贴在妈妈的枕头上、梳妆镜上、餐桌上等能让妈妈容易发现的地方。如果妈妈出差或不在身边，请打一个电话。事后，有的孩子说：妈妈激动地亲了他一下；有的说：妈妈拥抱了她；有的说：妈妈眼中闪动着泪花……爱需要学习，爱需要表达。一个愿意夸奖别人的人一定喜欢用积极的眼光看世界，是一个热爱生活的人。如果我们培养的学生都热爱生活，多好啊！

就这样，班主任用一个小小的夸奖便条的做法，把任课教师、学生、学生家长连接成一个团结友爱的大家庭。孩子、家长、老师都被这看似普通却又不平常的礼物感染着。夸奖别人成为这个班师生、家长的习惯。班主任在学生、家长与任课教师之间起到了很好的协调作用。

（2）"勤奋"的学习者。

在中学生中普遍存在着这样一种现象：重视考试科目或主要学科，忽视甚至轻视非考试科目或小学科。与此相应地，学生也会按照任教科目的重要程度，对任课教师区别对待。如何协调或处理好学生与任课教师的关系呢？

一次上课期间，我碰巧从教室门口走过，瞥见数学课代表王铭在化学课上写作业。下课后我喊他到我办公室，问他在课堂上干什么。他竟理直气壮地说他在做数学家庭作业。我很是惊讶，我本以为他会狡赖推脱，他竟然诚实地回答了，而且回答得如此理直气壮。在夸他诚实的同时，我问他为什么要在化学课上做数学作业。他说，化学又不高考，我做完数学作业，就可以按照自己的计划学习，为高考的成功多争取点机会。针对这种现象，我在全班同学中间展开讨论：首先，我问全班学生，抓紧时间学习是不是勤奋的一种体现？学生不知如何回答。我又问：那在化学课上抓紧时间做作业呢？有学生顺口答是，有学生说要看他做的是什么作业了。我接着问：那在化学课上做数学作业呢？学生说不是。看来他们还知道什么时段应该做什么事。我又接着问：假如有人在化学课上做化学作业能说他是勤奋的学习者吗？学生答不能，因为老师讲课时当然要听老师的。最后我问他们为什么不能说他们勤奋，因为他们的学习习惯不好，而学习习惯不好其实就是思想认识上的偏差造成的。所以我们每个人都要纠正一些不成熟的想法，做一个真正意义上的勤奋者，争取学习的成功。

这件事后，班上类似的现象几乎不存在了，非高考科目的老师也经常讲我们班的学生好，在我们班上课比其他班要愉快，相信我们班的考试成绩会是最好的。班主任通过一连串的发问，让学生从内心意识到问题所在，从而协调好高考科目与非高考科目的关系，也顺利协调好任课教师与学生、班主任与任课教师的关系，最大限度地发挥了各系统的综合效益。

（3）"班主任要听任课老师的"。

班主任与任课老师的区别就是，他必须处理好与各科老师之间的关系，调动其积极性，让他们乐意为这个集体出力，发挥自己的聪明才智。在这点上，班主任吴老师还是相当成功的。一方面，他属于比较灵活的角色，很少与其他老师发生正面冲突，不干涉别人的闲事。另一方面，他愿意为任课老师服务，他认为班主任应该多做些事情，为其他老师的正常教学创造条件，包括整顿班风、纪律等。

在办公室，如果我看到其他老师批评自己班的学生，说完后，我接着批评，态度不好的，要改正，甚至有的学生因与任课老师顶撞，被我训得哭着走出了办公室。

在学习上，我认为自己就是个牺牲品，基本上不布置作业，早读课的时候，我亲自检查英语单词和语文古诗词的背诵，物理辅导也是我给学生上，不过我们班的数学成绩还是不错的。（班主任所教的科目是数学）

我经常教育学生，我们班主任都要听任课老师的，作为学生更要无条件地服从任课老师，坚决不许跟老师顶撞。

但是，吴老师在让学生接受任课老师时，也提供了一个前提，即提供给学生倾诉自己情绪的对象和场所——有问题随时找班主任沟通，只有这样才行。

从任课老师角度而言，班主任的服务意识是对其教育方法的认同，自己的教学工作是受到重视的。班主任旗帜鲜明地站在他这一边，无疑是对任课老师工作的最大支持。他将非常乐意为这个班出力，而不会摆出事不关己，高高挂起的面孔。如果班主任打两头板子，立场模糊，任课老师也就懒得在课后对学生批评教育，对付好课堂45分钟就可以交差了。

在实际教学中，每一位老师都希望自己所教的科目能够得到班主任和学生最大程度的重视，取得好成绩。吴老师作为班主任，亲自督促学生加强其他科目的学习，帮助任课老师完成教学任务，既促进了班级学习成绩的提高，又减轻了任课老师的负担，看似服务、牺牲，实则调动了老师们的积极性，在和睦相处中推动了班级整体成绩的进步，可谓用心良苦。

班主任是班级组织的领导者和管理者，但班级组织的管理者并非仅班主任一个人，实际上存在着一个管理者团队。这个团队是由班主任和同自己"搭班"的其他任课老师共同构成的，在班级管理中班主任不仅直接领导与管理着整个班级，并且还通过对班级管理团队的领导进行着班级管理。班主任应该在与任课老师之间关系协调中扮演好自己的角色。他应该了解任课教师教学情况，为他们教学的正常开展提供支持。班主任与任课老师之间的支持是管理上的相互支持，学生的成长既是班主任的责任，也是任课老师的责任。

〔实践与反思〕

作为班主任，你在班级里扮演最多的角色是什么？你认为班主任主要应该扮演何种角色？

（三）创建学习型班集体

当前中小学升学压力很大，许多高中的班级管理以高考为班级工作中心，即使有些班级在高一的时候曾着力培养和使用一批班干部，但到了高二、高三阶段，随着考试压力的增大，真正能干事的班委越来越少，而班主任对班级的管理力度却在逐渐恢复与加强，甚至到了班主任事必躬亲的地步。班级成员与老师间的隔阂就产生了。班主任会发现，投入的精力与想象的回报远远不成比例。于是班主任就开导或训斥学生，老师与学生往往是在一种紧张、沉闷与疲惫的状态中度过高三这一艰难岁月的。很多学生事后回忆，那是一段不堪回首的记忆。除了一次接一次的考试之外，高三生活几乎是一片空白。经历了高三魔鬼式的训练，待他们升入高校之后，往往不能适应大学的宽松管理模式，不利于学生的长远发展。

凡带过毕业班的老师一般都会遇到这样的情景：被老师看好的学生，在关键考试时总有人发挥得并不如意，而不被老师看好的学生中又总有几个成为"黑马"；每到领取录取通知书时，总是在一部分兴高采烈的学生背后，隐藏着独自哀伤还要强作欢颜的学生。我们关注高考升学率的时候，可曾想到那些落榜的学生及他们家庭的悲伤，在班集体中我们能做到不放弃每一个学生，让每一个学生都能得到较好的发展吗？

美国麻省理工斯隆管理学院教授彼得·圣吉描述了"学习型组织"的含义：学习型组织是一个"不断创新、进步的组织，在其中，大家得以不断突破自己的能力上限，创造真心向往的结果，培养全新、前瞻而开阔的思考方式。全力实现共同的抱负，以及共同学习如何学习"。这作为一种先进的管理理念，已渗透到社会的方方面面。班级作为学校的最基本组成单元，班级的建设成效不仅影响到学校的教育成效，而且影响班级中每个学生的今后发展。所以班级建设也应运用学习型组织理论。

基于上述认识，高中阶段班集体建设的目标应是建设学习型班集体。所谓学习型班集体，就是以知识和信息的获取为前提，在目标管理的基础上实现自主管理，班级个体学会学习、学会发展的班集体。学习型班集体实行目标管理，成员能够实现"自我学习，自我发展和自我调控"的自我管理，从而为实现终身学习、终身发展奠定基础。

1.确立班级发展目标。

重新组合成的新班级，同学彼此不了解，也不熟悉高中的学习生活，主要是学生彼此了解、相互适应，也是老师了解学生的一个阶段，强调的是班级组织整体的建设。经过几个月的磨合，学生有了对高中学习生活的感性认识，如何把形式上的班级建设变成具有凝聚力的班集体呢？首先就是确立班级的发展目标。围绕班级目标的确立，主要从以下几个方面着手开展建设。

制定基础的班级目标，打造合适的个人目标。

目标是前进的方向，是行动的动力，是班级的凝聚力，也是个体的自我调控力。马卡连柯说过："如果一个集体没有目标，那就找不到组织这一集体的方向。"班级目标在内容上包括：学习目标、德育目标、常规目标、身心目标、素质目标等；时间上有短期目标、中期目标与长期目标；对象上有班级目标与学生个人目标。其中，尤其需要处理好班级目标与学生个体目标的关系。两者之间的关系大体有这样几种：一种如下图A所示。若外面的大箭头表示班级目标的发展方向，里面的小箭头代表班级内部学生个体的目标发展，我们可以清楚地看到某些个体的发展方向并不与班级发展方向一致，这样个体的努力可能被整体削弱，达不到个体努力应有的效果，班级发展也相对比较缓慢。若班级中个体强势发展，可能就会严重地干扰班级目标的方向，如下图B所示。图B已看不到班级这一组织整体的发展方向了，班级表现为一盘散沙。

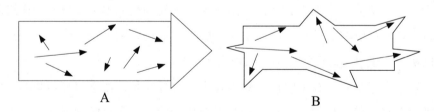

A   B

被普遍接受的是如下图C所示的关系。图C所示中班级目标与个体目标的发展方向是一致的。仔细分析一下图C就会发现其中存在两个关键性问题：一是忽略了个体的差异性，严重的可能泯灭学生的个性。不同的个体具有不同的家庭背景、能力、经历、兴趣爱好，必然具有不同的发展要求。二是不同个体不同禀赋不同的发展要求被禁锢在同一条发展道路上，人为地制定出统一标准，导致班主任工作的标准化与简单化，违背了因材施教的原则，人为地造成学生同一发展方向上的趋同现象。基于以上三种关系的认识，我在班上提出了同心圆式目标体系（如下图 D 所示）。在这个目标体系中，班级目标是个人目标的基础，个人目标是班级目标的具体化。班级目标是班级成员的共同努力方向，作为班级的个体应该根据自身的实际情况结合班级目标打造出自己的个人目标。个人目标不能低于班级目标，但允许不同个体以班级目标为中心形成半径长短不一的不同个体目标，从而形成目标的同心圆系。班级个体在实现班级目标的基础上应当进一步为个人目标而努力奋斗。

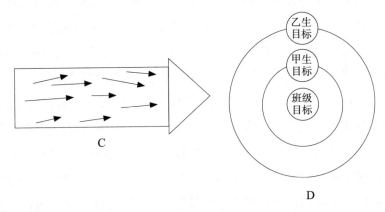

那么班级目标怎样制定呢？班级目标首先应该由班级全员参与，提出意见，班主任综合之后提出再由全班表决通过。当然，班级目标必须恰如其分，否则会对其成员失去吸引力。

高一（9）班某学生学习目标体系中的期末考试目标

姓名	语文	数学	外语	政治	历史	地理	物理	化学	大学
李××	82	85	85	80	80	80	80	80	上海外国语大学
班主任赠言	夫学须静也，才须学也，非学无以广才，非志无以成学。								

这一目标是我与李某在分析了期中考试成绩之后制定的，其中语文、外

语略低于期中考试成绩，而数学比期中考试高了6分，其他科目或略高于或略低于期中考试。这样做主要基于以下几点：①确保语、数、外三门骨干科目，突出数学科目。主要是担心李某作为女生对数学畏难而过早丢弃，趁现在尚可，以期在精力投入之后能继续提高。②其余科目不过早偏颇，为终生奠定基础。③针对李某成绩尚可，但情绪波动大、好动等提出的班主任赠言，对其也是种鼓励。

每次大考结束后，都帮助他们及时分析，修订下次考试的目标。

2.建立有序的班级生活——规章制度的建设。

规章制度，是行为规范的准则，是学习型班集体创建、运行与评价的保证。班主任与学生因所处地位、角色、阅历、知识等方面的差异，造成了天生的一对矛盾，这对矛盾的调和除了矛盾双方的共同努力外，还可借助于中间力量——班委骨干队伍。骨干队伍能在相对较短的时间内亲其师，信其道，受其业，行其训。而学习好且行为正的学生往往在学生中具有较高的威信。

班委骨干队伍的挑选应符合以下几个原则：①胆大心细；②主动积极；③以身作则；④成绩进步。同时要注意性别搭配与不同层次学生的比例。班委定下来之后就要做好这几个方面的工作：首先，班委的培训。有学校的培训，也有班级的培训；可以集中起来教导，也可以个别教导；可以是班主任教导，也可以是某个班委示范。其次，班委的监督。我班在班委外单独设纪律委员直接向班主任负责，有权监督班委的言行纪律。最后，班委的考核。我班设参谋若干名，除随时为班主任提供建议外，还负责每月月末召集部分同学，给班委评议，对得分最低者予以班主任谈话教育，并向全班同学作出解释或道歉；连续两个月考核得分最低的班委自动下岗。

在班委成熟后，由他们联系组织学生制定班级的基本条例，然后交全班同学表决通过生效。目前我班的规章制度有：班委职责一览表、班级处罚暂行规定、班级奖赏条例、班级请假规定、班级学习常规要求等。这些规定张贴在墙上，起到了良好的规范与引导效果。前不久刚改科转到我们班的一个学生，第三天找我的第一句话就是：老师怎么是这个样子的？我很惊讶，就笑问道：什么意思？你原先认为我是什么样的？他说：有人认为你管班比较松所以才要求过来的。但现在在班上这个不能动，那个不能碰，连说一个"哇靠"都要受教育。我接着问道：那你认为我管班松吗？他说：不松，虽然你不在班，但班里有很多的规章制度，有比较尽职的班委。最后我给他布置了个作业：调查我们班的学生感觉我管班松不松。第二天，他又找我，说：老师很奇怪，其他学生感觉都蛮轻松的，怎么回事？我这次比较认真地跟他讲，因为他们做到了要求，所以我基本不再过问他们的常规，要找他们主要也是学习上的事，所以他们感觉比较轻松呀。

班级规章制度的建设需要依靠一支团结有力的班干部队伍，那么，班主任应如何培养、锻炼班干部呢？

班长是班主任的得力助手，因客观情况，矮个里挑高个选了位班长，开学初，我专门找其谈话，又请以前的班长从大学赶来为其培训，但总找不到任用以前班长的那种感觉。在9月的班委考核中，班长得分较靠后；9月的班级考核中，9班也较后。于是我将其喊来，什么也没讲，只将所有班委的考核分以及学校高中部各班级的考核分给其看了一下，并要求向班委会作出解释。从此以后，班长像换了个人似的，学习抓紧，工作主动，敢于管理，威信提高。11月的考核都拿了最高分，期中考试也进入了班级前十名。还带领一批学生制定了班级规章制度，如班委职责一览表就是班长制定的，其中对班长的规定是：

1. 管理班级日常工作。

2. 将同学的意见及建议及时反映给老师。

3. 协助纪律委员管理班级日常纪律。

4. 每天晚上放学总结，要求进行简要点评，力求客观反映一天的班级情况。

5. 将学校组织开会的内容熟记，第一时间反映给班主任，通知各班委，完成学校布置的任务。

6. 班会的筹划工作。

7. 协助劳动委员管理班级卫生。

8. 协助学习委员提升班级学习。

9. 协调好班干部，定时召开班委会，布置班级事宜。

10. 做好节假日的工作。

11. 班长是班集体的第一副班主任。

其中的 10、11 条是我加进去的，第 10 条因为节假日的工作还是要由班长负责，第 11 条是为了突出班长的地位与重要性。

3. 营造良好的学习环境。

高中生正处于世界观、人生观、价值观形成的黄金时期。班级里的舆论氛围对每个学生具有关键性的影响，孟母三迁的故事说明环境的重要性。学习型班集体的创建必须重视班级舆论建设，为学生创造良好的学习环境。具体做法如下：

（1）班主任注意自身的言行，引导舆论导向。我跟学生讲过，我骂你是我无能的体现，我会通过有理有节的谈话帮助你解决问题，并要求学生不讲粗话、脏话。

（2）班干部带头文明执职。有次纪律委员与某同学发生冲突，主要是该生嫌纪律委员工作方式粗暴，我得知后要求双方相互检讨。因为纪律委员的工作积极性是好的，但是工作方式及语言应当是文明的；而该生有错在先，不应小事放大，不配合班委的工作。随后就此事在全班点评，指出我们对待事物应当具备"有则改之，无则加勉"的态度；能站在对方角度考虑问题，说明学生开始走向了成熟。

（3）制定班级语言。在班会课上要求学生每人写几句自己认为我们班每个学生都要牢记的 4 句话，从中筛选，交由学生表决通过，张贴在墙上，随时警醒每位学生。

班级语言

①想，做，即能。

②清醒自己　认识自己　把握自己

表达自己　创造自己　辉煌自己

③只要付出100%的努力，就能将1%的希望变为现实。

④一个人，如果希望，那是一生最大的财富；

一个人，如果失望，那是一生最大的失误；

一个人，如果绝望，那是一生最大的错误。

⑤人人应具有竞争意识、合作意识、学习意识、发展意识、创新意识等。

⑥态度＋方法＋效率＋策略＋健康→成功。

（4）班会课抓住某个问题集中讨论。班会课是班主任教育的主阵地，可以按学校的要求进行，也可以就某种现象、某个事件集中讨论。在班会课上开展过"歌曲《老鼠爱大米》与《小芳》之比较"、每个月一次的"音乐背景下的说话课""网络之我见""矛盾""大家谈爽、棒、混"等为主题的班会课。为了充分调动学生的积极性，可以将班会课改成学生论坛的形式。我班的班会课高二上学期就以论坛的形式，给学生提供畅所欲言的机会，取得了良好的效果。

（5）充分利用班级的"讨论板"，就一些现象展开讨论。我一般将看到的一些现象打印出来，张贴在讨论板上，让学生充分讨论，然后在下周的班会课上简短地与学生交流，从而达成共识，对学生进行无声的舆论引导。

"讨论板第二期"

一则广告现象：

甲：你有多少学习工具？

乙：多着呢，快译通、计算器、复读机、随身听……

甲：够了，我只要一台×××牌电脑。

讨论：

    A 我有多少学习工具？前人有多少？

    B 学习工具全利用在学习上了吗？

    C 学习就靠工具吗？该怎样看待、利用学习工具？

    D 学习靠什么？我们应该如何学习？

（6）教室文化布置。教室的物质文化应当包括这样几个基本方面，教室的卫生：干净，任何时候都干净；教室的桌椅：整洁，任何时候都整洁；教室的板报：引导，班级舆论的引导；教室的墙壁：协调，与学生身心的协调。教室的物质文化与班级舆论、人际关系共同组成了班级的文化氛围。梁漱溟先生曾对文化有过精短的论述：文化就是生活的式样。作为高中班主任不要忽视教室桌椅的整洁布置，这比教室里摆放一些其他摆设，更具有教育意义。

（7）图书角的利用。当时有学生建议买些学习辅导资料摆在那儿，我否定了。主要买了一套古籍文化丛书、礼仪丛书、心理辅导及青春励志方面的书籍。因为我觉得现在的学生对传统文化知之甚少，他们也具备了一定的鉴别力，有必要让他们尤其是喜欢传统文化的学生在课余去学学。礼仪、励志与健康的身心也是走向成功的必不可少的重要因素。

4.建立和谐的人际关系。

和谐理论认为，和谐的人际关系有助于集体成员在愉悦的心情下取得对团体的认同感与个人潜能的充分发挥。学习型班集体建设目的在于班集体成员的身心和谐发展，为此，要认清班级基本的关系，主要有任课老师与学生、学生与学生、班主任与学生、班主任与任课老师的关系等，这是班级内部基本的四对关系；班主任与学生家长的关系、学生与家长的关系、任课老师与家长的关系、学生与以前老师的关系等，这是班级外部基本的四对关系（见下图）。

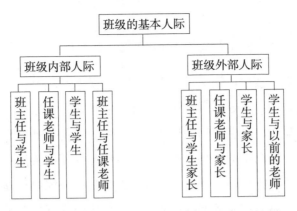

在班级内部的四组关系中，班主任与学生的关系是关键。良好的班主任与学生关系是学习型班集体形成的重要条件，也是教育获得成效的保证。教育的过程是师生之间不断交流的过程，既有各种信息的发出和反馈，又有情感的相互交流。这种互动构成教育教学的氛围、背景，在师生之间形成了知识场和心理场。而班主任与学生关系的内涵至少包括：教育内容上的授受关系、人格上的平等关系、道德上的相互促进关系、发展上的同向关系。在这样的认识下，班主任在师生交往中应随时注意调节双方的心理距离，既要有教师的尊严，又要努力形成自身的凝聚力和让学生指向教育者的向心力。这要求我们必须对学生有至诚之爱的真挚情感和态度，从而引起学生的心理认同和情感共鸣。正如古人所说，亲其师才能信其道，从而行其训。

"还有学生替你考虑"

已经毕业的原先班上的纪律委员有一次回学校看我时突然问我："现在还有学生替你考虑？"细细查问得知，原先班上有一部分学生对我当初采取的一些措施虽不认同，但从我的角度出发认为也可以理解，因此大多都照做了，当然肯定有益无害。

事后我也在想，现在班上还有没有学生替我着想呢？没过多久，学生徐××的家长打电话询问孩子在校情况，末了，她讲她家孩子十分认可我，认为是他遇到的最好的班主任，很多事多替我考虑。有一次，徐××要求她妈妈晚上洗校服并烘干，理由是不穿校服班级又要被扣分了，吴老师会被扣奖金的。

所以班主任与学生关系处理得好，其他三对关系也就能顺利解决了。

在班级外部关系中，班主任与学生家长的关系是核心，这个核心几乎为广大班主任所认同。在处理班主任与学生家长的这一关系时，要注意每一个细节，如做好家访、做好平时的沟通、开好家长会等。就以家长会而言，许多家长会从小学到高中几乎是千篇一律，老师与家长的关注点都集中在分数上，却忽略了只有解决许多学习以外的问题之后，才能取得学习的进步。班主任与家长的关系是：目标上的一致关系、内容上的互补关系、形式上的协作关系。本着这些认识，我给每次家长会都规定了一个主题，与家长探讨解决一两个实实在在的问题，也就是家庭教育与学校教育协调一致。例如，高一的三次家长会主题分别是："问题·目标·行动"，家庭教育漫谈与"心态·条件·细节·行动"，取得了良好的效果。

期中考试后的家长会

一、家庭教育中存在的几个问题

1. 对孩子的期望值既高且快，由此引出几个问题：

①被外界媒体的宣传迷惑；

②对孩子情感需求的冷漠；

③对老师不断提出苛刻的要求；

④对孩子过度信任而对老师缺乏应有信任；

⑤对自己的伤害。

2. 过多的信息干扰导致目标更换频繁，使得孩子无所适从，从而丧失学习的主动性。

3. 教育内容的单一性与教育形式的单调性：

A. 内容的单一性：只重视智育；

B. 形式的单调性：空洞说教为主，不当的语言埋没了孩子的热情，导致孩子有抵触心理。

4. 对孩子特定时段的关心不够：

   A. 考试前   B. 考试后   C. 周末

   D. 活动前后   E. 节假日   F. 特定的事情之后

二、对策

1. 转变原有的思想，建立科学的理念：

- 教育不是工程，而是在培养一个个鲜活的个体，所以教育是一项复杂而又讲究艺术的科学；
- 家庭教育的重要性不亚于学校教育；
- 孩子的教育不仅是父亲或母亲的教育，而是家庭成员、家庭环境等整体的家庭文化的教育。

2. 关注孩子的情感需要：

- 倾听孩子的心声，让孩子把话讲完；
- 分享孩子的苦与乐；
- 支持孩子正当而又实际的要求；
- 关心孩子的朋友；
- 周末给孩子营造家的温馨，创造与孩子交流的良好氛围。

3. 讲究语言艺术，激发孩子的内在需求：

心不热则情不真，情不真则志不坚，志不坚则行不勤，行不勤则业不佳。

4. 依据实际情况，坚定目标、持之以恒地去实现：

- 实际包括社会现实、家庭实际、个人实际；
- 志当存高远；
- 兴趣不是第一位的，但可以兼顾兴趣。

5. 大胆地纠正孩子身上的缺陷，艺术地训练其基本的人际交往能力。

- 短不可护，护则终短；长不可矜，矜则不长；
- 适时、适地、适当地传授基本的人际交往经验；
- 尊重长辈，孝顺父母；尊敬师长，协作共进；
- 傲不可长，欲不可纵，乐不可极，志不可满。

6. 家庭教育与学校教育密切配合，共创孩子美好的未来。

这次家长会后，很多家长都高兴地对我讲："吴老师，今后不怕孩子逆反了，知道怎么与孩子沟通了。"通过这样的家长会，实实在在地让家长知道，家庭教育与学校教育如何配合，从而取得教育的最佳效果。

5. 分享学习的快乐。

学生讲的 pk、东东、酱子花、PRWT、干巴爹等，你是否听懂了？

现在的学生怎么回事啊，你是否抱怨过？

老师为什么要这样啊，我们那样不行吗，你提出的要求是否被学生质疑过？

生活在信息时代的学生，获取信息的渠道日益多元化，而知识面越来越宽，价值观念也趋于多元化，学生的自我意识、维权意识与经济意识比较强，他们独立有主见，不盲从权威。班主任要想对学生的学习加以引导，首先自己要成为一名真正意义上的学习者，才能与学生在同一个平台上进行对话和交流。一个对网络一无所知，对今天学生的学习方式一无所知的教师，难以走进学生的生活世界，无法分享学生的成长经历。为此，班主任必须成为一名学习者。唯有学习，才能获得日新月异的信息与知识；唯有学习，才能把握现代学生的思想脉搏；唯有学习，才能让学生切身体会到我们是处在同一起跑线上，拉近彼此的距离；唯有学习，才能适应学习型社会的需要。

班主任一般会在班会课上向学生传授他（她）认为较好的学习方法，有时还会请学习好的学生介绍他们的学习方法。结果是你讲你的，他们还是坚持自己的一套。班主任如何才能成为学生学习的合作者、有效的引领者呢？

谁背古诗快

一次在早自习时无意间问一个学生早上 30 分钟背了几首古诗，学生答 4 首。我很是惊讶，于是又问了两个学生，最多的也就是 5 首。我让班上的学生都静下来，将刚才三位学生的情形说了一下，本以为他们也会嫌少，哪知道他们认为差不多，有个学生竟还嘀咕着：6 分钟背一首了，你还要背多少？有本事试试。好啊，试就试，好歹我也是学文科出身的。于是喊了大家公认的两位成绩好的与两位成绩不理想的学生，说明时间有限，以学生任选的律诗《临洞庭上张丞相》为例，看谁先背下来。学生一下子来劲了，议论纷纷。结果我以不到 3 分钟的时间第一个背了下来，而且又无误地默写在黑板上，比第二名领先了 2 分钟多，学生一下子呆了。有个学生在下面喊老师以前肯定背过。为此我又与另外 5 位学生比试了《送魏万之京》，结果还是我赢了。看着他们信服的目光，我说：你们想知道我背书快的诀窍吗？我将背书的诀窍传给了他们，然后让他们尝试。从此以后，我们班的背书及默写比其他班都要好，还经常受到任课教师的表扬。

事后我反思，为什么前面我主动讲解他们不听，而现在却能接受我的指导呢？前面学生在潜意识中将教师当作学习的领导者，有一定的排斥感，而那次背书经历把教师放在学习的参与者位置上，学生看到我这个学习伙伴的学习效果好，所以乐于接受我的方法。事实上，在班主任工作过程中，我们也会经常发现，同等条件下学生们更倾向于接受他们伙伴的意见。所以，作为学生学习的合作者，班主任同时还要扮演好参与者的角色，参与到学生的学习中去，参与到学生的活动中去，参与到学生的生活中去。与学生共同分享学习的快乐，成长的快乐！

总之，新课程下的学习型班集体建设，应注重教育方式的情景性、生活性、过程性与选择性。学习型班集体建设的目的，宏观上可以表述为提升生命内涵；中观上可以表述为学会学习本领；微观上可以表述为优化学习方式。学习型班集体的根本特征是：强调班集体是一个系统，要求其成员掌握系统思考的思维模式；强调系统成员的全员发展。学习型班集体教育的内涵应包含三个层面：授受知识、启迪智"能"与润泽生命，其中，关注每一个个体生命的意义和价值是核心。新课程下的学习型班集体建设就是生命化的教育！

〔实践与反思〕

班主任可以采用哪些喜闻乐见的方式引导学生学习？班主任与任课教师相比，在引导学生学习方面有何不同？

二、班级德育

（一）民主管理——把学生推向前台

在班主任的诸多角色中，一个重要角色是对学生行为的评价。班主任要成功地扮演好评价者的角色，就要处理好两个问题：一是合理把握班主任权威的度，不能滥用权威。滥用权威最终会导致班主任权威的丧失。二是发扬民主，适当放权。在班级日常事务中，并非事事都要班主任来评价，适度放权，给学生更大的自主权，反而会提高班主任在学生心目中的威信。

案例1

班长人选谁决定

班委改选的通知发下去后，我要求学生推荐新班长。有26人推荐了徐蕾，有26人推荐了李飞（班上共52人），这个结果出乎我的意料，所以便让两位同学准备一下发言稿，列举目前班上存在的问题，以及他们若当上班长将会怎么做。我准备看完他们的文章后再定班长人选。还没等结果公布，有两位班委放学后来到我办公室询问结果。在得知我的想法之后，他们很惊讶："老师，那是我们的民主权利呦，怎么能您一个人决定呢？还是投票决定。"作为班主任，我当时感觉面子上有点过不去，事后一直在想：在这种情形下，真的需要班主任来做最后决定吗？既然先前已经让他们票选了，现在不是有点虎头蛇尾，给学生造成虚假民主的印象吗？而且我的班主任权威有没有受到挑战呢？

事后有位同学在周记上写了这样一段话：就在我们都以为老师要决定班长人选的时候，老班还是让我们再一次票选。我很感动，认真比较了两位候选人，因为这是老班对我们的信任，我们需要负责任的班长将这个集体带好，一起共同发展。我们的老班真不错。

学生给我上了一节民主教育课

初任班主任的那几年，我热情满满，吃住在学校，时时刻刻看着学生，严防死守。我以为我是用爱在陪伴学生成长，结果有一天，学生们突然集体罢课了！最终冷静下来的我们在班会课上展开了师生之间的对话。"您口口声声说是为了我们好，我们怎么就感觉不到？天天看着我们，我们就像犯人一样，毫无自由，毫无权利，我不喜欢这样的班主任。""老孟，您老是用您的威严逼我们就范，您太专制了！什么都是您自己说了算，您常挂在嘴边的就是'执行'。以后班里有什么事您能不能让我们参与，让我们自己解决一下？"我才恍然大悟——我太专制了，我爱学生的方式不对。

于是我决定放权，在班里成立了"班务民主议事组"——由班长和团支部书记任正副组长，9 个学习小组民主推荐 2 名成员，由这 20 名同学组成民事议事组。班级事务都交给议事组讨论，制订方案。在与学生们一起"议事"的过程中，师生间的距离更近了，我变得成熟、理性、宽容，明白了学生才是班级管理的智囊，"班级民主议事组"才是班级事务的真正解决者，学生对我的称呼也由"老板"变成了"孟爹"。十余年的摸索和实践，连续五届的成功，更让我坚定了学生议事的决心。[1]

通过上面的案例我们看到，在班级管理事务中，当班主任把自己定位成"管理者""权威者"时，学生无法走向"前台"参与到班级管理中。反之，当班主任用民主、平等的观念对待班级事务，把自己放在同学生平等的位置上时，能极大地彰显学生在班级管理中的地位和作用。要真正实现著名教育家杜威在《民主主义与教育》中提出的实现民主主义的社会理想目标，必须从改善班级生活做起，让学生在真正民主、平等的学校生活、班级生活中理解民主、践行民主！

---

[1] 孟凡尧.教育如同煮豆浆 [J].班主任，2018（12）：68.

在民主管理班级生活中，班主任受到的最大挑战是教师权威与学生自主意识之间的矛盾，班主任如何能够做到收放自如？

（二）用智慧走出学校德育的困境

现状调查

学校里什么工作最让教师头疼？67%的老师认为是德育工作，其次是教学工作，再次是后勤工作。

学校里什么工作让你最不满意？54%的学生选择了德育工作，其次是后勤工作，再次是教学工作。

德育工作、教学工作、后勤工作是学校三项主要的相对独立的工作，教师和学生是两个完全不同的评价主体，施事和受事是两个完全不同的角度，调查发现：教师最难完成的工作也是学生最不满意的工作，这就是德育工作。

随着《中小学德育工作指南》的颁布，"促进德育工作的专业化、规范化、实效化"的任务又一次摆在基层学校面前。目前学校德育工作尚存在不少误区与盲区。一是德育工作弱化，不少基层学校重视学生学业水平的提升，忽视品性形成；重视文化建设，过分强调个性主张，忽略了解决德育中的共性问题。二是德育窄化，简单地将学校德育理解为品德课和班队活动，忽视学科整合和系统设计。三是碎片化，没有形成完整的课程体系，而是根据活动主题或上级要求随意开展，缺乏目的性和针对性。[①]

在杭州市一次青年教师暑期培训会上，60%的教师的最大愿望是希望新学期不要当班主任！社会对班主任的高期望值与班主任背负的巨大压力，使今天的中小学正经历着班主任危机。

---

① 胡官兴. 基于文化溯源的德育课程建设 [J]. 江苏教育，2018（7）：16.

班主任对学生成长的重要性不容置疑，家长更是为了孩子能进一个优秀班主任的班级四处托人；然而现实的学校德育状况并不令人满意，为什么学校那么多教师不愿意当班主任？如果教师不能从孩子身上感受到快乐，不能从班级工作中体验到幸福，不能在自己的事业中收获成长，那他怎么会热爱教师、热爱班主任这一事业呢？

一位青年教师在工作日记中这样写道：

你被学生伤过吗？也许每个老师的回答都是相同的，尤其是我们普通中学的老师，经过几年的经验总结，我把这种受伤归为以下几类：

（1）直接受伤型。

某天某课上：女生甲在低头看卡通书，老师走过去伸手欲将书没收，女生甲奋起反抗，坚决不允，声称："我没有影响你上课嘛。你没有权利没收我的书，不然我们就请媒体来，让你失业。"师："……"

（2）间接受伤型。

某天某课上：一群男生热火朝天地讨论着某韩国明星，老师实在忍不下去了，让其中笑得最欢的一人站到后面去，男生看了老师一眼（眼神十分不屑）："好好好，我不讲了，行了吧。"5分钟后，讨论又一次在教室后爆发。老师只能提高声音，忍辱负重地针对想学的学生继续讲课。

（3）火爆受伤型。

某日，在年级组的办公室内：一男生桀骜不驯地站在中间，对周围批评他的老师怒目而视，5分钟后，终于在沉默中爆发了："我干什么啦，不就手机响了嘛！人家找我，又跟我不相干。""你不就会打电话给我家人嘛，告诉你，老子哪个都不怕。"教师遂据理力争："你这个学生怎么这个样子，本来学校就不允许带手机上学……"学生打断道："老子又不用你的钱，干吗，想没收啊，我告诉你，我是不可能给你的，哪个不晓得你就会用学生手机啊。"老师满脸的心碎与神伤。

……

这样的现象在校园里并不少见，细细看来，其实有些矛盾也是能避免的。

如果你面对这样的学生，你会如何处理呢？你不妨试着——

对第一个女生：走过去在她耳边轻言：下课再看，我还可以再借你几本。

对第二个男生要有点策略与艺术，既不能容忍他继续影响课堂，也不能忍辱负重继续上课。

对第三个学生，谈话时如果不是让他站在办公室老师中间，也许师生之间可以沟通得更顺利些。

教学是科学、教育是艺术，只有将科学与艺术完美结合起来，我们才能塑造一个个鲜活的生命。

〔实践与反思〕

面对学校德育的困境，作为班主任，你有什么好的想法与做法？

（三）用美德占据学生的心灵

一个哲学家说：要想铲除旷野里的杂草，方法只有一个，那就是种上庄稼；要想铲除灵魂里的杂草，最好的方法，就是用美德去占据它。

班主任要善于运用拇指，激发和保持每一个学生的进步心、自信心和学习生活热情，让每个学生在原有基础上获得发展。一花一世界，一沙一天堂。一个学生就是一个世界，用鼓励和赞扬让班级里每一个学生的世界成为最真、最善、最美的风景。

在学生心中播下尊重的种子，让学生装满宽容上路，远离谎言，回归诚信，勇于承担一份责任……让美德占据学生的灵魂，唱响班级的主旋律。

美德的培养，是一项长期的艰巨的工作，需要我们在教育中不断思考与实践。培养美德，要注重从这些方面切入：关注具体小事、贴近生活实际、讲究知行合一、生动有趣、增强体验内化、实现探索创新、形成教育合力。

一位优秀班主任曾这样讲过：如果我没有当班主任，也许我只是一个普通人，没有什么崇高思想境界的人。因为当了班主任，我才拥有了许多人生的美德。我变得更加宽容、豁达、真诚，学会发自心底地尊重，不断地焕发生命的活力。在与学生相处中，我也在成长……

1. 善于发现美。

在非洲的巴贝姆巴族中，至今仍然保留着一种古老的仪式：当族里的某个人因为行为有失检点而犯了错误时，族长会让其站在村落的中央，这时，整个部落的人都会赶来，将这个犯错的人团团围住，用赞美来"教训"他。

围上来的人们，会自动分出长幼，从最年长的人开始发言，依次告诉这个犯错的人，他今生曾经为整个部落做过哪些好事。每个族人都必须将犯错人的优点和善行，用真诚的语言叙述一遍。叙述时既不能夸大事实，也不允许出言不逊，而且不能重复别人已经说过的赞美。整个赞美的仪式，要持续到所有族人将正面的评语都说完为止。

巴贝姆巴族人是智慧的，他们这是要向犯错的人表明一种态度：既然你曾经为部落做过那么多的好事、善事，有着那么多的优点，那么，请你记住教训，改正错误。

一个哲学家说：要想铲除旷野里的杂草，方法只有一个，那就是种上庄稼；要想铲除灵魂里的杂草，最好的方法，就是用美德去占据它。

俗话说："良药苦口利于病，忠言逆耳利于行。"但是我们要争取"良药爽口更利于病，忠言悦耳更利于行"。对学生的评价以表扬鼓励为主，以批评为辅，坚持正面教育引导，使学生的优良品质得到发扬光大。惩罚学生的同时不忘表扬，努力找到学生真善美的一面。

班级是生命成长发展的微观环境。班主任通过类似发放表扬单等形式，可以最大限度地发挥班级的正面、积极功能。

我们学校有两种单子：一种是"表扬单"，一种是"过失单"。表扬单上写着：某某同学，你在第几周因为某某原因而获得表扬，以资鼓励。下面是班主任的亲笔签名，更重要的是还盖着一个鲜红的学校教务处的大圆章。还给家长留下空白写上鼓励的话语。大家都希望得到那张表扬单。

班主任可以根据班级管理中的需要，发放表扬单。肯定一些同学参加体育活动的积极性；个别同学纪律、学习有进步了；有同学帮助别人，敢于和不良行为作斗争；一段时间课堂沉闷，给发言积极的同学发；课后问问题的同学太少，设立专门表扬单：奖励每周的"问题大王"（向老师请教问题多的同学）；有些学生劳动不积极，敷衍了事，值周期间，给劳动积极的同学发表扬单；学校"美食节"活动中，人人参与，个个有功，全班每人一张表扬单……学生都希望获得越来越多的表扬单，所以会通过努力争取每一个机会。

表扬单的主人，可以老师提名，但是老师把更多的提名机会让给学生，让学生去发现别人的进步和成长。

表扬单的发放不能太吝啬。有个学生天天迟到，但是他为了得到一张表扬单，坚持了一个星期没有迟到，当他表示希望获得一张表扬单时，我提出要求：如果下个星期不迟到再发。他露出了失望的神情，而我却忽略了。下个星期，他没有坚持下去，又开始天天迟到了。及时肯定学生的时机被我错过了。如果我能对他的良好行为及时鼓励表扬，强化他的愉快体验，也许他就会很少迟到了。

过失单的发放要慎重，我在使用过程中发现，往往起不到什么积极效果。也许只能发挥一个作用，就是让学生知道，有过失单的存在，一旦拿到，就像烫手的山芋。

我们的拇指，能够激发和保持每一个学生的进步心、自信心和学习生活热情，让每个学生在原有基础上获得发展。

上午学校举行"六一"文艺汇演，我发现班上的小含偷偷溜下座位去捡饮料瓶。我知道他为什么要捡那些饮料瓶，在所有孩子都在的情况下，无论我对他说什么都感觉不合适。下午我在去学校的途中恰好遇到了小含。想到上午的事儿，我说："听同学说今天你捡了六个饮料瓶？"小含的脸色黯淡下来，不作声，应该是害怕我批评他吧。因为上午文艺汇演前，我在班里强调了好几遍，要求他们坐在自己的凳子上不要随便离开，可就是在这样的情况下，他还是偷偷溜下座位去捡饮料瓶。

"老师要表扬你。"我突然说。小含明显愣住了，停下脚步，一脸诧异地看着我。我拍拍他的肩膀说："老师知道你是帮奶奶捡的。能想着帮奶奶，真是个懂事的好孩子，值得老师表扬。"小含父母离异，父亲常年在外打工，他从小与奶奶一起生活。有一次奶奶向我诉苦，说自己只能"捡点儿破烂"勉强补贴家用，对孩子关照不够。也正是这次交流，我才对小含的家庭情况有了更深的了解。现在一贯看上去"顽劣"的小含能够这样体贴长辈，又怎能不让人怜惜呢？

听了我的话，小含有点儿尴尬，还有点羞怯。"老师还是不在班级表扬你了，毕竟你违反纪律了，老师就在这儿正式表扬一下：小含是个懂事的、体贴长辈的好孩子。"这下，他终于咧开嘴笑了，笑容那样舒展灿烂。可以看出，此刻的他快乐而自信。有时教育就这么简单——只是看到孩子内心深处的那些美好，并给予应有的认可和赞美而已。①

无论是所谓的"好学生"还是"坏学生"，每个学生都有自己的闪光点，作为教育者，要有一双"慧眼"去发现每个孩子的优点，然后欣赏他们、肯定他们。学生在这种接纳宽容的氛围中，也会对教师报以肯定、认同和欣赏。师生之间互相证明着彼此的价值，让两者的生命相互激荡、相互完善、共同成长、共筑光彩的生命历程。让我们的学生在诗意的教育中，收获人生的美德！

2. 勇于承担责任。

生活中我们经常看到这样的场景：学校里组织卫生大扫除，学生们能溜就溜，要么敷衍了事；学生每天做完作业之后，检查作业对错成了家长的额外工作；当母亲生病躺在床上，孩子还在发脾气抱怨没有饭吃；校园里的水龙头一直在流着水，好多同学路过看见了却没有去关一下；许多大学的大型活动过后，场地上留下的包装纸、易拉罐等堆成了垃圾山……"不承担自己该负的责任"，这就是我们正在培养的和已经培养出的学生。很难想象，我们的民族可以由这样的后代来繁荣昌盛。

责任感是一种态度，是道德评价最基本的价值尺度。一个人未必什么都会做，但是，当他做任何事情都很认真、很负责的时候，他就有可能凭借这

---

① 陶翠凤. 看到美好，便是教育 [J]. 班主任，2018（12）：70.

种态度战胜困难，发挥自己的最大潜能。因此，责任心是做人的重要基础。一个没有责任心的人，往往对自己的行为不负责，有的甚至不顾最基本的道德准则，损害他人和社会的利益。

一份资料显示：责任感是第二个被全球各国重视的品质，而重视责任感的中国人较少，只有30%多，处于落后的位置。反思我们的教育，我们需要培养有责任感的后代。而提高学生责任意识的第一现场是班级。

我们首先思考的是：班级生活中，班主任是否有了主动承担责任的胆量和勇气？当涉及班级重大事务时，班主任更要有这样的胆略。

某班级由生活委员收一笔学校费用，上体育课前，他把钱放在教室抽屉里，结果580元钱不翼而飞。追查无果，班主任要求生活委员全额赔偿，因为之前交代过：谁收钱，谁负责。学生家长不答应，闹到学校来。

同样一件事情，另一位老师是这样处理的：他在全班作了深刻的检讨，检讨自己管理不善，体育课时门窗未关，给小偷有了可乘之机，检讨自己没有提醒生活委员保管好钱物，全部责任由老师来负。生活委员说：老师已经提醒过了，怪我自己光想着打篮球了，责任在我。其他同学也说：我们也有责任，我们没关门窗，老师提醒过我们很多次了。都要求承担责任，老师说：你们没有经济能力，还是我来吧。学生不答应。老师折中了一下：因为主要是老师的责任，所以大头500老师掏，剩下零头同学凑，绝不能向家长伸手，要么动用班费，要么大家一起挣。同学们就商量着怎么挣钱。接下来的一段日子，他们通过卖报纸、回收废品挣到了这笔钱。之后，每个人的责任心更强了。

班级生活中真实的情境，往往是提高学生责任意识的重要契机，班主任要善于发现并利用这些契机，培养学生的责任意识。

在班级生活中，我们不仅要不断创造机会让每个学生承担一份责任，而且要通过各种方式强化学生的责任意识。

从小学阶段起，我们需要告诉学生：凡是力所能及的事努力去做，尽量不麻烦父母和他人。养成对自己的事情负责的好习惯。按时起床，准时上学，我的责任；完成作业，我的责任；整理自己的房间，我的责任。有了责任感，学生才会自觉，才会克服惰性，不断进取。

还要引导学生学会对其他事情负责。"勿以善小而不为，勿以恶小而为之。"班级卫生状况不佳，我的责任；黑板没人擦，我的责任；校园里的水龙头没关，我的责任；校园里有废纸，我的责任……摒弃"多干吃亏"的狭隘思想，树立"多承担多锻炼多收获"的积极思想。班级生活中，让教育从小处着眼，不断渗透这样的理念：做好简单的事就是不简单。

班级中发生着静悄悄的变化：班级承包区脏了，有人悄悄去扫了；有人带来了香皂，把脏抹布洗了；粉笔盒坏了，有人带来了一个冷饮盒；一个拖把坏了，一下子冒出来两个拖把……

只有对自己负责的人，才有可能对国家负责。在高中阶段利用一些有针对性的优秀演讲去感动学生。比如通过"一位震撼全国的台湾校长的演讲"，让学生在感动中意识到自己的责任。帮助学生树立"天下兴亡，我的责任"的信念，让学生懂得"学习的真正目标不应是兴趣，而是责任，在责任中找兴趣，但不能用兴趣替代责任"，更要让他们明白：一滴水只有放进大海才永远不会干涸……

卫生值日也是令许多班主任头疼的日常琐事之一，虽说在李镇西老师那里有"法"护航，在魏书生老师那里有"计划"保障，班主任要从这种日常琐事中脱身出来，就要开动脑筋，借助自己的教育机智。关键是卫生值日表的安排，重点是清扫方法的指导。班主任陈老师任教的班原来值日状况是职责不清，学生对待值日的态度是"糊"，往往是将学校经常检查的地方，班主任容易注意到的地方清理干净，劳动委员的职责不是管理者，而是专职的卫生员。其他同学不愿做的事只有劳动委员来做。针对这种情况，陈老师的做法是：

第一，以方法指导代替简单批评。

如今的学生尤其是城里的孩子不会劳动，甚至不知道什么样的标准叫干净；他们不爱劳动，也很少有人叫他们劳动。不要说学生，现在有的年轻教师自己也不爱劳动，不知道如何打扫才干净。由于上述原因，陈老师不批评不责骂学生，而是手把手地教孩子们扫地、拖地。教一遍不会，再教一遍，直到教会为止。曾有孩子在周记中写道："我原本以为走廊很干净不要扫，但在陈老师的督促下，我认认真真地扫起来，不扫不知道，一扫吓一跳，我在瓷砖上扫下来好多灰。真是凡事来不得半点马虎。"

第二，责任到人、要求明确。为此，班主任制定了明确、具体的值日要求。

值日要求

（1）擦黑板的同学每人自备一块抹布，务必保证每堂课的黑板干净、下沿无粉尘的积累。

（2）同一天扫地的两位同学商量好各自的清扫范围，一天扫两次（中午、下午放学后），将每一个角落清扫彻底，保证教室全天候地面干净。

（3）走廊和楼梯的范围是由教室前门至三楼的地面。早、晚各打扫一次，无论有无垃圾，一定要全面清扫。早晨，除非有明显的脏迹，一般不拖地；晚上一定要拖。

（4）拖教室一定要用半干的干净拖把，将教室全方位拖干净。

（5）凡是拖地的同学，晚上要清洗拖把，用桶拎着，洗净拧干再用桶拎回，将拖把晾在桶沿上。

（6）擦门窗和走廊栏杆的同学任务较轻，需要保证更高的质量——无尘埃。

（7）包干区（多功能教室）由刘燕、陈天宇负责，每周一中午打扫一次（排桌子、扫地、擦黑板和讲台）。

（8）由劳动委员每天检查，责任到人、奖惩分明。

（9）每周评一次卫生表扬单，凡尽责尽职的同学可得到一张。

为了生活在一个整洁的环境中，请相互协作、尽责尽职。

通过规章制度的制定，明确具体的值日要求，班主任以身示范，学生掌握了具体的生活技能，能力和责任感得到了培养，养成了良好的卫生习惯。如今这个班每天打扫卫生只需要10分钟，从不需要班主任过问。学生在承担任务的同时，增强了对班集体的责任感，当学生以愉悦的心情投入劳动时，大大提高了办事效率。孩子在体验责任的同时也体验成长，教师要多给孩子一些锻炼的机会，还要指导家长不要凡事包办，应多给孩子提供一些成长的空间、锻炼的机会。

提高学生责任意识的第二现场就是家庭。

用我们的态度去影响家长。学生有问题时，在与家长交换意见的过程中，我们需要主动承担责任，获得家长的配合。如果我们竭力推卸责任，家长产生对立情绪，不利于家庭学校教育合力的发挥。

转变家长的观念。在一些家庭中很多时候是以分数论英雄，一切都为孩子的学习服务，一切可能耽误孩子学习的事都尽量少让孩子做。现在的孩子大多数是独生子女，好些家长觉得：家里不多的家务，根本不需要孩子帮忙。一句话：孩子学习负担重，只要他能把学习搞好就行了。结果却是：孩子越来越懒，越来越不体谅父母，与父母的距离越来越远，而学习也不见有什么长进。要让家长懂得：学习是一个系统工程，需要各方面的习惯养成和品质培养来促进。一个有责任心的人，他会对自己的事很有责任感，包括对自己的学业。学习的责任感来自做事的一贯责任感。

告诉家长一个培养孩子责任感的好方法：给予孩子家务劳动的机会和岗位。让孩子在家里有固定的工作，如洗碗、扫地、拖地板、擦玻璃、取牛奶、拿报纸、整理房间等天天都要做的事情，分给孩子干，并且负责到底。如果让孩子承担家务，他会觉得这是自己的家，他对家庭有贡献，是不可缺少的家庭成员。对家庭付出越多，贡献越大，他就越爱自己的家，越关心自己的父母，在家庭中有更多的归属感。

在家长的建议下，每天的家庭联系本上有了一项家长关于家务完成情况的记录。随着这项家庭作业的完成，在班级生活中，孩子们的班级工作更主动更积极了，没有老师的督促也自觉地完成。

每个人在生活中都要承担一定的责任。小至一个家庭，大至一个国家，只有每个人对自己所承担的事自觉主动地尽力完成，这个团体才能焕发蓬勃的生命力，才能培养勇于承担责任的后代。

相关链接

[材料1]

美国哈佛大学的专家们对456个孩子跟踪研究20年，这些是什么样的孩子呢？一些是爱干家务活的，另一些是不爱干家务活的。20年后这些孩子差别很大，第一个差别，失业率是1∶15，第二个差别，犯罪率1∶10，收入相差20%。还有这些爱干家务活的孩子，他们的离婚率低，心理疾病的患病率也低。

[材料2]

法国思想家、大教育家卢梭在教育名著《爱弥儿》中说："你知道不知道用什么办法准能使你的孩子得到痛苦吗？这个方法就是：百依百顺。因为有种种满足他欲望的便利条件，所以他的欲望无止境地增加。结果，使你迟早有一天不能不因为无能力而表示拒绝。但是，由于他平素没有受过你的拒绝，突然碰到钉子，将比得不到他所希望的东西还感到痛苦。"

3. 装满宽容上路。

小学生、初中生经常为一些鸡毛蒜皮的事来告状，甚至两个学生一起哭着来告状。不外乎谁弄坏了我的文具盒，谁打我骂我了，谁撕了我的本子诸如此类的事，开始班主任还耐心处理，时间一长就觉得自己陷进琐碎的事务中不胜其烦。特别是有学生打架了，班主任处理时不仅浪费时间，而且容易大动肝火，通常会训斥一通，搞得学生很委屈，自己心情也很不愉快。

高中生虽然没有了告状的举动，但是同学之间的矛盾会放在心里不断堆积，有时会借助极端的方式发泄出来。有个学生总觉得某同学笑话他，某次气急之下，在自己的书包里偷偷放了一把刀，准备报复，幸亏父母及时发现制止了他……

其实，学生之间发生的事都不是什么大不了的事，学生欠缺的仅仅是宽容。现在的学生大多是独生子女，从小自私任性，以自我为中心，一旦与别人发生矛盾，往往会把责任推到别人身上，还常常怀恨在心，想方设法报复，

84　今天，我们怎样做班主任

很少能够宽容别人。

班级生活中，班主任首先做宽容的使者，要有一种发自内心的宽容，允许学生在犯错中不断反思处理问题的方式。

有一次，一个女生又来哭诉，说一个男生骂她。之前她已经来哭过一次了。这个女生很多时候以自我为中心，和同学斤斤计较，不太讨人喜欢，那个男生看不惯，就这样，你来我往斗起嘴来了。和他们都单独谈过，效果看来不佳。我对女生说："我知道了，你去吧，等会儿我来处理。"

这天放学时，我没有提及此事，只给全班同学讲了一个故事《装满宽容上路》：古希腊神话中有一位大英雄叫海格力斯。一天，他走在坎坷不平的山路上，发现脚边有个袋子似的东西很碍脚，就踩了那东西一脚，谁知那东西不但没有被踩破，反而膨胀起来，操起一条碗口粗的木棒砸它，那东西竟然长大到把路堵死了。正在这时，山中走出一位圣人，对海格力斯说："朋友，快别动它，忘了它，离开它远去吧！它叫仇恨袋，你不犯它，它便小如当初，你侵犯它，它就会膨胀起来，挡住你的路，与你敌对到底！"

在这天的日记里，她写道：平时我计较太多，总是得理不饶人，让我和同学的矛盾越来越大，我要改变，学会宽容，让自己拥有更多的朋友。

后来我又在全班读了另一位同学写的这样一段话：以诚恳的态度去宽容别人，别人也会宽容你、包容你。只有自己可以给自己爱。去爱别人、去宽容别人也就等于去爱你自己，包容你自己。

后来，她渐渐有朋友了。

班主任要经常对学生进行宽容教育，尤其要引导学生正确看待矛盾，用恰当的方式解决矛盾。我经常跟学生讲一句话：要开得起玩笑。同学喜欢逗你，是因为你开得起玩笑。这一句话是在不断提醒学生：不要把别人一句"有口无心"的玩笑话放在心上。有时拿个别开朗的同学开涮后，我会不失时机地赞许一句：你真是个开得起玩笑的人，难怪同学喜欢你。当然班主任时常拿自己开开玩笑，也会对学生产生潜移默化的影响。

通过班会"学会宽容"，让学生在交流讨论中，在法制短片中，懂得人和人的相处中难免有矛盾，如果宽容不计较，会大事化小小事化了。多一分宽容，多一分忍让，生活多一缕灿烂的阳光，生活多一些笑声，人生多一些柳暗花明。结合学生身边的一些事件处理，引导学生学会"化干戈为玉帛"的解决方式。下面是一个初中班级里出现的一幕：

> 班长气喘吁吁地跑到办公室，跟我报告说，张同学和王同学在教室吵架，吵得很凶。我赶去教室，了解事情原委后，我没有急着批评他们，而是思索着如何不着痕迹地化解争端，更希望借此机会给他俩甚至全班都进行一次团结友爱的教育。恰好下午有一场年级篮球赛，他俩是本班的绝对主力，一个坐镇内线，一个负责外线，我眼前一亮，想到了对策。
>
> 到了比赛时间，我特地同时派他俩上场，不出所料，第一节比赛，由于两个人闹矛盾，谁也不肯为对方传球，导致本班被对手打得狼狈不堪。第二节比赛，两位同学在场上继续打，结果依旧不理想。然后，我又特地撤下王同学，让张同学上，结果依旧是本班输。中场休息时，我特地把他俩叫过来，说："你们有5分钟时间商量下半场战术，全班同学都看着你们……"到了下半场，两个人的态度发生了明显变化，上半场各自为战的教训还历历在目，下半场他俩明显加强了合作，进了球还击掌相庆。比赛结束，因为上半场得分太低，尽管下半场紧紧追赶，但还是输了。
>
> 在赛后的例行总结会上，他俩主动向全班同学道歉，还争相把输球的责任揽到自己身上，赢得了同学的掌声并获得了谅解。就这样，我通过一场比赛让两位打架的同学和好如初，同时也使整个班级变得更加团结友爱，凝聚力得到极大的增强。从此以后，我班学生中就开始流行一句话："没有什么矛盾是一场比赛解决不了的，如果有，那就两场。"[1]

班主任还要建设班级精神文化。在学生对班级有了认同感和归属感的基础上，借助各种契机，形成班级独特的"宽容"性精神氛围。借助"才艺展示""自由论坛"，濡化学生的宽容品质，让它成为班级精神文化的重要品质。

---

[1] 吴建峰.让体育在班级建设中发挥应有作用[J].班主任，2018（3）：18-19.

尊重不同的学生文化，不轻易改变学生特有的文化；努力实现学生个性的自由张扬，使所有学生都能从中形成"接纳、宽容"其他不同思想和人格的胸襟气度。[①]

"世界上，比陆地更为广阔的是海洋，比海洋更为广阔的是天空，比天空更为广阔的是人的心灵。"用我们的宽容，让学生懂得：装满宽容上路，会少一些阻碍，多一些成功的机会。

4. 远离谎言，守住诚信。

大凡学生迟到，会编出各种各样的理由，什么车子坏了，什么闹钟停了，什么今天有些不舒服，甚至于请人冒充家长打电话向老师请假，偶尔这样的谎言老师不会去追究，也没法去追究。为了逃避，有的学生甚至家长会请冒牌家长来参加。为了向父母好交代，涂改考试成绩，考试作弊，这样的学生不在少数，借学校名义向家长骗钱的也绝不是一两个学生。

诚信是我们做人的一条基本准则，是前进道路上的通行证。一个诚信的人，才能获得心灵的宁静，享受到自我肯定的喜悦。诚信更是一个社会的需求，有了诚信，社会才有公平与和谐。帮助学生守住诚信，需要老师、家庭、社会共同努力。教师本身的言行是对学生进行教育的最好范例。我们是否注意到了自己的言行呢？

要求学生不吃零食、不乱扔果皮纸屑，我们的办公桌上堆着零食，办公室里脏乱不堪；对着校园内的禁烟标志，我们依然吞云吐雾；要求学生按时到校，我们自己姗姗来迟；要求学生升国旗时不讲话，我们自己谈笑风生；要求学生看到纸屑捡起来，我们自己却视而不见。学生面对我们的行为举止，会有何想法？教育中掺杂着谎言和欺骗，怎能保证学生养成诚信的美德呢？

班主任只有从真诚开始，真诚地和学生讨论生活中的问题，才能达到诚信。优秀班主任在班级管理中严于律己，对学生的种种要求自己一样做到，

---

① 王生. 班级精神文化建设例谈 [J]. 班主任，2005（4）.

并且接受学生的监督。因为老师也是人，也会有过错，所以我们的名字也会被学生记上"黑名单"。当我们误解学生时，向学生真诚道歉；当我们一时回答不了学生问题时，我们不敷衍，而是真诚地说：对不起，我现在回答不了，让我们一起努力寻找答案，好不好？……不用担心我们会丢掉老师的所谓面子和尊严，其实在这个过程中我们收获了真诚。我们相信：真诚之花一旦开放，定会结出诚信之果。

班级开展"无人监考"诚信活动中，班主任淡化分数，强化诚信度的评价，这样的诚信行动才可以持续下去。

通过班会议论有关诚信的话题：从"信用卡"的来历说起，讲解一个个诚信故事，讨论社会生活中的诚信，学校生活中的诚信。结合实际，让学生们有所收获、有所领悟、有所行动。

家庭教育同样影响着学生的诚信原则。有的父母一味迁就孩子，甚至帮助孩子一起来欺骗老师。作为班主任，在家长会上要将"守住诚信"的理念传递给家长，并且传递"守住诚信"的家教方法。孩子说谎不外乎挨批评、挨惩罚，不妨给孩子多一些关爱、理解、尊重、信任以及人格的激励。要使家长逐步改变"只看分数，忽视情感交流"的现状，改变家长要么"皮带拳头"、要么放任自流的教育方法，引导家长给孩子适当的生活指导、思想指导，做孩子的人生向导。

同样社会生活也在影响着学生的诚信态度。因为缺乏诚信，社会中一些商品以次充好，假冒伪劣商品泛滥；因为缺乏诚信，一些食品没有安全保障；因为缺乏诚信，装修污染、家具污染让人没有安全的居住环境；因为缺乏诚信，广告可以把商品吹得天花乱坠，药品变得包治百病……这是社会现实，如果我们不加以引导，一些学生在缺乏明辨是非的能力之下也会变得缺乏诚信。生活是最好的老师，在班级生活中，要让学生看到这些丑恶的社会事件，更要引导学生思考：如果没有了诚信，我们的生活将变成什么样子？要让学生真切地看到：没有诚信所带来的悲剧，让学生在真实的震动中感受诚信之重，愿做诚信之人。"千教万教教人求真，千学万学学做真人。"用我们的真诚让学生远离谎言，回归诚信。

5.播撒尊重的种子。

有些学生经常在背后讲伙伴的坏话，嘲笑或轻视朋友的缺点，不善于倾听，不善于控制情绪，忽略别人的感受，有的狂妄自大，老虎屁股摸不着，有的对父母长辈讲话没有礼貌，不注意礼仪礼节……孩子们为什么这样傲慢、无礼，不尊重别人呢？

让我们在孩子心中播下"尊重"的种子。班主任工作的前提是：尊重每一位学生。不仅仅是语言上的尊重，还要尊重他们自己选择的学习方式、生活习惯。教师发自内心的尊重，学生会获得自尊的感受。

孙云晓说：从小受到爱和尊重的孩子，长大后往往是一个懂得爱并会尊重他人的人，反之亦然。学会尊重才能学会共处，尊重又是在共处中培养起来的。利用孩子对老师的天然崇敬和与生俱来的被爱需求这一教育契机，让"尊重"的种子首先孕育在师生关系中。

因为尊重，我们才有无私的平等关爱，才会去关注每一个学生的生活状态，珍惜每一个个体的生命存在。俗话说：一滴水可以折射出太阳的光辉。只有尊重，我们的眼里才没有"差生"，能够看到他们不同的个性和不同的可爱。尊重在于，教师能够尊重学生的差异，呵护学生脆弱的心灵。尊重在于，教师能够针对不同的学生，用学生易于接受的方式教育。尊重在于，教师能够把做人的权利还给学生。特别是对于青春期学生的情感问题，为人师者，切不可轻易扼杀他们纯洁而又珍贵的感情，多理解处在多梦季节的孩子，尊重他们的情感，引导他们正确地与异性交往，否则会给孩子造成心理暗伤和心理障碍，会使孩子产生强烈的逆反心理，关闭心灵的窗户。

班长是一位男同学，初二年级，成绩优异，父亲是清华大学教授，母亲是《人民日报》的一名记者，该同学立志要考上清华大学，在班级担任班长职务，是一个品学兼优的同学，人见人爱。

一天放学回家，他执意要与我同行，走到半路，吞吞吐吐向我坦言，他对班上的一个女生有"好感"，想和我聊聊该怎么办。

他说：老师，我喜欢上了一个女生，这几天我多次向她暗示，可是她理都不理我，我精神都恍恍惚惚了，我该怎么办？我计划明天向她明说，你说行吗？

我说：（心里很惊慌，这么令人放心的孩子都早恋了，该怎么办呢）你先说说看，你喜欢谁了？

他说：我喜欢某某某（文艺委员，能歌善舞，成绩优秀，表现非常好）。

我说：你真有眼光，老师觉得她是一个非常优秀的同学。

他说：那我明天给她说明好不好？

我说：老师问你，你觉得她哪些地方好呢？

他说：她漂亮、团结同学、有才能、乐于助人……（不假思索地说出了十几条）

我说：那么她的缺点是什么呢？

他说：我觉得她没有缺点，她在我心中是完美的。

我说：怎么会呢？是人都会有缺点的，比如老师就觉得她有很多缺点。

他说：是什么？

我说：我不能说，你自己尝试一下，只找她的缺点好吗？

他说：那我明天还跟她说吗？

我说：一个小孩六个月的时候，已经可以吃其他东西了，我们给他断奶，让他每天吃烤鸭、鸡腿、汉堡行吗？

他说：（笑了）当然不行，烤鸭虽好，但他没牙啊！

我说：对啊，爱情虽好，但老师觉得你也没有到尝试爱情的时候。据我所知，你的志向是上清华大学，恋爱是需要时间谈的啊。我们一起看看，你有多少时间谈恋爱：早晨闹钟响两次还不起床，非得妈妈从被窝中拽出来，起床后，还要读英语，吃早饭，上学，上午上五节课，中午还要回家写作业，下午上课晚上回家后，还要看半小时的体育新闻，写作业每天都要到晚上10点钟，你到底有多少时间谈恋爱呢？

他说：我可以不看体育新闻，我保证不会耽误学习。

我说：我们一起设想一下现在的情况：你已经给她暗示好几次了，她都没有理你，可能存在两种可能。第一，她根本不喜欢你。女孩子比男孩子发育要早，你的行动在她看来可能非常滑稽可笑。如果你明天向她表白了，你是不是觉得你的感情受侮辱了？第二，很有可能她也喜欢你，但你想一想，你是男孩子啊，你的责任很重，她那么优秀的一个小姑娘，肯定能考上一个好的大学，如果你不努力，没有考上清华大学，她从心里会看不起你的（该男孩早就在班级中说过他要考清华大学），哪一个女孩子会喜欢一个没有成就的男孩子呢？第三，真的像老师所说的，她怎么会没有缺点呢？试着找找她的缺点好吗？理性地评价一下她，看看还那么喜欢她吗。

半年后，该男孩又找到我，对我说：老师，她怎么那么自私啊？（评价班级中的一件事情）

至此，这个早恋风波过去了……

尊重体现为关爱，这是教育的温馨与"人性化"所在。老师对学生的那份关爱，将是学生播撒尊重这颗种子的最初起源之一。

让学生学会尊重首先从学会倾听开始。不管是班会还是课堂演讲，都一再强调：请认真倾听，尊重别人，就是尊重自己。

让学生学习尊重他人的良好礼仪。尊重他人是一种美德，是一种精神上的宝藏，但需要用良好的礼仪来表现。让学生懂得尊重身边的每一个人、尊重别人的劳动。不管是同学、老师、父母长辈，还是校园里的勤杂工、食堂的工人、卖报纸的老汉、送牛奶的小伙子、小区里的保洁员、为城市建造高楼大厦的民工……

我们还需要帮助学生拓展尊重的内涵，让学生懂得不仅要尊重自己、尊重他人，还要尊重社会、尊重自然、尊重知识。

〔实践与反思〕

你在引导学生如何做人方面，是怎样给予学生影响的？

三、班级活动

（一）交给学生一生健康的两把钥匙

我们在教育过程中需要交给学生两把钥匙：一把钥匙打开通向他人生命世界的那扇窗，去理解他人、关心他人；另一把钥匙打开自己心灵深处的那扇门，去认识自己、审视自己。因为有了引领，学生们有了良好的德行，懂得自尊、自强，学会感恩，欣赏他人，努力成为善良的人，从而走上平和、幸福而富有激情的人生之路……

1.打开通向他人生命世界的那扇窗——理解他人。

这是扬子晚报网上的一篇文章：

这是一组调查数据：

中国青少年研究中心在对1500多名小学生进行调查后发现，"任性，做事经常以自我为中心"也是当前青少年存在的主要问题。这一问题的主要表现有：1.自制力不强，爱发小脾气；2.比较自私，自我为中心；3.不谦让，不宽容。

山东省少年管教所的李康熙对在押的188名未成年独生子女进行调查发现，多数独生子女原来在家庭中是"小皇帝"，长期生活在"大家围着转"的家庭环境里，父母对其大多处于服从地位，千方百计满足他们的各种愿望和要求，结果使其逐渐形成了以自我为中心的意识，为所欲为，十分任性。他们只注重自己的感受，只想自己吃得好、穿得好、用得好、玩得好，却较少顾及甚至不顾及他人利益。

当代中小学生身上具有很多优良品质，如：乐于接受新事物；积极参与社会生活，有较强的公民意识；兴趣爱好广泛等。整体来说，当代学生聪明，有逻辑推理、判断整合的能力，但是缺乏开放、诚信、宽容、合作的心态。他们的信念系统是以自我为中心，很多时候不会站在别人的角度换位思考。2004年震惊全国的马加爵事件告诉我们，穷人的自卑不是他的犯罪动机，是

"自我中心"扼杀了马加爵对生命的感觉。

　　生命成长离不开人与人之间的交往，离不开思想的交流。人与人之间的和睦相处，需要宽容、理解、关爱与欣赏。多一份交流，每个人的内心深处就多一份对他人生命的理解与认同，以及对他人的关爱。班主任要帮助学生打开心扉，与他人展开真诚的对话。

走进同学的世界——学会关爱和欣赏

　　这是一位因为父母离异变得性格内向的学生写下的"成长的烦恼"：

　　在我们这个年龄，烦恼是每个人都有的，各不相同，而且有的多有的少。

　　我有个烦恼，这个烦恼就是觉得同学们好像不怎么喜欢和我说话或者和我在一起，我不知道这是为什么，我想只要是人就怕寂寞，如果我知道为什么，我可以改，可是我不知道。

　　我多么希望和同学多说几句话，大多数时候，同学只会说"烦死了"或者"你呀烦啊？"这让我感觉很无奈，甚至气愤。要说好朋友我可没几个，每次放学看一些同学等其他同学一块走，我只有等的份，没有被等的份。每当看到几个同学等别的同学时，心里就会泛起无限的羡慕之情。

　　我不想要同学的嘲笑，因为它让我难受，但我想要同学们的笑声。因为别人开心我会更开心，但我不知道从什么时候起，我从一个想让别人笑的人变成同学眼里的怪人。有时别人说我什么坏话，我也说自己就是这样。我很少看到别人的笑，自己却总是没有事就傻笑。这似乎已经成了一个习惯。不管见到哪个同学都是笑着的，连生气时都是这样。我有时甚至怀疑这是一种毛病。

　　我希望我的烦恼不是一堆天体上的逗号，而是一个圆滑而又饱满的句号。

　　学生都希望获得友情，喜欢和同学打成一片的感觉，喜欢和同学在同一屋檐下的欢声笑语……有学生说：当被同学拒绝，被同学远离的时候，就像一只掉队的孤雁，就像与世隔绝一样。但是，如果他不说出来，没人知道他的烦恼。我们该怎样帮助学生走进同学的世界呢？

　　首先，在班级营造真诚对话的气氛。

第二学期安排小刚同学担任临时体委，四周后由全班同学决定他的去留。四周以后先要求小刚述职，于是便有了下面的精彩发言：

我会下岗吗？

开学四个礼拜了，我戴的这顶体委的帽子也将近一个月，虽然我没有王梅的循规蹈矩，也没有李强的尽职尽责，更谈不上班长的十全十美，但是，有时我也有些想法，我想把工作做好，也想在班级中得到同学们的信赖，但是大小错误不间断的我，也许不太会得到同学们的信任吧！我的小毛病就像天上的繁星一样。但是同学和老师都不断地鼓励我，帮助我，鞭策我，不断地给我信心。

上体育课时，同学也给我提了不少的意见，例如：喊口令时声音太小；只管女生不管男生；有时会骂人。这些我都虚心接受了，明天可能是我最后一次上体育课整队，也可能是我以新的态度新的面孔来整。一个月的试用期快到了，同学们也将要对我的留任或下岗做出抉择。如果我留任了，我会再接再厉把工作做得更好，如果我被撤职了，我也不会难过，争取再一次就职。

小刚刚上任不几天，同学反映体育课整队越来越糟糕时，我让全班同学帮着找原因，心平气和地写在纸上，不管是自己的还是体委的原因。同学对他提的意见让他一个个过目，我一再提醒他：同学没有添油加醋，全是真诚的话语。他心平气和地听取意见，对他来说很不简单了，他是很难接受别人批评的人。

把他下岗还是留任的决定权交给大家，并写下理由。最后只有四位同学给了下岗票。让他读了同学写下的殷切话语："我觉得他已经有很大的进步了，我想对他说：努力吧，加油吧，争取做好这项工作。""因为看得出来，他已经尽力了，虽然做不到十全十美，但我相信今后他能再接再厉，争取创造佳绩。""管理要耐心点。""在这个学期，他不仅英语成绩提高了，而且不怎么说脏话了，上体育课别人给他提的意见都能接受。希望他再接再厉。""表现得还可以，应该算是在学习上比以前自觉多了，我觉得，如果继续让他当，会有助于他的学习，调动他的积极性。我想请同学们平时多支持他，鼓励他，再给他一次机会。""他比以前有了巨大进步，英语、数学都有进步，希望他以后整队时声音大一点。"……他激动不已，回家后的第一件事就是：对着镜子大声练口令。

借助一些特殊事件作为切入口，给同学之间创造真诚对话的机会。在学生没有接受真诚交流的方式之前，让学生用写的方式表达，减少了一味的相互抱怨，经过梳理的理性思维可以减少口无遮拦带来的矛盾，可以让学生学会心平气和地交流。你会发现：不知不觉中学生之间能够脱离纸笔进行真诚友好的言语交流了。

借助网络平台，建立班级的网上家园，也是个很不错的形式。可以是班级网页，可以是班级博客，让每个人在网上家园中相互了解、相互帮助、相互促进。

其次，通过开展一些班级活动如班级讨论课、主题班会等形式，搭建真诚对话的平台。在班级讨论课上，定期讨论学生遇到的一些事情。可以是刚刚发生的愉快的事，对未来的一些思考，也许是和父母关系不好，和同学发生了一些矛盾，学习遇到困难等共性问题。班主任主持，要求始终只有一个人发言，其他人倾听，语言要文明，禁止粗鲁、谩骂和言语攻击。这样可以使每个人都学会倾听，帮助学生相互理解，激励学生帮助别人。也许最初是老师点题，但很快他们会找到更多的话题。

在作文本里发现班级那位男生的"成长的烦恼"，我在讨论课上读了，一些同学很佩服他能说出来，因为他们也有过这样的感觉；一些同学说：我们没有嘲笑你；一些同学告诉他：有付出才有收获……因为加深了了解，他也渐渐开朗起来，脸上洒满阳光。

不定期地开展主题班会，如："男孩、女孩"，让男孩和女孩们宣泄青春的情绪，迈好青春第一步；"才艺大比拼"，让我们认识许多"多面手"；"请让我来帮助你"，让我们彼此关爱……

再次，通过书面作业或行动强化对话意识。比如：走近同桌，了解他的爱好、个性，学会和同桌相处，踏上人际交往的第一个台阶；给五位同学写评语，要求发现他人的优点，不要写缺点，不要写有人身攻击的话。详细写下同学所做的让你感动的事。这些欣赏同学的书面作业，将直接反馈到同学手中；完成一些需要合作的工作或者作业。在合作中增进了解，增进友谊。

正如一位校长所说："也许这些孩子长大后只是一个普通劳动者，但我相信，有了爱与关怀，也许会犯错，但决不顽固，也许始终平凡，但决不会冷酷。"[①] 让我们帮助学生走进同学的世界，分享成长的快乐，分担成长的悲伤，埋下关爱的种子。

走进教师的世界——老师也是平凡人

我身边有这样一位老师：年龄刚过 50 岁的一位老教师，现在教高三两个班的生物，其中一个班是普通班，高二刚接手时，这个普通班成绩平平，可经过两个学期之后，这个班生物成绩远远超过了一个快班，甚至因为生物成绩的突出还带动了这个班其他学科成绩的提高。她不是班主任，但学生很喜欢她，有的还把她当偶像崇拜。不仅仅因为她敬业、认真，更重要的原因是她心态年轻。学生都知道她有个和女生们一样喜欢的偶像——"少女杀手"金城武！

学生会因为喜欢一位老师而喜欢这位老师教的这门课。这是学生普遍的心理，良好、融洽的师生关系能够提高学生的学习积极性。可是一项调查表明：有三分之二的中小学生害怕与老师交流。对老师这个身份的畏惧形成了交流的障碍。其实学生渴望走进老师的世界。

亲眼目睹过这样一幕：年轻老师的结婚照被打在教室的投影上，引得一群高中生一遍遍地欢呼、尖叫。一位老师个人电脑的屏幕是爱她的丈夫和可爱的儿子的照片，同样让学生兴奋了一把。

---

① 吴辰.我们心中的家园 [M].上海：学林出版社，2001：2-3.

帮助学生走进老师的世界，先从走进班主任的世界开始：借助于自己的班主任角色，和学生走得近一些，让他们看见老师生活中真实的一面。给学生讲述你的家庭，讲述讲台下老师的喜怒哀乐和你在成长中发生的一个个有趣的故事——你会发现学生的眼睛亮起来了……

　　还要帮学生走进任课老师的世界：

　　班主任不妨透露任课老师的一些业余爱好、与教学无关的个人特长，让学生觉得新鲜。严厉一些的老师，学生总是有些害怕，有的学生甚至被任课老师批评怕了。但总有个别学生不但不怕而且喜欢，那就让全班知道这个原因吧。

　　"我觉得老师严得好、严得可爱，她用激将法对我们呵斥，有一次，她抓住我的弱点，连骂了三次，以后我几乎不犯了。"这是一个小女生的自白。

　　班主任再乘胜追击，接着开导学生：

　　我3岁的儿子不愿上幼儿园，因为老师"骂"他，其实就是批评他。我们开导他：第一，爸爸妈妈小时候也经常被老师骂，这是很正常的；第二，老师骂你批评你是希望你改正错误成为好孩子；第三，老师骂你是因为喜欢你、重视你，老师要是不喜欢你，才不理你呢！一段时间后，他在告诉我们"今天老师骂我了"之后都会加一句"这是正常的"，有一次因为什么事教训了我一句，还说"妈妈，我骂你是喜欢你"！所以，下次哪位同学被老师批评了，你得高兴：今天，老师又狠狠喜欢了我，对我大大重视了一把！

　　学生听了都乐了。因为对老师不再抱有抵触情绪，细心的学生发现了老师诸多可爱之处：老师的胸花很漂亮，老师也会用扑克算命呀……

　　当然不能忘了提醒学生：一学期结束了，写封信给老师，与老师说说心里话，表达一下感激之情。春节期间，给老师打一个电话，写一封信，为老师送上祝福。

　　帮助学生走进老师的世界，让他们发现：老师和自己的父母一样，是个平凡人，和蔼可亲，敬重而无须畏惧。

走进父母的世界——体味最深沉、最永恒的亲情

父母是孩子的启蒙老师，是孩子情感的温床。有人说：培养孩子爱祖国、爱人民，就从培养孩子爱家庭、爱父母开始吧。

帮助学生走进父母的世界，先让学生了解父母。

父母小时候是怎么玩的？父母最喜欢的色彩是什么？他们最喜欢吃的食物是什么？他们的鞋子是多大码数？他们是什么时候结婚的？这是他们的初恋吗？妈妈怀你的时候有什么妊娠反应？妈妈生你的时候是顺产还是难产？……虽然父母是你最亲近最熟悉的人，但是你会发现父母身上有你不知道的世界。

"一次特别的采访"让亲子对话开始：我在妈妈的"育儿袋"里……好多学生说，一下子和家人多了很多话题，绝不仅仅是完成作业的收获。有几个同学的采访记录是妈妈亲自写的，字里行间透着做母亲的骄傲和快乐。学生也了解到：自己的出生给家庭带来了忙碌、快乐和幸福，每个人都是家里的宝贝和天使，了解了生日——"父忧母难日"的真正含义。

编写小报《走进不知道的世界》让亲子对话融洽起来。看看小报上家长的留言，就知道小报的价值了。"知道得还不够多，继续努力！""还有更多的秘密等你走进我们的世界。""通过这张小报，可以更好地与孩子沟通，使孩子了解我们。""通过走进爸爸、妈妈的世界，我们一家三口的心连得更紧，生活更有情趣。"

行动体验"妈妈带我去散步"让学生真切体会母亲孕育生命的艰辛。要求所有学生将书包（育儿袋中的"我"）端放在腹部，在操场上走两圈，再上一趟厕所。中途"小宝贝"不能离开腹部。体验之后，他们留下了这些话——"当母亲真累。每做一个动作都要花比平常多出一倍的力气和时间，还要小心翼翼，不能撞到别的东西或人，以免影响到肚子里孩子的健康。要注意的事还远远不止这些。比如不能吃太辣、太酸、太甜、太苦、太烫的食物。平时走路不要太快，睡觉不要太晚，工作时间不要太长。想到这里，我几乎要晕过去了……"

还要教会学生感谢父母。爱和感激要说出来——

安排学生完成一项特殊的作业：向爸爸妈妈说一声"我爱你"。希望更多的同学把爱的语言带回家，不仅仅说一次，要经常性地表达，让父母知道你爱他们。他们发现对父母有了新的认识，和父母的关系更融洽了，看待问题的方式也发生了一些改变。有个学生写道：无意中发觉，一句"我爱你"，能使老妈老爸心情愉快，应该是这三个字后面无穷无尽的含义的超大威力吧。有个学生说：我爸爸没有任何表情，我以为他没听见，第二天，爸爸给我留了个字条，写着"孩子，爸爸也很爱你"……有个学生说：我家人骂我"你神经病啊"！其实心里很开心……

家长会变成"感恩会"，全班同学在父母面前表演完《感恩的心》手语歌曲之后，来到父母面前深情地说一句：谢谢你，妈妈！谢谢你，爸爸！让父母们热泪盈眶。

爱和感激要写出来——

提醒他们：母亲节、父亲节的时候，别忘了给父母写一封信，感谢父母的养育之恩。父母生日的时候，别忘了买束鲜花、买张贺卡庆贺一下。

爱和感激更要做出来——

布置一项长期的家庭作业：为父母分担一些家务，哪怕是为父母端茶送水。父母每个星期给予反馈。

帮助学生走进父母的世界，体味父母那份最深沉、最永恒的情感。一个能够感激父母、感恩父母的人，又怎能不热爱别人、热爱生活呢？

走进他人的世界——领略他人生命的精彩

组织参加"手拉手"互助活动，把城乡学生的世界联结起来，让城市学生面对贫困农村时多一份社会责任感，让农村学生面对现代化城市时产生美丽的梦想。

走近"感动中国十大人物"，走进张海迪等一些名人的博客世界，让学生领略平凡人不平凡的精神世界。

让学生拿起笔，采访身边最普通的人：社区里勤劳的清洁工、每天在巷口卖报的老奶奶、校园里的食堂师傅、每天送牛奶的小伙子……

同样可以和学生讨论一些少年罪犯失落的花季世界、贪官污吏的阴暗世界……

帮助学生走近更多生命，发现生命脆弱但又是如此可爱、可敬、伟大！

2. 打开心灵深处的那扇门——认识自己。

古语曰："知己者明"，这告诉我们：只有正确认识自己、了解自己，我们才能平静、从容地面对生活。苏格拉底说："未经审视的生活是没有价值的生活。"

对于中小学生而言，审视自己，正确评价自己，其实并不是一件很容易的事情。班主任要帮助学生养成独立思考的习惯，不断反思自己，在与其他同学的交往过程中，在他人眼里认识自己，所谓"以他人为镜，可以观己"，这样才能做到正确认识自己。可是，在现实生活中，他人也会错误地认识自己，误解自己，特别是当这种误解是来自作为权威的教师时，作为学生应该如何做呢？

正确认识他人眼中的"我"

有一个曾经被同学孤立、被定义为"坏学生"的学生，写下了这样一段话：

"我，一个自由散漫，活力四射的人。我的班级，一个优秀的实验班级，语文，数学，外语等各门学科的高手济济一堂。我曾经听过这样一句话：'一个魔鬼就算到了天堂也还是一个魔鬼，丑恶的本性，永远不会被善良美丽所替代。'这也许是别人的想法，而我认为一个人只要远离那些不好的东西，就会变成与别人一样甚至比别人还要好的人。我认为我可以成为这样的人。在小学，同学和老师都排斥我，把我当成多余的人。到了中学，老师和同学都很热情也很关心我，也看见我点点滴滴的进步。在这个班级里，我可以为班级做任何事，当老师的送信员，当同学的开心果，当一个体委，我认为这一切都可以做到。"

对于这样一位老师、他人眼里的"坏学生"，班主任是如何帮他鼓起自信的风帆的呢？

首先，帮助他认识真实的自我。努力给他一个新的环境氛围、新的起点，不向任课老师透露他的个人家庭隐私和以往表现，给他创造进步的台阶，更要给他信任、宽容的班级氛围。

就同学反映上来的问题，班主任集中处理，以私下教育为主。

同时挖掘和发现他的优点，让他看到自己的优势和被掩盖的人性的优点。发现他的记忆力、口才奇好，在课堂上给他冠以"我们班的外交官"的称号，同学也很佩服他，外班一位同学被人欺负了，他还打抱不平，让同学大发了一次感慨。

在一次诗歌仿写中，他写下了一首感人的诗。安排他在全班朗读，同学们都报以热烈的掌声，因为这首诗让大家看到他富有人情味的一面，有些惧怕他的女生渐渐改变了对他的印象。同学、老师的赏识与肯定，让他真的成了大家的开心果。

可见，帮助学生改变他人眼中的"我"，形成正确的自我认识，班主任的工作是多么重要！

正确认识心中的自我

这是一位学生写给自己的一封信。

另一个我：

你好！

或许你会感到惊讶，但确实是另一个你在和你对话，没错，我是过去的、现在的、将来的你。我便是你，你便是我。

初中以来，你是否感觉到，你的学习在下滑？上学期整整半年，你在班里都没有进入前20名，这个学期居然更加过分地变成了倒数十几名，你是否有些危机感？你总是说你能考好，能考好，可是……

一次次考试，一次次考砸，一次次失去机会，一次次排名靠后。若说刚刚开学不适应中学环境也就算了，但一个学期了，开学来的第一次考试，你就考成了这个样子！倒数了，倒数了！

或许我们从来都没有考过不及格，这次怎么样？开创了不及格的先例了吧？40分、46分，真是晃眼。你有否看到，和你小学同一个班级的朋友们，他们现在还不是都比你要强得多？确实，小学的时候，你是一人之下（全班第二），可是现在呢？你居然为学习而手忙脚乱。真是可笑！你每次考不好总是去找客观的因素，根本不去找主要的原因，一次次为自己狡辩、开脱，你根本没有认识到问题的重要性！

记得《野兔和猎狗》的故事吗？猎狗只是尽力而为，而野兔则是竭尽全力，同样的事情，二者的后果却截然不同：猎狗若捉不到野兔，也只不过是挨一顿骂，而野兔若不竭尽全力，失掉的则会是它的生命。你说，你会是猎狗还是野兔呢？你会选择为自己的任务尽力而为还是竭尽全力呢？或者说，你是放弃自己的前途，还是为之不懈奋斗呢？

我想我们都会一致选择后者，但是，你总是不能下决心，总是在努力过程中半途而废，从而导致你的屡次失败，失败后又下决心，之后又放弃，之后失败……

这便是你的"奋斗"过程，怎么样？找到自己的问题了吗？发现自己的错误了吗？

那么，让我们一起努力吧！

此致

另一个你

2013 年 4 月 11 日

这其实就是学生在与自我作抗争哪！

有人把写日记说成是道德长跑、意志长跑、人格长跑。培养学生写日记的习惯，是学生走进自己心灵深处的最有效途径。班主任可以分三个阶段逐步培养：

1. "牵着走"：耐心地手把手地教。把自己写日记的体会和一些好玩的日记片段读给学生听，从激发学生的兴趣开始。班主任每天定个思考、议论的问题，花5分钟写，字数不限。

2. "并排走"：半牵半放。每天先让学生自己找问题，找不着，老师再提醒，花10分钟写，开始有字数要求了。前两个阶段写出来的东西，我们就叫它"日思录"，在于每天有所思考，有所收获。

3. "放开走"：一旦发现学生有"知无不言、言无不尽"的感觉了，就开始由学生自己全权负责。在这一阶段，更要不断强化学生的兴趣。评比给予适当奖励，将好的日记读给大家听，优秀作品编成小册子让大家传看，或者发表在学校网站上，都是不错的激励学生保持热情的方法。

给学生一些命题的日记、周记，引导学生不断反思十分必要。如分阶段地写《两个自我的对话》《我的病历诊断书》《我在变》《给自己的一封信》《灵魂的搏斗》《做自己意志的主人》《我的价值》等。

缺少审视的人生是残缺的人生。帮助学生寻找自己心灵深处的助手，不断否定自我、挑战自我、完善自我。

〔实践与反思〕

你在引导学生自我反思方面，有哪些想法与做法？

（二）活动育人：开展班级活动的艺术

26个孩子，26张笑脸

我的班级学生的基本状况：

考试落榜、摇号没运气、自费使部分学生的重点中学梦破碎了。他们在心理上产生了自卑感，难以接近；调皮、厌学、基础差使部分学生在长期被歧视、被责骂中习以为常。行为上表现为抵触、不服从教育；家庭破碎、生活无人问津、温暖亲情的缺失，使部分学生的心冷漠了。家庭教育的失衡，使多数学生性格变得孤僻怪异，难以管理。这是一个特殊的群体，在他们的人生体验中，失败多于成功，自卑多于自信，训斥多于掌声；他们是学生中的弱势群体，更需要心灵的抚慰。

面对这样的群体，班主任没有抱怨、没有放弃，而是开始了艰难的重塑生命过程。感受温暖，再造自信，重塑人生，成为班主任工作的理想和信念；工作的点点滴滴中渗透以人为本的教育理念；用爱心和智慧扬起孩子自信的风帆，使张张笑脸绽放出生命的光彩。在这个班上，26个孩子每个人胸前都别着一个"笑脸"徽章，这是班主任吴老师专门颁发的班级特别标志，希望这些被人歧视的"丑小鸭"能用笑脸迎接每一天。每一个看似平常的班级活动都蕴藏着班主任的良苦用心，让26个孩子在笑容中绽放自信。

1. 夸奖行动。夸奖只需一句话或一张留言条，夸奖行动夸得家长乐开了怀，夸得老师笑眯眯，夸得同学心中充满阳光。真诚地夸奖身边的人成了他们的习惯。有一个孩子曾对家长说："吴老师不严厉，但她点子多，很会激励我们，大家很喜欢她。"

2. 营造班级文化——复活彩蛋。为了配合学校搞好红领巾商贸活动，帮助困难学生，吴老师带领他们亲手绘制了一个又一个漂亮、充满浪漫的复活彩蛋。孩子们自豪地说："我们的美工也不错，我们的生活很灿烂。"

3. 竞选班委。因为是小班化学校，吴老师希望每一个孩子都有锻炼的机会，都有表现的欲望。在班委竞选活动中引入竞争机制，确立竞选原则：（1）培养同学们的自我表现能力与管理能力；（2）毛遂自荐加群众推选、民主评定；（3）上届班委不再担任原职；（4）参选者要发表几句简短的演说，说清自己的长处以及如何扬长避短，最大限度地发挥自己的优势；（5）老班委要做好新班委的指导工作，新老班委要搞好衔接；（6）班委除做好本职工作外，要有创新之举；（7）工作失误不要怕，只要及时调整就可以了；（8）有试用期。由于班级氛围好，在这个只有26名学生的班级中，竞选劳动委员这一艰苦职位的人就有7个。孩子如是说："我也能当班委了。"

4. 这里的外教课真热闹。这个班学生的英语基础差，刚入学时，有的学生竟然连英语26个字母都写不全。为了培养学生对英语学习的兴趣，吴老师虽然任教的是地理课，但是每天中午与学生一起学习半小时疯狂英语，充分调动了孩子们的学习积极性，每天学生都围着老师背外语，外教课上他们最热情、最自信。

5. 这里的图书最"畅销"。苏霍姆林斯基曾说：不论哪类书籍的阅读，都是课堂教学的智力背景；课外书籍的阅读，是了解和影响学生个性的门径，它还能够减轻学生的课业负担……让学生走进图书馆，让书籍成为孩子们的挚友！倡导读好书，上图书馆借高质量的书成了他们周五的习惯动作，她们班学生不多，但借书量却是全校最高的。学生自豪地说："我们学会了通过书本，与名人对话；通过书本，纵观历史；通过书本，了解科技；通过书本，净化心灵；通过书本，树立了理想。"

6. 这里的班会别开生面。孩子们围坐在跑道上，分享着表扬的奖品——酸劲十足的"秀豆"糖；诉说心中的畅快；畅谈着各自的理想。

谁都想教好学生，那"差生"谁来教呢？有人说过这样一句话：转化一个"差生"比教育一个好学生要有意义得多。学校的稳定取决于"差生"的转化，社会的稳定取决于底层人员的多寡。班主任树立了孩子的自信，从一定意义上是强大了学校，稳定了社会。

圣诞节的特别礼物

现在的孩子在日常生活中得到的关爱太多，往往处于家庭、社会关注的核心，他们有父母爱着、爷爷奶奶宠着、外公外婆惯着，久而久之，孩子们习惯了得到、拥有，却不懂得给予、付出，缺少爱心和责任感成为独生子女一代人的共同特点。有这样一个真实的故事：南京某高校一大学生寒假后返校，天天和女朋友进出餐馆，一周就花掉了一个月的生活费，他找父母要钱，而他家因供他上学早已家徒四壁，这钱是父母瞒着他卖血换来的。父母哀求他省着点花钱。这则报道让每个教育者反思，孩子的孝心在哪儿？家长的一片苦心为什么没有相应的回报？我们的教育出了什么问题？尽管是一个极端的案例，但是反映的问题却具有普遍性。在班主任工作中，经常有父母反映孩子在家不愿与父母沟通，碰到意见分歧的时候，孩子就以"叛逆的年龄"

为借口，推卸自己的责任。如何通过活动来培养孩子的爱心，充分展示了班主任的工作艺术。

圣诞节又将临近，像往常一样，孩子们兴奋地互赠礼物和贺卡，班主任李老师想到的是，孩子们只是想到花钱买礼物，从没有想过给父母点惊喜。何不抓住这个机会培养孩子的爱心、孝心呢？爱并不是人的自然本能，而是需要后天学习的。于是向全班同学宣布："我给大家准备了一份很有诱惑力的圣诞节礼物。"孩子们喜上眉梢，纷纷猜测这可能是一份什么样的礼物——蛋糕？去爬山……

圣诞节前夕，老师发给每个孩子一块巧克力，这是老师替他们准备的送给父母的圣诞礼物，此时已是下午放学时间，饥肠辘辘的孩子们只有坚定信念，才能确保将礼物送给父母。这不是一块普通的巧克力，而是对父母的一份孝心。老师要求他们一定要送给父母，即使家长许可也不能自己吃，并且请他们和家长在家校联系本上写上一两句留言。在家校联系本上，两位学生和他们的家长写下这样的一段话。

小晶：我回到家，妈妈正在做饭。我剥开糖纸，小心翼翼地将巧克力送到妈妈嘴里，妈妈笑眯眯地说"有个女儿真好！"我心里别提有多高兴了。

母亲：女儿长大了，她给我的是巧克力，但我吃下去的却是幸福。真心谢谢老师，孩子带来的一颗怡口莲，请转达给您的孩子，祝全家圣诞节快乐！

小正：我强忍着饥饿，全心抵挡着诱惑，安全地将巧克力送给了妈妈。

母亲：我和他爸爸分享了巧克力，吃在嘴里甜在心里，养育儿子的辛苦此刻化为甘甜。谢谢儿子！谢谢老师，祝圣诞节快乐！

从反馈的信息来看，全班 37 名学生，有 34 人向父母传递了这份爱心。其余 3 位终因没有抵挡住诱惑而独自享用了。对于 3 位没有传递到位的孩子，老师再次发给他们一份"爱心"，终于有了回馈。在老师看来，教育从来都不是一帆风顺的，挫折本身也是好教材。开展这样的活动并不复杂，也不需要花费太多的时间、精力，只有班主任是充满爱心的、内心世界丰满的人，是一个富有生活情趣的人，才可能用这份热情和冲动来唤醒孩子内心沉睡的美德和良知，让爱在孩子的心田开花、结果，让美好的理想成为教育的现实。

〔实践与反思〕

学生喜欢怎样的集体活动？什么样的活动能增强班级的凝聚力？

第三章　班主任教育机智的具体体现

谈起教育机智，不能不提加拿大学者马克斯·范梅南（Max van Manen）。他在颇具影响的教育论著《教学机智——教育智慧的意蕴》中提出：在与孩子相处时，我们需要的是机智。机智是一种全身心的、审美的感知能力，是瞬间知道该怎么做，表现为临场的智慧和才艺，不是简单的行动前的计划。一个富有机智的人具有对人事的敏感性和理解力，行为表现具有良好的分寸和道德知觉的特点等。机智首先表现为克制，即在某些时候最好的行动是不行动。机智包含这样一种敏感性，知道什么时候该顺其自然、什么时候该保持沉默；何时不介入、何时"不注意"什么。机智表现为在孩子需要帮助的时候，适时地伸出援助之手，而不是一味地包办代替；并不是所有的教育都必须有声进行，有时无声的静场反而会产生意想不到的效果。

教育机智的形成是教师长期实践智慧的结晶，它常常表现为应对突发事件的能力，教育机智形成的基础是源于教师对学生的爱，这种爱不会出于教师的一厢情愿而成为学生的负担，它就像一股甘泉流进孩子的心田，具有润物细无声的教育效果。

案例1

一杯清香四溢的菊花茶

她是一个极内向的女生。成绩中等，长相一般，单薄的身体，微微有点含胸，进出教室时总是低着头，微侧着身体，无声无息，像一只受惊的小兔。即使课堂上同学们讨论最热烈的时候，她也只是抿着嘴，做一个忠实的听众，偶尔碰上老师的目光，也是慌乱地低下头，两排长长的睫毛遮挡了眼睛的光彩。她从来不参加班级活动，日子久了，同学们好像把她给忘了，她也越来越沉默。

可是，她的文笔实在是清丽脱俗，似乎很难和她毫不起眼的外表联系起来。人生百态在她的笔下娓娓道来，似乎多了一点空灵之气。即使是忧伤也是美丽的。我常常想，这么灵秀聪明的女孩，有这么丰富细腻的内心真是不简单，可她为什么要这样封闭自己呢？

有一次，我出了一个作文题：我很重要。可让我失望的是，当我打开她的本子，却发现她只草草写了几句："我有活泼可爱的弟弟，在家里我不重要；我没有出众的口才、动人的歌喉、优美的舞姿，在学校里我不重要。我是如此微不足道，我真的不重要。"

看着这短短的文字，我想我大概明白了。这敏感的孩子遭到太多的忽略，也许这样的忽略是无意的，却造成了一颗孤独的心。

"可是你有出色的文笔，你有丰富细腻的内心，在我们大家心中你很重要。记住：小草虽小，也应该享受阳光的温暖。"

写完这段话，我长长地舒了一口气。以后的几天，我一直在默默地等待，等待她心灵的开启。

一个周末的黄昏，踏着夕阳的碎影到宿舍，却发现一个单薄的身影正在徘徊。

"来啦，进来吧！"我和她打招呼，就像对待一个老朋友一样。

"老师，我……"

"别急，先喝杯茶。"

我拿来两个杯子，放入几朵菊花，注入开水。顿时，热气袅袅升起，在眼前氤氲开来，拘谨的气氛也渐渐消散。她专注地看着杯子，眼睛明亮又清澈。

杯中的菊花原本枯黄干涩，拥挤着浮在水面。现在它们在热水的浸润下缓缓舒展开来，慢慢地沉到杯底。一片片薄如蝉翼的白色花朵在水中招摇，金色的花蕊轻轻颤动，仿佛微风吹拂，又仿佛刚刚接受蜜蜂的亲吻。茶水金黄清亮，散发着菊花特有的清香。

"真美，这菊花真美！"

"是呀，可是干菊花是不美的。"我指指桌上的干茶包。

"它吸收了水的热力，得到了水的滋润，所以焕发出原有的光彩。水呢，也因菊花而拥有了特别的芬芳和清冽。如果它们离开彼此，水就是寡淡的，菊花就是枯萎的，两者合二为一，才能照出各自的生命。每个人都像干菊花，合在一起就是一杯热气腾腾的菊花茶。你明白吗？"

我们对视着，仿佛看到了对方的内心深处。

从这以后，她慢慢变了，挺起胸，抬起头，开朗了，活泼了，学会了接纳别人，也知道推介自我。她的文章多次发表，她的名字也常出现在作文竞赛的获奖名单上，她甚至还参加了学校的艺术团。那一年的迎春晚会上，她写的新年祝词博得全校师生的掌声。"六一"文艺演出后，她满面春风地跑来，全然不顾别人惊异的目光，她用力搂着我，眼里有盈盈的泪光："你相信吗？刚才是我在演出。"

"是，你演得真棒，你一直很棒。"我也觉得鼻子发酸。

"老师，谢谢你，我永远都会记得那杯菊花茶。它让我找到了人生的快乐与意义。"我想，我们每个人都应该记住那杯清香四溢的菊花茶。

（淮阴实验小学　王凯）

这里的教育机智表现为，面对孩子敏感而脆弱的内心世界，班主任细心呵护，默默等待教育契机的到来；用恰当的教育方式，借助一杯充满人生意味的菊花茶，帮助孩子打开了心结。那杯清新四溢的菊花茶令人回味良久。

案例 2

打破自闭的坚冰

高一新学期伊始，为了军训管理的方便，照例是排位置。男女分开，从矮到高，三下五除二，很快搞定。按新位置坐定，正准备训话，发现第三组第三桌上空缺一人。问同座，他说刚见面还不认识，只知道他什么也没说出去了。认识他的同学说他叫王飞。让人去找最终无果。

你说这是什么事，还没上课呢，就把人给弄丢了，真急人！几经周折，方才找到该同学家里的电话，打过去，通了，也接了，可怎么说怎么问，对方都不开口。我估摸着一定是王飞接的电话。情急之下，我顾不得那么多，对着电话严肃而大声地命令道:"我不管你是谁,我是王老师,是王飞同学的班主任。王飞如果回来了,请你转告他,不管到什么时候,请他今天一定要到学校来找我,我会一直等到他出现!"接着,我连珠炮似的说了办公室地点和联系电话。我愤愤地挂了电话,总觉得此事实在蹊跷:该生怎么在排了位置后偷偷溜走呢?按理,第三张桌子该是黄金位置,不应该是对位置不满意啊?至于其他……我还没做什么。望着天空飘走的白云,我怎么也找不到答案。20多年班主任生涯,我第一次困惑了。解铃还需系铃人,看来我只有耐心等待王飞同学的到来,等待他给我一个合理的解释。

坐在办公室,足足等了两个小时,还不见他来,我再也没有耐心等下去了。我又一次拨通了他家里的电话。这一次接电话的是王飞的奶奶,她告诉我,孩子早就来学校了,应该到了。真是奇怪了,会不会……我真有点儿为自己刚才的冲动后悔了。

放下电话,我下意识地走出办公室。猛然间,发现一个矮矮的黑黑的学生模样的孩子低着头站在门外。直觉告诉我,这学生就是王飞。"你是王飞同学吗?"不语。"那你找谁?"不语。"如果你是王飞,那就请进来吧。"他满脸涨得通红,仍然低着头,跟我走进了办公室。我压住怒气,搬了把椅子,让他坐下。问:"你来多长时间啦?"不语。"怎么不进来啊?"不语。"你为什么跑回家啊?"还是不语。他总是弯着腰,头埋到两膝间,脸上豆大的汗珠直往下滚。"你哪里不舒服吗?"不语。"要不要去医院?"不语。"如果身体不舒服,那今天我们就谈到这里,你可以走了。"不语,也不动。整个一哑巴!面对这样的学生,纵然有浑身的解数恐怕也无济于事。我喝口水,调整调整情绪,过了一会儿,继续试探着和他谈话。"你不喜欢那个位置吗?"点头。"能说说理由吗?"不语。"你想坐什么位置呢?"又是不语。我真有些黔驴技穷了。

窗外,夜幕凝重地笼罩着大自然的一切,使人感到格外压抑。面对着仍然低垂着头的王飞,我真的想不到再说什么了。最后我强装平静地对他说:"不管你是怎么考虑的,你肯定有你的理由,而且是很慎重的。不过,我以为你应该也有必要把你的想法和老师沟通一下,以求得老师和同学的理解与支持。我相信，这个道理你懂。时候不早了，你先回吧，明天我们再谈。"他如释重负逃也似的离开了办公室，我也好像卸下了一副千斤的重担似的舒了口气，虽然什么结果也没有。

正想离开办公室准备回家，王飞同学的妈妈过来了，我急忙邀请她坐下，向她打听有关王飞同学的情况。通过她的介绍，我知道了原来王飞长这么大，从来没有单独上过街，没有单独走过亲戚，没有单独到外边玩过，没有跟除了家人以外的其他人谈过话。他很少和外界接触，很少和别人交流，很少独立料理自己的事情。爸爸在外地工作，他的一切都是由他的爷爷、奶奶和妈妈包办代替。长久的溺爱，导致他缺少跟外人接触的胆量，缺乏和别人沟通交流的勇气。他害怕别人观察，害怕别人注意，害怕别人发现他的生活细节。他妈妈代他向我提出了以下要求：位置要坐最后一排，各科任课老师上课不要喊他回答问题，不参加像军训这类要在外面住宿、吃饭等集体活动。哎——整个儿一个自闭症患者。了解情况后，我先做通了家长的工作，让他们知道自闭对孩子健康成长的危害，希望他们和我一道帮助孩子从自闭的阴影中走出来，并约好了定期沟通，相互通报孩子一段时间内的情况，商讨今后教育的对策。

接下来的几天，我反复找王飞谈心，让他认识到自闭的害处，任由自己自闭，实际上是对自己不负责任，而且是极端自私的做法，使他在内心深处产生一种战胜自闭的欲望，从而树立起战胜自我的决心。经过谈话，我们最后达成了如下协议：（1）尽力参加一些集体活动，军训至少参加一半，三到四天。（2）本学期他先坐在最后，一学期后坐到他应该坐的位置上来。（3）期中以前只回答一些选择性的问题，期中以后回答一些简单问题，一学期后，像其他学生那样正常回答老师的提问。

军训集中出发的那一天，上车时间已经到了，可是还不见王飞的影子。我拨通了王飞妈妈的电话，询问王飞的情况。原来王飞昨晚一夜未眠，他害怕军训和同学一起睡觉，一起吃饭，一起洗澡，一起上厕所，早晨起来他又犹豫了，反悔了。现在他妈妈正连拖带拽地押着他打车过来呢。我连忙赶到学校门口，等待他的出现。接到王飞同学以后，我显得非常高兴的样子，对他说："真为你高兴，你终于战胜自己，走出第一步了！"说着，我帮他拎起行李，带着他上了班级的包车。当他一走进车里，同学们在我事先的安排下如期地鼓起掌来。

到了军训场所，我精心地安排了他的室友，暗地里叫同学们主动帮助他；和教导员也做了沟通，希望多关注他、鼓励他。一天下来，听教导员说王飞同学训练倒很刻苦，动作也到位，教导员已经表扬过他好多次了。我正为自己的初战告捷而沾沾自喜时，王飞同学的室友跑来告诉我，洗澡时王飞同学怎么也不肯去。我找来王飞，对他说道："教导员对你第一天的表现很赏识，说你肯吃苦，学得也快，多次受到表扬。老师祝贺你！从勇敢地参加军训，到坚持了一天的艰苦训练，应该说，你在告别旧我上已经向前迈出了可喜的两步。"这时，我明显地发现他脸上掠过一丝喜悦。我故意嗅了嗅鼻子，说："哦，你身上这汗臭好难闻啊！还没来得及洗澡吧？走，老师今天奖赏你，让你这个小小士兵享受一下连级（军训时，班主任是连指导员）待遇，陪我洗澡去。"王飞同学面带难色，可我还是一味地热情邀请他。结果他虽然有些为难，但还是勉强地和我一起走进了浴室……第二天洗澡的时候，我特意提前来到他们宿舍前，提醒大家整队洗澡去，我惊喜地发现，王飞同学拿着洗澡用具和衣物站在了队伍中间，我朝他会心地笑了笑。

军训的第四天，我找来了王飞："这四天来，你完全变了个人，不但和大家一起训练，而且训练得非常刻苦，非常出色，还坚持和大家一起睡觉，一起吃饭，一起洗澡，一起上厕所，老师真的很高兴很满足了。今天是我们约定的军训期限，你可以选择回家了。不过，如果你想继续坚持的话，老师将更高兴。现在你做出抉择吧！"思考了一会儿，他坚定地说："老师，我想再坚持一天，明天回去，休息一天后我想参加军训汇报表演，可以吗？"很明显他是在自我加压。我欣喜地说："当然可以！老师看到你在挑战自我，我相信你一定能战胜自我的。"就这样，第五天的时候他回去了，第七天他如期参加了汇报表演。在军训总结大会上，他光荣地被评为"优秀学员"。

事后，他在军训日记里这样写道："以前，我是那么怕和外人接触，军训的这几天，我深深地感觉到，原来和别人一起吃饭，一起睡觉，一起上厕所，一起洗澡也并不困难。只要自己把禁锢自己的那副枷锁砸碎，其实一切也就没什么了。我为什么就不能和外人接触？不能像其他同学那样和他人和谐相处，大声交流？我该努力克服过去我身上的坏毛病了，尽快赶上并超过别的同学。"可见，经过几天军训，他已经有了力求战胜自我的欲望了。

正式开学后，我和任课老师进行了沟通，向他们介绍了王飞同学的情况，并一起研究探讨了对王飞同学的教育方法。我还教育班级其他学生主动关心他，精心设计他的学习活动，组织学生循序渐进地给予他适当的帮助。现在他已经能够像正常学生那样学习生活，而且还成为班级的英语课代表呢。

（金陵中学　王奎礼）

这则案例呈现的教育对象是一个因家庭过分保护导致自闭症的学生。班主任运用教育机智，帮助孩子认识到自闭对于个人成长的危害，通过创设良好的人际交往环境，帮助孩子打破自闭的坚冰，走向人际和谐交往的健康之路。这里，班主任对交往分寸的把握，对孩子取得成绩的及时肯定，达到了外因通过内因发挥作用的效果。这里的教育机智体现为，面对孩子内心软弱或脆弱的一面，教师体现的责任心、同情心及给予恰当的帮助和心理支持。

一、持有正确的学生观

父母爱自己的孩子是天性，单位领导喜欢得力的部下是赏识，教师喜欢那些听话、乖巧、成绩优秀、表现出众的学生也是一种本性。可是，到哪里去找那么多听话、乖巧、成绩优秀、表现出众的学生呢？你能知道在你面前听话、乖巧是他真正的本性吗？也许是聪明的他为迎合你的口味而故意表现的呢？何况像我们这类的学校里有那么多顽皮、厌学，甚至行为不轨的学生，会有几个人喜欢他们呢？他们早已习惯家长的打骂、教师的训斥，对外界、对学校、对老师有着强烈的抵触情绪，教师的训斥、责怪、冷漠只会让他们离我们更远。谁能走进他们的心灵，真正站在他们生活的环境去理解他们"怪异"的举动？作为班主任，应树立怎样的学生观呢？

大白纸和小黑点

一次咨询会上，一位中年妇女焦急地向专家询问如何让自己的孩子把心思用在学习上。她说自己上初二的女儿太贪玩，不思进取，担心女儿考不上大学，无法立足社会。接着就数落了女儿诸如顽皮、追星、交友、自尊心太弱等一大串缺点，把女儿说得一无是处。家庭教育专家听完之后，沉思了片刻，请这位中年妇女想出女儿的十条优点，并要求把优点写在纸上。中年妇女一脸茫然："她？一个优点也没有！"

一个优点也没有？这怎么可能！然而，这样的结论居然有人认可，还能在一定范围内引起共鸣，说明这种看待孩子的方式，这种对孩子有失公允的评价有相当的代表性。学生家长往往容易犯这样的错误，我们的眼睛似乎特别善于发现缺点，不善于发现优点；因为我们的眼睛总是自觉或不自觉地盯住孩子的缺点，而且只盯着孩子学习、考试中的缺点。家长总是希望孩子是完美无缺的人，是白璧无瑕的玉，其愿望是好的，其效果却很难尽如人意。

有一个哲学家在一张大的白纸上画了一个小黑点，然后拿着白纸向台下展示，问大家看见了什么。大家一致回答：看见了一个小黑点。又问还看见了什么，大家都摇了摇头。有一位干脆走到哲学家的面前，在白纸上找了半天，说除了小黑点以外，确实什么也没有。哲学家说，你们应该看见的是有一个小黑点的大白纸！为什么这么大的白纸视而不见，而偏偏看清了小黑点呢？这个问题值得家长和老师深思。孩子有许多优秀品质我们却没有发现，更没有发展；恰恰盯住了一个缺点大做文章，甚至大打出手。

其实，我们的孩子有许多优点，只是我们充耳不闻。我们的孩子其实有许多长处，热爱集体、热爱劳动、尊敬师长，团结同学等，都是优秀的品质。说一件最平常的事情，一个活泼的孩子能够在一天之中静静地坐在教室里7个小时，这就是一件非常不容易的事情，这就是一个了不起的优点；发现并发展这些优点，孩子就能茁壮成长。但是，我们却总以为那是人人都有的，是应该的，没有什么了不起，于是，这些优点和长处就不值得表扬，不值得嘉奖，不值得骄傲。而缺点往往比较容易凸现出来，容易引人注意，容易产生强烈的刺激，使我们难以忘却。这样，我们对于孩子的关注点就产生了偏差，评价标准就出现了失衡，对待方式就发生了扭曲，孩子容易丧失信心和勇气。

其实，我们的孩子天天进步，只是我们视而不见。孩子们的视野在不断地拓宽，知识在不断地积累，能力在不断地增强，智力不断得到开发，思想在不断地升华；他们逐步懂得了什么是学习，什么是生活，逐步懂得了什么是尊重，什么是集体，逐步懂得了学会学习和学会做人，等等。孩子的进步是不易察觉的渐进，孩子的发展是悄无声息的变化。我们可能是习惯了，麻木了，可能是习以为常了，于是，我们丢失了许多很好的教育孩子的契机。

家长对待孩子应该从实际出发，全面地关心孩子，正确地评价孩子，特别需要善于发现孩子身上的闪光点，让孩子的闪光点点燃自己的"发动机"，一句表扬的话，一句安慰的语言，一个鼓励的眼神，都有可能转化一个后进的孩子，都有可能促进一个学生的发展，甚至有可能挽救一个年轻的生命。

孩子就是一张白纸，如果我们的家长教育方法得当，一定可以和孩子一道在这张白纸上画出最新、最美的图画，甚至可以覆盖那个"小黑点"。

我们的许多老师似乎也应该深入思考这个问题。

家长好好学习，孩子天天向上！

（《家长培训手册》 刘永和）

读了这篇短文，很多老师都明白这个故事的含义，要看到学生的长处，别只盯着学生的缺点——小黑点。我们的年轻班主任却有自己独特的观念——

班主任成长日记（一）

让黑点也成为美丽图画的一部分

读完《大白纸和小黑点》这篇文章后，对我们老师最大的启发就是今后要更多地看到"白纸"，而不去注意那些"黑点"，要看到学生的优点，多鼓励，多赏识，最终在白纸上画出最新、最美的图画，甚至可以覆盖原来的

"小黑点"。因为我们现在的教育往往忽视了对学生优点的肯定，看到更多的就是学生的问题和缺点。

在得到和大部分老师相同的启示基础上，我还想补充一点新的想法，那就是我想谈的观点，"不怕学生有缺点，就怕学生没特点"。

文章让我们老师忽视"黑点"，最终覆盖"黑点"。我想"黑点"在"白纸"上是那么明显，想视而不见是有点困难的，我们多少还会注意到，那为什么不让"黑点"和其他色彩一起组成美丽的图画呢？这比单纯的覆盖要好得多。也就是对待每一个学生时，关键是怎样把他的缺点变成他的特点甚至优点。

做老师的总是希望学生全是优点，没有缺点。班主任在班级管理中的这种心态尤为明显。这种愿望是好的，却是不现实的。面对学生的缺点，我们不应该怒目相望。寸有所长，尺有所短。科学的学生发展观要求我们，应当允许学生存在缺点，帮助学生克服缺点，更重要的是应该仔细观察、悉心研究，发现学生自身的特点，抓住特点加以引导，进行教育，最终把学生培养成人，培养成才。

（史菁）

班主任成长日记（二）

"迈克，是时候了，该醒醒了！"

小王同学，相信全校的老师都不陌生，他的过去我不知道，也不想知道。现在只记得进入初三下学期以来，他一次又一次地让我高兴，让我震惊，尤其是在物理学科上。这学期他的物理测试成绩都在 70 分左右，上一次考试后他很兴奋地来到我面前，告诉我考了全班第三名。在班会课上，我特别表扬了他，同时告诉大家，老师很需要你们的努力、你们的进步，只有这样，我们才能在互相感动中前进。

刚才他又跑过来告诉我，这一次的物理成绩他竟然是全班第一！对于老师来说没有什么比这样的消息更令人鼓舞和振奋了。看着他激动的笑容，有谁还能想象出他以前是令老师头疼的学生呢！看着他的样子，我想到，尽管他比老师高一头，尽管有很多老师对他恨铁不成钢，但他始终还是一个天真的大男孩。

虽然他现在还有很多问题，不时还会范点小错误，但我相信，他会慢慢长成男子汉，慢慢变优秀。

所有同学，愿你们每门成绩都能让自己满意。到九月你们走入新的学校时，都无悔这一段的努力、付出、拼搏，青春是酸的，可能还会有些苦涩，但回味起来应该都是甜的。

（史菁）

今天，在全年级大会上，小王的发言让全场爆发出热烈的掌声。

他的进步让学校很多人都为之高兴。我在为他开心、祝福的同时，也在反思他的整个变化过程。

军训的时候他没有参加，让我少了一次正面认识他的机会，但同时也多了另一个侧面了解他的机会。在跟班上学生聊天的时候，我都会有意无意地问问他们对小王的看法。在同学眼中，他虽然成绩很差，有很多小毛病，但对同学非常热心，爱帮助人，在学生中人缘还不错。

开学以后果不其然，上课经常睡觉，什么也听不进去，有的老师甚至会担心到最后复习阶段，他会因为空虚无聊而爆发问题。

一直以来我对他也没有过多要求，只希望平平安安送他毕业。但接触中，发现他跟我想象中的不一样。他虽然厌学，却很喜欢学校，虽然上课爱听不听，但每天一早就来到教室，从不缺课。

其实说句真心话，在他身上我觉得真的没有太用力。在接这个班的时候就被告知他是最难缠的学生，因为是第一年当班主任，经验有限，我自认为还没有完全制服他的力量。因此，没有像传统做法那样硬压迫他，逼迫他学习。而是一直跟他强调怎么做人，怎么为人处世，并且我也经常在全班讲道理，拿自己的经历与学生分享，不强迫他们接受我的观点，只是把所有的选择和结果说出来，让他们自己判断。

我能感觉到他身上的变化，虽然基础薄弱的他要赶上大家很不容易，但老师们都说，他比以前讲道理多了、学习也投入多了。虽然成绩对于每个初三同学都很重要，但他有今天这些变化，我也很欣慰了。

他在学习上的爆发很大程度上是自己的突然觉醒，就像《成长的烦恼》中那个最调皮的迈克一样，突然有人在大声对他说："迈克，是时候了，该醒醒了！"

他的爆发让我真正感受到教育的魅力，那种润物细无声的伟大。

（史菁）

[实践与反思]

1. 在这两篇班主任日记中，反映出教师以怎样的教育思想对待后进学生的？你会如何面对班级中那些特殊学生呢？

2. 结合您的学生时代经历，您认为"优秀生"与"学困生"是否应差别对待？

（一）恰当运用表扬与批评

班主任是否拥有正确的学生观，体现在班主任工作的方方面面，其中，重要的一点是在学生取得成绩或出现问题时，能否恰当地运用表扬与批评的方式方法。

笔者第一次当班主任时，对班级管理倾注了很多心血，对学生给予很多关注，从关心学生角度出发，一旦发现学生有问题，及时批评指正，最终却让学生产生了一些敌对情绪。这是为什么呢？

一位老班主任说：80岁的老太还要人表扬呢，更何况学生……

1. 帮孩子获得成功的体验。

心理学家曾做过这样的试验：把一条梭鱼放养在有很多小鱼的鱼缸中，让它随时可以吞吃小鱼，然后用一片玻璃把它与小鱼隔开，它饥饿时再去吞食小鱼却遭到了无情的阻挡。在内部饥饿和外部小鱼双重刺激的强烈驱使下，它一次次徒劳地发起攻势，屡遭失败后，它吞噬小鱼的希望和信心逐步下降，终于完全丧失。这时，试验者再抽去玻璃，它却不再捕食，竟致活活饿死。心理学家把这种屡遭挫折后形成的放弃行为称为习得性无助行为，即反复的失败可以使人无助。

如果我们的学生在学校中每每体验的都是失败，他们为了使自尊心免遭进一步伤害，就可能放弃上进的努力，或者产生退缩行为，自我封闭以逃避失败的体验；或者为了寻求一时的心理满足，达到暂时的心理平衡，就以调皮捣蛋、欺负同学、反抗教师等行为来显示自己的力量，或引起老师、同学的关注。对于那些处境不利的学生，班主任要注意发挥评价的激励作用，帮助学生获得成功的体验。

进入初中以来，小昕"稳坐"全班倒数第一的位置。初一的时候，他还做做样子，上课还跟着老师来，到了初二第二学期，他就自我放弃了。我回想了一下，几乎届届都有这样的学生，他们"垄断"了班上最后一名，到了初三，要么干脆辍学，要么就在学校故意惹是生非，表现"最好"的是每天趴在桌上睡大觉。

我仔细观察班上其他潜能生的表现，大多和小昕差不多，他们已经习惯了落后，对落后已经没有了危机感。如何扭转这种消极固定思维呢？一定要找到一个突破口。我把小昕排在第二组第一排的座位，可是任课老师反映，小昕上课即使坐着，半天书都没拿出来。我不厌其烦地找他，终于，他和我说心里话了："老师，小刚他们读几遍就会背了，我读几十遍还不会背。我是真的比他们傻。"听到他亲口承认自己比别人傻，我的心里很不是滋味。多可怜的孩子啊！听不懂课，傻坐在教室里，还得时刻准备迎接老师的批评。我几乎难得看见他的笑，上课时老师开玩笑，他是绝对不笑的，下课后偶尔看到他面露笑意，只要有老师出现，他的笑容立刻僵住了。再次调整座位时，我把小昕放到了中间位置。

生物模拟考试成绩出来了，小昕又是34分。我拿过他的模拟试卷，仔细地看他的答题，发现他是会思考问题的。我决定以一个学生的身份，跟学生一起参加模拟考试，这样，我可以和小昕一起成为"逆袭"英雄。第二次模拟考试的时候，我请学校教务处将我的名字编入考生系列中，开考的时候，我像学生一样进入考室答题。成绩很快出来了，我得了 50 分，小昕还是 34 分，而我们班的平均分是 71 分。随后，我把 60 分以下的同学叫在一起，一共 5 个人。我们成立了一个学习小组，有位叫小英的女生考了 59 分，我们选了她当组长，我就是副组长。两周后的模拟考试中，小昕得了 55 分。生物成绩上升了 21 分，小昕还给了我一个惊喜，他的地理科居然及格了，达到了 62 分。地理老师陈老师反映，最近上课他特别认真，地理又是开卷考试，他掌握了一些答题技巧，成绩上升很快。

我在班上大力表扬了小昕。虽然他生物成绩还未及格，地理仅超过及格线 2 分，仍然是班上的倒数第一名，但是我们都故意忽略了这一点。我告诉他们，其实我除了在一起学习的时间，我还"偷偷地"学习了。小昕也开始"偷偷地"学。有时候我遇到重点内容，也会故意找他"请教"。两周后的模拟考试结束，小昕生物 63 分，地理 80 分。同学们不约而同地鼓起了掌，我看到了小昕害羞而喜悦的笑容，还有一部分潜能生惊异的眼神。小昕成了我们班的"逆袭"英雄，我知道他的"逆袭"其实刚刚开始。[1]

成功的体验会促发一个人永远向上。一个人的成功经历越多，他的期望也就越高，自信心也就越强。苏霍姆林斯基曾指出："把学习上取得成功的欢乐带给儿童，在儿童心里激起自豪和自尊，这是教育的第一信条。"获得成功是每一名学生的权利，帮助学生成功是每一位教师的义务。

2. 批评不可或缺。

学生是没有长大的孩子，犯错误是很正常的，没有批评、惩罚的教育是不完整的教育。我们该怎样用好批评或惩罚这把利剑呢？

案例1

本学期，在老师和同学们们的期盼中，我们终于迎来了新的劳动工具——

---

[1] 戴姣.让我们一起成为"逆袭"英雄 [J].班主任之友（中学版），2018（11）.

新式扫帚。看见本学期刚配置的"新式武器",同学们不禁拿着它左看看,右看看,纷纷对这个"武器"称赞不绝。然而理想是丰满的,现实却是骨感的。"新式武器"出人意料地引发了一连串的故事。

这天到了班级后,发现教室里依旧干净如前,然而打扫的孩子却个个垂头丧气,其中一个孩子泪珠子还在眼眶中打转。这是怎么回事呢?经过一番询问,值日组长告诉我:原来是打扫的组员中有个同学将扫帚放进柜子时,由于柜子的高度和扫帚的高度相差较大,所以孩子就用力将扫帚往下压,只听见啪的一声,扫帚的"头发"与身子分离了。孩子们尝试了各种方法想把扫帚修好,用胶带纸粘,用力将"头发"与身子连接起来,用绳子捆……然而一切都只是徒劳,扫帚已经光荣地"牺牲"了。看着孩子们一个个垂头丧气的样子,我先给他们每个人搬了一张凳子坐下,又回了一趟办公室。等我回到班级门口的时候,听见里面窃窃私语:"我们破坏了公物,老师会不会惩罚我们啊?""老师肯定会狠狠地批评我们一顿!"……原来这些小家伙有顾虑啊!

我故意在门口咳了一声,小家伙们立刻坐正了身体,个个一言不发,好似犯了大错一样。走进去,我给他们每个人发了一颗巧克力球,说:"吃吧,都这么晚了,打扫又花费了不少力气,肯定肚子饿了,赶紧垫垫肚子。"听了这话,他们一个个目瞪口呆,紧紧握住手中的巧克力球低下了头。柏同学说:"老师,是我们犯了错误,您应该惩罚我们,为什么还要给我们巧克力球呢?这巧克力球我不配吃。"说完,就把巧克力球放到了我手中,其他同学也一个个送到我的手中。"这巧克力球你们有资格吃,这是对你们的奖励。""犯了错,还有奖励,这可真新鲜!"一向敢说的刘同学在下面嘀咕着。"嗯,这个就是对你们的奖励,因为你们让老师知道了你们打扫的辛苦,同学们已经早早地回家了,而你们一直打扫到现在,因为你们的认真打扫,班级里才如此干净整洁,同学和老师们才有了一个舒适的环境,这不得感谢你们?其次,经过你们今天的实践,我终于知道了这'新式武器'也有缺点,这缺点还是你们告诉我的呢!老师学习了知识,不得交点学费给你们吗?快吃吧!"听了我的这番话,孩子们一个个脸上露出了笑容,听到我吐槽"新式武器"的缺点，他们也你一言我一语地说起来："这新扫帚的确是很轻便，也比以往的扫帚柄结实很多，但是扫帚柄太长了。不光柜子里塞不进去，还不适合我这种海拔比较低的同学使用。"……

听完他们的谈论后，我觉得这是个锻炼他们能力的契机：何不让他们将新式扫帚的优缺点写成文章交给学校总务处的领导，为以后购置扫帚等劳动工具提出自己的建议呢？说干就干，在我的鼓励下，几个同学毛遂自荐，勇敢地挑起了这个重担。几天后，总务处的领导找到我说："你们班的几个小家伙蛮能干的嘛！"果然，后来学校再也没有购置过这种扫帚。[①]

陶行知先生四块糖育人的故事，大家都耳熟能详，相较之下，品读以上案例，崇敬之情也油然而生，不禁为这位班主任的"批评"艺术叫绝。

案例 2

巧用幽默批评学生

通过幽默来批评学生，不仅表现了教师的教育机智和宽容大度的修养，而且能够使学生感受到温馨和期待。

一位教师去上课时，刚迈进教室的门槛，就见一个纸折"火箭""嗖"地飞到了讲台上。教师仔细一看，原来是一张票面一元的人民币。教师并没有因此而发火，也没有大声训斥学生，而是笑容可掬地说："宇宙飞船上天，是人类为征服太空所驱，这支'火箭'在上课之前射向讲台，它的发射者一定为渴求知识而来。"那名搞恶作剧的学生平时挨批评已经习惯了，这次一表扬，他反而不好意思起来。接下来上课他听得比哪堂课都认真。

有一位班主任，他的班上有几名学生偷偷吸烟。在晨会课上，他幽默地对学生们说："吸烟有三大好处：一是能防止小偷，因为吸烟能引起咳嗽，特别是夜里更加厉害。如果小偷来到你家，你的咳嗽就能吓跑他。二是节省钱财，吸烟常常能引起驼背，这样你的身材就变得矮小，做衣服时就可以少买

---

① 张银.扫帚的故事 [J].班主任之友（小学版），2018（10）.

些布料。三是减轻子女的负担，不要他们养老，因为吸烟减少寿命，成不了老头。"学生听后哈哈大笑，明白了吸烟的害处。幽默的批评语言，出人意料又合情合理，使人如坐春风，如沐春雨。①

幽默是洒向学生这棵小树的甘露，又是扫除其周围"杂草"的除草剂。对有骄傲情绪的学生，善意委婉的幽默可以使他们反省过失与不足；对一些故意捣乱不守纪律的学生，满怀治病救人之心的幽默，可以保住他们的自尊心又能改正他们的缺点。幽默是一种智慧、一种修养、一种素质、一种创造、一种能力。②

这是一位班主任总结出的《批评四步曲》，对大家也许能有一些启发。

首先眼神暗示，比如课堂上发现有学生随便讲话，我要和他的目光相遇，对峙三秒钟，意思是：我已经知道你错了，初犯，我原谅你。

其次动作暗示，比如我会假装无意间走到他的身边，碰碰他的头，或者摸摸他的头发，给他真实的触觉，提醒他：我想阻止你犯错误，不要再讲话或者是做小动作影响其他的同学，"二次警告"。

接着，如果学生依旧我行我素，我将毫不留情地正面批评他，惩罚他，一点都不放过，足以使他产生羞耻心，记住这次事情，对他的心灵产生强烈震撼。

最后，这是一个非常重要的步骤，批评完之后，要"揉"学生痛的地方，抚慰一下他们受伤的心灵。

单对单的时候，班主任与学生是最平和的心态、最平等的状态，倒一杯水，拿一颗糖，从亲人的角度告诉他：老师为什么要在很多同学面前批评他，并且从他的立场出发，分析学生的心理感受，表示同情和理解，比如很没有面子之类的话语，尽量消除他心中一些很气愤的想法。最终要让每一个学生心情愉悦地回家。

---

① 源自钱海绵的《班主任工作的案例诊断分析与建议》，清丰县教师进修学校。

② 黄正平.专业化视野中的小学班主任 [M].长春：东北师范大学出版社，2005：159.

无言的批评

（一）

这是他一生中难以忘怀的事。几年前的他常常缺课，一有朋友请或口袋里一有钱，就往电子游戏室钻，父母和老师的批评、说教对他毫无作用。对这个"老大难"，大家真是束手无策。一次，他又被朋友请去打游戏机，校长连找几间游戏机室，终于发现了他"忙碌"的身影。望着站在自己身后的校长，在一阵沉默之后，他背起书包，闷声不响地随校长回到学校。一路上，两个人谁都没说一句话。到校后，校长只用手朝教室一指，他便进教室上课去了。

难捱的一天过去了，校长也没找他谈话，在纳闷、忐忑不安中过了几天后，他自己到校长办公室找校长，问："校长，你为什么不批评我啊？"校长说："不必了，你现在不迟到，不旷课，又没犯什么错误，为什么要批评你呀？"惊愕之余，他如释重负地笑了。

谈起这件事，他说："如果校长当时骂我一顿，我也许不当一回事，并且很快就会忘记。可校长越是不出声，我自己就越是想得多，这大概就是所谓的此时无声胜有声吧。"

（二）

班会课上鸦雀无声，突然有人大叫一声："许静，别看书了！"大家的注意力立刻转移到大声喊叫的小王同学身上。有经验的陈老师只是朝他不满地看了一眼，继续讲课。班会结束后，陈老师问他："你刚才叫什么呀？""许静在课桌下偷偷看小人书，违反纪律！""你想帮助别人是吗？""是的！""但为什么反而引起课堂混乱呢？"小王同学自感不对，但仍迷惑不解："老师，难道我不该劝告他吗？""你先听我讲个故事，瓷器店里窜进一只老鼠，一个过路人抄着一把扫帚穷追猛打，结果老鼠是打死了，可瓷器也全完了。瓷器店营业员到底喜欢不喜欢那个过路人呢？""当然不喜欢。""为什么不喜欢呢？""因为他好心做了坏事。""对，所以做好事要有好方法，才会有好结果，许静上课看小人书是不对的，怎样做到既不影响别人听课，又能帮助许静呢？""我轻轻地提醒他一声就好了。""对呀！"

责备人要含蓄，忌太尽；要委婉，忌太直；要疑似，忌太真。有时候讲的多了，反而起不到效果，不说话，或者委婉地说，有时候也会有意想不到的效果。

（良坊中学　周花）

这两则例子生动地描述了"无声效应"的巨大作用，可产生"此时无声胜有声"的教育效果。

〔实践与反思〕

1.回顾您的班主任工作经历中，哪些表扬与批评产生了好的教育效果？为什么？

2.回顾您的学生时代，有哪些表扬与批评给您留下了深刻的印象？为什么？作为班主任，您会采取哪些表扬与批评的方法呢？

（二）培养学生的爱心

正确的学生观不仅表现为班主任对学生的尊重、关心以及爱的表达，而且表现为培养学生的爱心，教会学生理解爱，懂得爱，并会表达爱，即拥有爱的能力。

温情问候的反射

日本经济大萧条时期，许多中小企业纷纷破产。有一家酱菜小店的老板突发奇想，于是派人去苹果产地定购一批苹果，在未成熟的苹果上贴上标签，这些标签是由200个订货大户的名字刻成的，当苹果成熟之后揭下标签，苹果上便出现了客户的名字。他把这些苹果随货一起送给客户，结果这家酱菜店居然绝处逢生，顾客盈门。

这位老板成功的经验就是温情问候。如果我们的班主任也像这位老板一样运用富有人情味的细节和话语，赠给学生"温情问候"，孩子的心怎会不感动呢？

学生在生日的时候因得到了一张老师亲笔签名的贺卡而激动不已；因收到装有全班师生的生日祝福心愿瓶而高兴得直跳；因得到一个写有自己姓名的小蛋糕而感激涕零；或是因收到老师一条生日问候短信而狂喜。因为这些祝福表明班主任心中有他（她），这些祝福虽平常但来自敬畏的老师。教师放下权威，与孩子平等沟通与交流，能走进孩子的内心世界，让孩子的心灵充满温情。班主任给孩子带去温情的同时，孩子也会给老师以温情的反馈，使你感到班主任是天底下最阳光的事业，让你不忍放弃。

这是一个男孩子的来信。他一米八几的个头，聪颖，但因家庭的原因平时总带点叛逆，班主任根本没有想到他会来信，而且用亲爱的这个称呼。这封简短的信件让班主任又多了几份工作的自信。

亲爱的汪老师：

是您让我成为妹妹语言的老师，教会了妹妹说话；是您让我克服了语言交流障碍，学会了与人亲密相处，并从中体会到无穷的乐趣。

您曾经夸奖我是个好老师，其实您才是真正了不起的好老师啊！

祝您工作顺利，永远幸福！

爱您的学生：泊文 [1]

优秀班主任不但能自己走进孩子的世界，也能让孩子与任课老师的距离拉近。比如：让关爱传递中的夸奖便条，就是让学生发现老师的优点，并让他们通过夸奖便条表达出来就是一个很好的例证。小小便条，能让学生主动和任课教师沟通，能让学生学会用积极的眼光看待周围的人与事，树立了任课教师的威信。同样，能理解人、有感情的学生谁不愿意教呢？！这样的学生又激起了任课教师对他们的热爱。这就是教育的良性循环。比如有一位班主任在新年到来的时候，让孩子给自己最喜欢的任课老师写信，其中一位临近退休的数学老师得到了孩子们的一大堆来信，男教师为之感动，他对班主任说："这是教书几十年来，得到的一份最特别、最难忘的新年礼物。"由于有这

---

[1]　汪精华.你一定能教会她 [J].班主任之友（小学版），2018（10）.

种亲情般的师生关系，老教师投入了更多的精力，结果这个班的数学由薄弱学科变为了强项。还有学生在给语文教师的信中写道："您每堂课上灿烂的笑容，让我们觉得这是一道美丽的风景，我们谁也不想失去它，所以我们语文课的效率特别高。"沟通的妙处就是情感的满足。

用爱留一扇门

每天，都是妈妈开车送我上学。清晨，妈妈先下楼去车库开车，我会算准时间，在妈妈走了几分钟后慢慢地下楼。那难开的一楼电子门总让我为难，因为它太沉了，我只有用身体去顶，才能使它"吱啦"打开。但我每次早上走到那儿，门都是掩着的。

有一次，在车上我问妈妈："为什么门每次都是掩着的，而不是关紧的？"妈妈想了想，说道："你是想问谁这么做的，对不对？"

我回答道："是的，妈妈。""是我为你把门掩着的，这样你下楼时方便多了。"一瞬间，我明白了母爱是伟大的，妈妈除了关心我的生活、学习和身体，还要顾着一些生活细节，妈妈总是默默地在背后为我服务。

一个下雨天的早晨，妈妈在家里很忙碌，我先下了楼，顺手就将电子门关紧了，走了一半才意识到门的问题，是回去开门，还是走呢？我心里很矛盾。我心想：平时妈妈都给我留门，我也要给妈妈留门，还是回去开吧！上了车，我问妈妈："妈妈，你平时为什么要给我留门？""和上次一样的道理，这是对你的关心，你在生活中也要想着别人。"

这就是来自清晨的母爱，一扇因为爱而敞开的门。

【点评】生活中的细节是最真实的，这样的发现让人格外感动。文章很平实，却因为一个别致的题目、一个隽永的道理，吸引了所有人。

南京市游府西街小学四（5）班班主任干露老师点评了这位学生的作文，并将它张贴在教室里。将爱撒播开来，让爱在学生中回荡、在家长中弥漫。大家因爱而感动，因爱而幸福着，这或许就是教育的伟大之处。让我们感悟到爱的力量之巨大；干老师用她特有的敏锐捕捉住生活中的真实，使之成为爱心教育的最好素材。

朱永新在《我的教育梦想》中的一段话道出了育人的真谛：爱心无价！培养一颗爱心很重要，无论做什么事都要有一颗爱心，其他的品质都是爱心的延伸。只有爱，才能感受到生活的乐趣；只有爱，才能创造和谐的人际关系；只有爱，才能享受到人生的真谛；只有爱，才能感受到人类的伟大。天底下最辽阔的是天空和大海，而比天空和大海更辽阔的是人的心灵。一个满怀爱心的人，是永远不会感到寂寞的。只有爱才能赢得爱。让我们的学生从爱自己的爸爸妈妈开始，去爱生活中一切美好的事物！

〔实践与反思〕

25年前，有位教社会学的大学教授，曾叫班上学生到巴尔的摩贫民窟调查200名男孩的成长背景和生活环境，并对他们未来的发展作一评估。每个学生的结论都是"他毫无出头的机会"。

25年后，另一位教授发现了这份研究，他叫学生做后续调查，看昔日这些男孩子今天是何状况。根据调查，除了20名男孩搬离或过世，剩下的180名中有176名成就非凡，其中担任律师，医生或商人的比比皆是。

这位教授在惊讶之余，决定深入调查此事。他拜访了当年曾受评估的年轻人，跟他们请教同一个问题："你今日会成功的最大原因是什么？"结果他们都不约而同地回答："因为我遇到了一位好老师。"

这位老师目前仍健在，虽然年迈，但还是耳聪目明。教授找到这位老师后，问她到底有何绝招，能让这些在贫民窟长大的孩子个个出人头地。

这位老太太眼中闪着慈祥的光芒，嘴角带着微笑回答道："其实也没什么，我爱这些孩子。"

这个故事给你的最大启示是什么？如果你是这位老师，你能预计到这样的结果吗？你是否认为"教育爱"在当前教育中有所缺席，你在教学工作中是如何表达自己的教育爱以及怎样培养学生的爱心的？

二、掌握与学生沟通的艺术

在信息时代的今天，学生接受信息快、获取知识的途径多，知识面广，有一定的叛逆性。特别是到了中学阶段，学生进入第一个叛逆期，生理上的发育带来心理发展的变化，他们往往不愿与成人沟通，而是更多地选择与同伴交流。在这种情况下，了解学生，走进学生的心灵世界并不是一件容易的事，这对教师提出了更高的要求。如何与学生相处成为班主任普遍关心的问题。优秀班主任的成功经验是先做学生成长的倾听者。班主任与学生沟通的方式有很多，我们可以通过学生日记、周记与他们交流；通过书信沟通；通过网络对话；甚至通过调查等增进了解。

1. 用心去聆听孩子的心声。

写周记是班主任经常布置的一项作业，但许多班主任仅仅是作为一项普通作业来布置、检查，却很少用心去捕捉孩子们的心声。即使是发现了一些问题，也是视而不见。优秀班主任能通过周记走进孩子的内心世界，做一个忠实的"听众"。写周记的形式可以是多样化的，有的是教师命题，有的是学生自命题。有的班主任会让孩子们每周写一句心里话、定一个小目标、记一件好人好事。一个小目标能让孩子们有明确的努力方向；一件好人好事，让孩子们关注身边的人和事，教师在班上大力宣传，有利于班级正气的形成。学生在老师的引导下，把"摄影头"对准了生活，记录他们的所见所闻、所思所感；班主任则通过这些记录，了解孩子们的心理需求，分享他们成长的酸甜苦辣，以此为对话的桥梁，引领孩子向着健康积极的方向努力，一路陪伴孩子共同成长。在孩子们的成长过程中，需要有人欣赏、有人支持、有人倾听，班主任就应该扮演这样一个倾听者。

何是班上一位喜欢宠物的孩子。他皮肤黝黑，不善言谈，上课请他回答问题，半天也说不出一个字或者完整的一句话。有一次考试成绩揭晓后，他的成绩下滑很多，回家后父亲与他交流，他很不服气。在《家校联系手册》给家长的回复中，他曾经这样写："我不知道你们在说些什么，我不想说话！我养宠物，并没有影响我的学习！"我两次把他叫到办公室交流，分析他的试卷后，给他指出存在的问题。交流的过程很顺畅，他也很乐意接受我的意见。他也用文字吐露心声：

我爱异宠 ①

我爱异宠，因为我了解异宠——

我爱异宠，因为我热爱自然，热爱生命，热爱探索！

或许您不理解，我为何如此偏执地热爱这些"怪物"，但请您试想，一个脆弱的小生命，在您的手中成长为一个巨无霸，一朵"奇葩"，它的生命因您而绚烂，难道不值得您骄傲，不值得您自豪，不值得您荣耀吗？

或许，您觉得我这番话偏执、疯狂、不可理喻，但我并不遗憾，毕竟每个人有每个人不同的梦，我爱爬宠，就像您热爱您的事业一般，所谓"萝卜青菜，各有所爱"，其此之谓乎？

别人不理解我，没关系。毕竟人生就是一场孤独的旅行，生来孤独，死亦寂寞，最终还得靠自己走下去。至于别人在背后对我指指点点，只因为走在了前面！我还是走自己的路，让别人说去吧！

其实自上次考试之前，我就发现他很努力，很刻苦，而且能够将自己关于宠物的知识运用于实践。

有一次讲一篇文言文比较阅读，刚翻译完，他突然举起了手。我没有理他，但是他仍然高高举起手，似乎有什么话要说。我当时想：是不是我有些地方讲错了？好吧，给他机会，让他陈述自己的看法吧。他说："张老师，赤练蛇是不会吃鹊类的，如果你不相信，你可以去查查资料，我感觉这篇文章很假！"他表现得很自信。我感到震惊：因为我也没有常识，不知道什么是赤练蛇，长什么样子，更不知道赤练蛇不吃鹊类的动物。后来我到网络上查了查，果然如他所言。我真心佩服这孩子，佩服他对生物的了解和研究。

事实上孩子拥有自己的独特爱好未尝不可，老师千万不要忽视任何一次

---

① 张甫刚. 一个喜欢宠物的男孩 [J]. 班主任之友（中学版），2018（11）.

学生展示的机会，或许这样的机会，让你的思想和意识、教育理念发生斗转。这个学生虽然对宠物情有独钟，但是他能够正确地认识自己，用文字表达自己，也是一种方式。班主任也凭借着与学生的沟通交流传递着力量，及时为孩子的学习与成长加油。

每到开学时，一群群天真可爱的孩子又重新返回校园，无论是新鲜的面孔，还是熟悉的那些人，在接受全新的学习与生活时，都需要一个关键的过渡期，那么应该用什么样的方式来迎接我们的孩子呢？一位班主任别出心裁地用"红包"拉近师生距离，让学生在轻松愉悦的氛围中迎接新的学习与生活。

开学季的赠"红包"[①]

开学前跟着儿子一起逛商场，看到商场门口发财树上挂满了红包特别喜气。这令我想到，在中国，送"红包"和收"红包"，是长久以来的传统习俗，它寓意着对一年平安、美好生活的期望和祝福。于是，这个开学季，我们班的"红包"就这样悄悄地打开了。临开学报名还有几天，赶紧行动起来。经过精心挑选，我在网上采购了上百个红包和五颜六色的卡纸。有了材料，接下来就是制作了。我把这些五颜六色的卡纸剪成了许多"爱心"图，并在每一张卡纸上写上"开学寄语"，然后装进红包。这四十几个红包，祝福和寄语的内容各不相同：

邀请式——你好呀！欢迎你来到我们这个大家庭。

祝福式——你好，孩子！祝你好好学习，天天向上！

谈话式——你好，我是班主任陶老师，很高兴认识你！希望你能喜欢我！

鼓励式——恭喜你成为一年级的大孩子，你要加油哦！

报名的前一天，我将这些红包"偷偷"地塞进同学们的新书里。第二天报名，我把满载老师祝福的红包，连带着充满油墨香的新书一起送到了每一个孩子的手中。开学第一天，我问同学们："昨天的新书里，你们有没有发现什么秘密？""老师，我发现了，是红包！""对对，就是红包，我也有！""我

---

① 陶玉蓉.开学季"红包"的特别打开方式[J].班主任之友（小学版），2018（10）.

也拿到了呢！""我也看到红包了，我还是和妈妈一起看的。"小手一个接着一个高高地举起，此时的教室里沸腾起来，同学们面带笑容，非常兴奋，小小的眼睛里闪烁着喜悦与惊喜。

一份红包，就这样在不知不觉中拉近了班主任与同学们的距离。一年级的学生刚刚步入学校，对一切未知充满着好奇与憧憬。老师用红包这样一种吉祥的方式打开学生的心门，让学生在一种惊喜、积极的氛围中很好地进行过渡，不失为一种创新的开学季"打开方式"。

2. 帮孩子发现学习的快乐。

之前《知心姐姐》上《看看，今天的孩子有多累》一文中呈现，《知心姐姐》和《中国教师报》《中国青年报》《中国中学生报》，以及"中青在线""中少在线"等几家媒体共同开展了"关于青少年学习时间及睡眠情况"的网上调查。90.96% 的中学生每天睡觉时间不足 8 小时，其中不足 5 小时者达到 16.37%，每天能睡到 8 小时以上的仅有 9.06%！一系列的数据说明，孩子的睡眠时间不足，基本处于圈养状态，孩子根本没有娱乐的时间、亲情沟通的时间，失去了思考的时间。在应试教育占主导地位的今天，孩子真的不能变得轻松一些，不能有快乐可言吗？目前我们无法改变大的环境，但是我们可以引导孩子把好自己成长的脉搏。通过下面这个小调查，班主任一方面可以了解孩子，另一方面试图让孩子认识自我，帮助学生发现学习的快乐。

1. 学期结束了，你最想对自己说的一句话是什么？

2. 你本学期取得了哪些进步？

3. 你每天的睡眠是几小时？

　A. 9 小时　B. 8 小时　C. 7 小时　D. 7 小时以下

4. 这个学期，你觉得生活得怎么样？

　A. 很快乐　B. 快乐　C. 一般　D. 不快乐　E. 很不快乐

　如果选择了 D 或 E，分析一下原因是什么。

5. 这个学期，你的学习兴趣如何？

　A. 很有兴趣　B. 有兴趣　C. 一般　D. 没有兴趣　E. 没有一点兴趣

6. 你对哪门学科最感兴趣，为什么？

7. 你最想对哪位老师说句心里话（可以是委婉地提一个意见）？

8. 你觉得自己学习上最需要改进的地方是什么？

9. 学习是件繁琐的又不得不做的事，你有什么好点子让它变得快乐一些？

10. 你最喜欢自己的班级是什么样子？你有什么点子让班级变得更好？

11. 如果让你竞选班委，愿意吗？为什么？你希望竞选什么样的角色？为什么？

12. 你最喜欢的运动是什么？本学期你在体育锻炼方面最大的进步是什么？你是怎样处理学习与锻炼的关系的？

13. 本学期你从图书馆借阅了多少书籍？最喜欢的是哪一本？

（合肥市第四小学　陈淑娟）

这份调查表显示，班主任全面关心学生，不仅关心学生的学习成绩，更关心学生的学习体验、睡眠时间、健康状态，强调阅读习惯的养成，激励学生参加体育运动、注意学习兴趣的培养。从中反映出班主任的学生观，以及班主任对学习生活的理解：学习生活应该是丰富多彩的，学习过程中的体验比单纯的考试成绩更有价值。

［实践与反思］

1. 作为班主任，你自己的学生时代是怎样度过的？这段经历对你现在的工作有何影响？你希望你的学生如何度过自己的学生生活？

2. 如果您班上有学生拒绝与老师沟通，作为班主任，您会如何处理？

（一）帮学困生找回自信

每个人的成功都需要有自信的支撑，自信心对于学困生显得尤其重要。同一般学生相比，他们经历的挫折和困难更多，需要的勇气和力量更大。人人都渴望成功，每个人的内心都有一颗积极向上的种子，面对学困生，班主任需要格外细心呵护。如果我们能鼓起学生自信的风帆，由此产生的力量该有多大!

清华大学附属小学校长、特级教师窦桂梅曾说过:"自信是生命成长的强大动力,自信是人生成功的第一秘诀,假如人类丧失了自信,世界就在一瞬间失去了前进的引擎。因为有了跑的自信和愿望,人类有了汽车;因为有了说话的自信与愿望,人类有了电话;因为有了'飞'的自信和愿望,人类有了卫星;因为有了传递交换的自信和愿望,人类有了互联网;因为有了向善向真向美的自信与愿望,人类才有了教育。如果说,我的教育工作取得了一点成绩的话,那是缘于我的自信;如果说我教的学生的头总是昂着的话,也受益于我的自信。""让每一个孩子都挺起胸膛走路"是窦桂梅的育人理念。

"让每个孩子抬头走路",这是苏霍姆林斯基的自信,也是我们现代教师必须具有的信念准则。无论学生家庭贫富,家长地位高低,学业成绩好坏和品质优劣,教师的爱都必须触及每一个孩子的精神世界。在孩子心灵的沃土上种上自信的庄稼,就可以排挤那些自卑的杂草。

1.成长意味着心理健康。

英国《经济学人》统计数据表明,中国青少年自杀率已经位居全球第一。中国每年约有10万青少年自杀,每分钟有2人自杀,6人自杀未遂。自杀已经成为我国青少年排名第二的死因,仅次于意外事故造成的死亡。中国自实行计划生育以来,每年新生儿数量在1800万到2500万之间,而每年自杀的青少年数量竟已高达10万。我们该为学生做点什么?从小培养他们健康的心理。中国青少年研究中心研究员孙云晓提出健康心理的12字秘诀:认识自己、接纳自己、控制自己。

认识自己。自知才能自信,自信才能自强。一位优秀班主任应该注重培养孩子的自信,能从正面来肯定孩子,联合家长,给孩子一个积极的自我。有人提出:能数出孩子5个优点的家长是合格的家长,能数出孩子10个优点的家长是优秀的家长,我们班主任是否也能数出孩子5个以上的优点呢?能否让孩子自己也能数出5个以上的优点呢?我曾碰到一位家长,他数落自己孩子的一大堆不是,却说不出孩子的任何长处。我说孩子身体健康、五官端正、人品好、喜欢锻炼、热爱劳动……一口气数了七八个。家长说:"这些还能算优点？"我说："当然算。"你想，在家长这种观念下生活的孩子能看到自己的长处吗？能正确认识自己吗？

苏霍姆林斯基曾举过这样一个例子：一个名叫尼柯拉的学生（现在已成为农学家）小时候学习非常困难。使他精神振奋起来的，竟是他在劳动中取得的一点成绩：五年级时学会把一种果树的幼芽嫁接在野生树木上，结果培育出了一种新的果树苗。劳动使他表现了自己，认识了自己的力量和才能，树立了自己的尊严，找到了克服困难的信心和意志。如果教育者用一种尺子——分数的好坏来测量他，他就会认识不了自我，就会失去信心，才能就得不到发挥。

接纳自己。一个优秀班主任能告诉孩子他是最棒的。你看，每一个生命都是4亿多个精子中最强壮的精子冲破千难万阻与卵细胞结合而成的生命，难道这不是最棒的吗！无论长相如何，智力怎样，我们都是最优秀的。改变自己能改变的东西，做最好的自己。

控制自己。一个优秀班主任能教会孩子如何控制自己的情绪。在教育过程中，常发生学生跟老师顶嘴的现象。如果双方控制不好情绪就容易升级，公说公有理、婆说婆有理，越说越有理。班主任与孩子的接触比较多，处理的事情也比较多，班主任对孩子的影响最大。班主任善于控制自己的情绪，孩子也会学着控制自己。比如：张老师刚接手的班上有个大个子李，喜欢和老师顶。每到此时，张老师就当作没看见，该讲课讲课、该布置班务布置班务，事情办完了，再和这个孩子谈，孩子总是欣然接受。不久后，大个子李只要看到张老师微笑的眼神，就会控制激动的心情。其实，大个子李小时候父母离异了，他与妈妈一起生活。由于生活的变故、妈妈望子成龙心切、平时唠叨等缘故，他在家和妈妈很少交流，家庭生活也相当单调。在生活中逆反心理很强，他在一次健康教育答卷上写道：我最不喜欢这个家，宁愿周六日在外上补习班也不想待在家里。像这种孩子如果不能从多方面教会他控制自己的话，会出大问题。多给孩子运动的时间，也是种不错的方式。

法国思想家、大教育家卢梭在教育名著《爱弥儿》中说："你知道不知道用什么办法准能使你的孩子得到痛苦吗？这个方法就是：百依百顺。因为有种种满足他欲望的便利条件，所以他的欲望无止境地增加。结果，使你迟早有一天不能不因为无能力而表示拒绝。但是，由于他平素没有受过你的拒绝，突然碰到钉子，将比得不到他所希望的东西还感到痛苦。"控制自己除了要教会孩子控制自己的情绪外，还应该教给孩子控制欲望的本领。

班主任拥有了健康的观念，才会在学生心田播撒健康的种子，并用爱心去浇灌，用耐心去培育，用智慧去修剪、打理，最终使她长成参天大树！

2. 书信里传递的关爱。

网络时代，书信这一传统交流方式早已被手机短信、电子邮件、电话等现代化的交流方式替代，这一传统的交流方式已渐渐被人们淡忘。但是，从学生的角度看，能收到班主任祝贺自己生日的亲笔信，这样的礼物将会使她终生难忘，其效果远胜于其他方式。

还记得刚当班主任的头两年，我常常会说一些情绪失控的气话，或者是半截子话，让孩子们很是迷惑，老师到底爱不爱他们。这是因为当时的我还不知道什么是冰山理论。冰山理论认为每个人都像一座巨大的冰山，外在的行为表现只是内在自我状态外化的冰山一角。简单来说，就是一个人的行为背后深层的东西是什么。当我明白了这一点，我开始有意识地改变自己说话的方式，无论是严厉还是温和，我都努力让他们感受到老师对他们的关爱。当然，有些太温柔的话语，不好意思面对面说出来，我就借助文字来表达。

第一次用文字的方式和孩子们交流，是刚刚担任8班班主任一个学期的时候。那段时间特别忙，很多想说的话没有和孩子们及时交流。一次自习课，看着高效自习的孩子们，有着严重拖延症的我一气呵成，写了将近两千字的《我与8班孩子的这半年》。这封信开头坦率相告："亲爱的孩子们：严格意义上说，我是你们的后妈（很遗憾，是后来的）……"

那天自习课快结束的时候，我把这封信读给孩子们听，教室里特别安静。而在开始读信的时候，氛围似乎略微有点尴尬。那个时候我还没有意识到写信是一种极好的情感交流方式。

第二次跟他们进行交流是第二个学期开学后不久。当时正在外出学习，可能是因为学习的热情被点燃，也有可能是好奇班级那段时间所开设的话题讨论"面对无节操的人，我们是不是要更无节操？"，总之我提笔写了一封有关我的学习心得以及无比想念他们的电子邮件。只可惜这种书面交流并不多。但是这两封信对促进我和8班孩子们之间的坦诚交流，促进师生彼此珍惜、相互感激的功劳也不小。①

这是老师送给小敏的生日礼物。她现在上初中一年级，十年前她的父母就离异了，妈妈在郊区做生意，近两年都是小敏一个人单独生活。成长的特殊环境决定了她的性格与众不同，同学关系不佳，周记里透露出的是内心的脆弱与自责，甚至是生活的失意。班主任了解了一个孩子承受着同龄人难以想象的生活艰辛，这样的境遇唤起了班主任内心的同情、怜爱之心，像朋友一样地爱护她，鼓励她抬起头来做人，告诉她，老师就是她的坚强后盾。竞选班委时，鼓励她参加；过生日时，写信表达自己的祝福与信心；取得点滴进步时，就在全班大力表扬，抓住一切机会为她创造自信的天空。在班主任的关爱下，小敏在班级里的排名由中等生一跃成为班级数一数二的优等生，成为同学们羡慕和学习的榜样。因为孩子的变化，母亲特意放下生意留在孩子的身边。孩子有了温暖的家，有了奋发向上的力量，获得了生活的激情，生命的活力。

小敏在《身边的好老师》一文中这样写道：老师，因为有您一直为我的心灵保驾护航，让弱小的我找回了自信，明白了事理，老师，是您真诚的爱、无私的爱、春天般温暖的爱，融化了我心中凝结了多年的坚冰。您对我的关心、点点滴滴，我都铭记于心。在我的心目中，您亦师似友更像母……

小敏能顽强地生活着、努力地拼搏着，是因为有一个默默支持她、与她一起成长的班主任。是老师的教育滋润了孩子的灵魂，但是这种教育效果是需要不断抓住契机慢慢烹制出来的，只要用心就能烹出教育的美味。

---

① 何鑫.一份特别的礼物——对班级文化建设中感恩教育的思考 [J].班主任之友（中学版），2018（11）.

3. 读懂孩子。

李莉是一名体育生，一头短发，是同学们心目中的运动健将，老师和家长都对她寄予厚望。高二下学期，李莉的性格和行为发生了很大转变，本来开朗听话的孩子，突然间变得暴躁易怒，频繁违纪，甚至旷课，即使处分也不能让她做出多少改变。

很明显，李莉不是传统意义上品学兼优的乖巧孩子，甚至有点桀骜不驯。通过了解，得知李莉有一个成绩优异的妹妹，李莉很喜欢她的妹妹，但妹妹无形中给了李莉很大的压力。她非常希望能够成为妹妹学习的榜样，却发现自己无论如何也做不好。与她谈话时，她哭着对我说："这段时间体育训练也遇到了困难，离二级证要求的成绩总差一点；文化课学得也很吃力，为什么别人轻轻松松就能得到高分，我已经尽力了却还是不行！"

其实，李莉有目标、有梦想却不知如何去做；遇到挫折不知如何面对，想取得好成绩，又难以付出更多的努力，导致焦虑；总觉得别人比自己过得轻松，还能取得好成绩，导致心理失衡。只有找到问题所在，才能帮助学生解决好问题。

首先，我告诉她好成绩不可能轻轻松松得到，并列举了班上几个刻苦勤奋学生的例子，其中还包括他们公认的学霸来增强说服力。然后，我分享了自己曾经遇到挫折时的沮丧心情。我希望让她明白，现在她所遇到的困难只是人生一个小小的插曲。经过多方面工作，长期的鼓励和督促，李莉有了很大的进步和改变。[①]

每个孩子的背后都有自己的故事，如果有人读懂了，他（她）一定会多一份生命的活力。只有把学生当主体而不是客体，才能走到孩子的背后，才会走进心灵，才可以读懂孩子。

4. 你快乐我才快乐。

小艳是一个相貌端庄的女生，进入初中一年多来，学习基础薄弱到数学

---

① 张颖洁.尊重学生的那一点不完美[J].班主任之友（中学版），2017（12）.

总是考十来分；会读外语课文，却难得默写出几个单词；周记一直是寥寥数语……陈老师是新接任的班主任，对她静观了好长时间，觉得她的学习还是卖力的，总也找不到帮助她的突破口。听办公室的同事说：他的爸爸留着胡须、穿着青衣长衫来过一回，这个形象给男同事们的冲击挺大的。大家劝她不要找家长，到时想办法让家长开一个"智力证明"弄个毕业证。可她不甘心——孩子的学习就是为了一张初中毕业证吗？学习应该赢得快乐、成就未来。学期结束，该写评语了，陈老师想写得更贴切点，就要求每一个学生给自己写一封信，算是一个新颖的学期总结。结果小艳的信让陈老师又增添了一份担心：

我这个人不太爱说话，但我有自己的个性，因为没人和我说话，我就自己跟自己说话。我只知道我学习不好，除了有些女孩外，几乎没有人肯理睬我。我的苦恼、烦躁只是因为每天太忙，没有时间去理会罢了。我也知道，大家都在想办法让我进步，但我总是寸步难行。

我有自己的爱好：跳绳、打羽毛球，而我在跑步方面是最弱的，特别是长跑常常不及格。我认为自己最不好的一项就是我的学习，怎么弄、怎么努力，就是不能提高，我也不知道为什么。我有时感觉自己很没用，什么信心都没有了，感到很苦恼。虽然我每天都做练习，可还是不懂，也没办法。我现在都不知道能不能有信心面对自己。

一天，机会终于来了，她要求家长送雨衣过来，陈老师说："顺便让你爸爸到我办公室来一下，我想给他汇报一下你的进步，好吗？"不一会儿，一位彪形大汉脸上汗水夹着雨水来了，陈老师一边热情招呼着，一边头脑里快速地搜索这位父亲的印象——刚接班的第一次家长会上，他很不耐烦，甚至还发出了一两声异样的咳嗽；期中考试后的那次家长会上，他很认真。今天的形象看来不错，而且挺在意女儿的。老师一边数着孩子的优点，一边拿出这封信说着担忧，一边把为孩子写的评语拿给他看：

你是一个性格内向、做事认真的女生，老师很喜欢你。你跳绳时的身轻如燕、打羽毛球时的灵机应变，还有打扫卫生时的认真、填写班级日志的细致负责，老师都看在眼里，记在心里。学习方面的进步非一日之功，养成提前预习、及时复习、抓住课堂45分钟的好习惯，且在作业方面跟老师商量一下，适当少做一些，我相信你能找到进步的突破口。记住，有什么苦恼尽管跟我说，你快乐我才快乐。

家长看到老师的评语，脸上掠过一丝惊喜，并说："我要和女儿好好谈谈，她在家不听母亲的话……"老师提醒他，孩子的心灵需要大家的支撑，每天的作业可以少做一些……就是这一次简短的交流，带给老师的感受是：家长都是有情感的，可以被感染的。带给孩子的是：在期末复习如此紧张的阶段，脸上笑容灿烂了些、目光有神了些、文科学习效果也有较大的提高，心情决定一切！

5. 改正"不知道"的口头禅。

现在择校风浓，家长总是想尽办法让孩子进好学校，选好班主任，用家长中流行的一句话说："进好大门（学校），还要看小门（班主任）。"小卓是新转来的学生，他家是外地来宁的经商户，家境较好，有两个孩子。家长平时很忙碌，就将其送到寄宿学校学习。由于各种原因，小卓的学习变得困难。他的家长慕名而来，将孩子转到干老师班上。"不知道"是小卓转来后不久写的一篇习作。

我有一个口头禅是"不知道"。这个习惯是什么时候养成的，我已经说不清了。

我是一个贪玩的小男孩，喜欢和球有关的很多游戏。我在××寄宿学校学习了三年，妈妈一星期才可以见我一次，所以每逢我回家和爸爸妈妈"团圆"的两天里，她都会不厌其烦地问长问短，想知道我在学校的一切。天呀！我在学校的五天里，发生了数不清的事情，怎么可能说得完呢？我干脆大喊一声"不知道"，然后一溜烟地跑去和弟弟玩，楼上楼下窜个不停。渐渐地，我为了不费口舌讲自己在学校的故事，就用"不知道"来逃避。妈妈虽然很生气，但是也拿我没办法。这不，"不知道"成了我形影不离的"好朋友"，成了搪塞妈妈的"法宝"。

四年级时，我转学到了游府西街小学，连我自己都没察觉，我跟谁说话都习惯用"不知道"。起初是在课堂上，老师提问，我回答"不知道"并没有引起大家的注意；后来我总是脱口而出的"不知道"，成了同学们的笑柄，他们一定认为我是"小傻瓜"。其实，我并不是真的不知道，很多知识并不比别人少，但是嘴巴时常不听使唤，还没等我说答案呢，"不知道"就溜出口了。真后悔呀！这时候，我才感觉"不知道"不是"挡箭牌"而是"拦路虎"。

我最喜欢打羽毛球。干老师决定：只要我学习努力，积极完成作业，就每天陪我打10分钟的羽毛球，我可高兴啦！打羽毛球是我最轻松的时候。有一次，正当我们打球在兴头上时，干老师问我："你可以用什么词来形容自己现在的心情？"我不假思索大声回答："兴高采烈！"哈哈，我居然没有用"不知道"，这真是奇迹！原来，老师是在见缝插针逗我说话，尽快赶走"不知道"。

我突然觉得自己完全有信心卸掉"不知道"的包袱，没准儿还会成为"万事通"呢！

（选自"春暖花开"博客）

老师没有简单地说"你不能说'不知道'"，而是抓住了帮孩子赶走口头禅的突破口，事情看起来虽小，但需要老师有爱心才能做到。看似是改掉了一个不起眼的口头禅，实际上是为孩子健康成长树立了信心。一个能为孩子扬起自信风帆的班主任不仅能为孩子的一生创造财富，而且能为家长带去幸福。当一个优秀班主任的学生是幸福的，做优秀班主任的学生家长是幸运的。

杭州市青少年活动中心的小记者们进行了主题为"现在的孩子怕什么"的调查，面向800名幼儿园的小朋友、600名小学生和200名中学生开展了调查，结果发现孩子们有105个"怕"。面对孩子的现状，有自信才有胆量。而上面的那些案例正是班主任和孩子们一起驱赶了胆怯，找到了自信。班主任的机智体现为"润物细无声"的教育中。

〔实践与反思〕

1.对于学习困难的学生而言，培养和树立他们的自信心很重要。除了上面介绍的一些做法外，您还有哪些做法或建议，可以帮助学困生走出学习的困境？

2.您如何区分学困生、"差生"、"问题学生"这些概念？谈谈您的看法，并说一说您是如何对待这些学生的。

（二）为处境不利的学生把脉

班有"差生"是一个普遍存在的现象，只要有评价机制，就会有好坏之别。在一个几十人组成的班级里，学生存在差别是正常的，没有差别反而是不正常的。学生中客观存在着智力的差异、性格的悬殊、行为习惯的好坏、成长环境的区别，甚至相貌的不同，都可能导致我们对学生的印象不同，相处时的态度也不一样。在常态下大家自觉不自觉地把学生贴上"好学生""差学生"的标签。这里的"差生"范围很广，是学困生抑或是行为习惯不良的学生，总而言之，在当前评价体制下处境不利的学生，是需要老师煞费心血的学生。在很多教师看来，花在"差生"身上的时间，与能够产生的效果是不成比例的，与其如此，不如把时间花在好学生身上。也有的教师认为，那些真正的好学生是不需要老师管的，真正见效的是那些中游偏上的学生。在一个以学生成绩作为主要评价指标的教育体制下，教师的工作业绩甚至是学校的地位和排名都是同学生成绩挂钩的。教师中存有这样那样的想法就不足为奇了。面对这样一个学生群体，班主任如何选择，是放弃还是作为挑战自己教育水平的考验？

一年前的8月底，根据学校安排，我要随同七年级去实践基地参加为期一周的军训。那天我早早来到教室，想提前去了解学生。到教室时里面基本坐满了小学刚毕业尚且稚嫩的孩子们。坐在教室最后面角落里的一个小姑娘引起了我的注意。她始终低垂着脸，显得局促不安。待到我统计去军训的名单时，这个小女孩怯怯地来到我面前，始终低着头，递给我一个小本本，然后迅速地把手收回去背在身后，低声说道："老师，我……我……得请假。"我打开那个本本，才发现原来是残疾证。我立马说道："好的。我知道了。"我什么都没多说，但是记住了那个名字——小琪。

那个上午，我有意无意地总会经过这个女孩身边，才发现她的双手和其他孩子不一样。这个孩子的双手十指弯曲，跟小鸡爪一样，更加糟糕的是两只手都在蜕皮，就像腐烂了一般，有好些地方还裸露着红色的肉。不仅如此，她性格挺怪异的。据说，有一次被老师批评，她竟然撕烂了老师的衣服！

9月1日一大早，教务处送来了分班的名单。拿到名单的第一时间，我便急切地从第一个名字往下找，终于在名单的倒数第二个看到了她。第一节课，按照惯例，我请全班同学一个个来到讲台前进行自我介绍。轮到她时，她犹疑着走向了讲台，两手紧捏着衣角，短短几句话，哽咽了几次。我第一个给她鼓掌，孩子们也都跟着鼓起掌来。临回座位前，她羞涩地抿着嘴朝我笑了一下，就那么一下。那是我第一次看到她笑，很美。我想，我们之间的距离缩短了一些。慢慢地我发现，这个孩子真的把自己封闭得严严实实，怎么也不让别人走进她的世界。很多孩子都跟我反映，说她不太爱跟其他同学打交道，甚至是课堂上小组讨论时也是独自一人坐着。每当我经过她身边的时候，她都会有意无意地把手迅速藏到桌子底下，并且深深地埋下头。如果她一直这样封闭和自卑下去，进入社会怎么办？我做了一个大胆的决定，要揭开她的这层面纱，只有这样，她才能真正融入集体，克服自卑。

那次班会课，我们开展了一次"折翼的天使依旧美丽"的主题班会。我非常动情地给大家讲了一个女孩的故事，大家都非常惊讶，也非常感动这个女孩能够克服病痛和大家一起学习，我甚至说出了她戴假发的事实。也许，我不应该如此直接，可是我更担心的是，万一哪天有调皮的孩子把她的发套扯了，她该如何面对众人的惊愕。最后，我告诉大家，其实这个"折翼"的天使就在我们身边，她就是小琪。那一刻她满脸泪水，冲出了教室。我紧跟着她，内心无比忐忑，很多可怕的场景在我的脑海里盘旋。我仍然记得，她在教室外的走廊里声嘶力竭地对我喊："老师，你为什么要把我的事情告诉大家，我还怎样在班上混下去！你为何要这样对我？"我很冷静且坚定地问她："孩子，你每天这样躲躲闪闪，不觉得自己很辛苦吗？走向社会还有十几年，你要一直如此吗？"我话音刚落，她泣不成声。我把她揽入怀中，她哭得更凶了，哽咽着说："老师，这些年，我真的好累。"我记得那天下午我们聊了两个多小时。临走时她说："老师，谢谢你。我终于敢面对我自己了。"我心里的石头终于落了地。

那之后，班上又继续开展了一系列同学相处、自信与自强等主题班会。老师们对她都非常关注，同学中也不再有对她的议论。她的状态也有了很大的转变，每次在走廊碰到她，都能看到挽着其他孩子抑或是其他孩子挽着她咯咯地笑。课堂上她也会毫不掩饰地举起手回答问题。看到她这样，真好！①

特殊的午餐②

我们班有个男生晓虎，父亲因与人发生纠纷伤人而入狱，当了多年家庭妇女的母亲在父亲入狱后没有稳定工作，只能打点散工，拿着微薄的收入，家庭生活十分窘迫拮据。平时孩子们下课凑在一块七嘴八舌地聊天，交流着新买的玩具，描述着周末去的新开的游乐场，或是爸爸妈妈带他们去的好吃的餐馆，我看到晓虎总是静静地在一边听着，脸上有着专属于孩子的淡淡神色。孩子们交流中提到的"美国队长"的书包、"毛毛虫"的鞋子、牛排和汉堡，对于晓虎而言都是陌生而遥远的东西，仿佛天上的星星一样。

每逢春游、秋游，晓虎便变得格外敏感起来。有一次学校组织春游，通知孩子们后，我第一个想到了晓虎。晓虎家庭条件差，明天可能带不了多少东西，晓虎看着别人吃，自己又只能吃馒头的滋味肯定不好受。下了班，我便赶去超市买了两大袋面包和一大包卤味。第二天，学生们的大包小包塞满了父母长辈准备的零食，兴奋得像树上的雀儿，而晓虎的包果然扁扁的。他一如往昔地沉默地站在队伍的最后，离小伙伴们远远的。看着他孤单的小身影，我的心被揪得紧紧的，怎么去帮助他又不伤及他的自尊呢？

我一边若无其事地组织孩子们排队，一边在脑海中飞速思考若干解决的办法。在快上车之前，我故意走到晓虎身边，把装着面包和卤菜的袋子递给

---

① 王晶. 折翼的天使依旧美丽 [J]. 班主任之友（中学版），2018（11）.
② 桂贤娣. 因生给爱（五）[J]. 班主任之友（小学版），2018（10）.

晓虎，请他帮忙拎我准备的午餐。"乖乖，帮我拿一下吧，我现在要组织同学们排队，不方便拿！"我说道。"没问题，东西就交给我吧，"晓虎朗声说道，"保证帮您保管好！"多可爱的孩子！

　　午餐时间，大家从书包里掏出一袋又一袋的食物，几个小家伙很机灵地围在我身边，这个给一个巧克力棒，那个给一块香甜的蛋糕。晓虎悄悄坐到我旁边，把手中的袋子递给我，低声说："桂老师，你的东西。"我看看他，故作恍然大悟地说："谢谢，你看我，都忘了我还有东西在你那儿呢！同学们，谢谢你们将食物分给我吃，我昨天晚上也准备了些东西，请你们吃一点吧！"班主任的东西自然是极具吸引力的，孩子们抢着吃我带来的卤味和面包，就这样，晓虎和同学们一起吃得津津有味。孩子们也许是受到了感染，纷纷围作一团，晓虎也将自己书包里的馒头和咸菜放在桌布上，孩子们不分彼此，一起来了个大聚餐，这一刻，每个孩子都是一样快乐，一样平等，享受着一样的食物，享受着一样的心情。在这个午餐时间，晓虎既没有得到特殊的对待，又和同学们一起享用了丰富的午餐，我很高兴。

　　在教育过程中，教师无法选择学生。面对特殊的学生，无论他们存在哪方面的薄弱，首先，因为孩子都是人，他们有需求、有渴望、有长处，也有薄弱的地方，只不过由于各种原因，他们的长处被薄弱覆盖，渴望和需求被忽略。我们期望孩子有好的品质，如果我们能让孩子对自己有着和我们同样的期望，我们必须让孩子感觉到你是根据他的情境、他的需求来期望好的品质。他希望得到想要的东西、能给他信任的东西、能给他力量的东西、那些"我能够做到"的东西。但这一切不是靠语言，而是通过教师真诚地对待、无微不至的关心和唤醒孩子内心的力量与情感来达到的。其次，要对自己有信心。碰到"差生"，比如一个学生阴阳怪气地答话；学生不愿意干要求做的事情；有人碰到问题喜欢冲动；有人总是不交作业……正是在这样的情境下，教师需要展示自己的信心和机智。这样的老师能把这种信心传递给学生。方法可能是言语、沉默、眼神、体态、气氛和榜样来调和，也可能是循序渐进式的交流。最后，要有耐心。当期望放在一个恰当的层次上，耐心就会使得我们在期望和目标尚未完成，还需要更长的时间或需要调整教育方法时，不着急，不放弃努力。

挣足 8 小时睡眠 [①]

班主任王老师发现小宇精神不振，偶有迟到现象。老师与他一席交谈，发现他每天只能睡 6 个多小时，原因是做作业的速度很慢，别的同学半小时能完成的作业，他一般要耗上个把小时。而每天无论作业做到多晚，母亲都要求他背英语。这种高耗低效的学习方式，久而久之，孩子的睡眠不足导致学习效率进一步下降，学习效率的下降又严重影响学习兴趣，而学习负担随着年级的升高而递增，如此循环下去，将发展为一个可怕的事实——孩子不堪重负，严重影响成长。庆幸的是孩子每晚能坚持到十一二点，说明他并不想放弃学习。老师心头立即浮现一个念头：孩子必须睡足 8 小时。

于是，班主任和小宇就"怎样挣足 8 小时睡眠"进行了一次长谈。王老师得知，孩子的父亲工作较忙，每天都有应酬；母亲下班迟，经常在 7 点以后才能到家。他不想一个人孤零零地回到家，所以在回家路上总是磨磨蹭蹭，15 分钟的路程能走 40 分钟。回到家后，做作业的时候东摸摸、西看看。父母认为他遗传了双亲的慢性子，已不可改变，所以平时也只是唠叨几句，没有什么实际效果。父母文化程度较高，对他的学习要求也高，每天必须把老师布置的作业不折不扣地完成。王老师心疼地说："你想早点睡觉吗？"孩子说："当然想，每天的作业是在迷糊中完成的，早上没睡够就不想起床，所以，妈妈每天提前 20 分钟（6 点 10 分）喊我起床。"王老师说："今天，我们一起来找找从哪个环节挤出时间，睡足 8 小时。如果到点没做完作业，也必须收摊睡觉，如何？"孩子说："不行，没做完作业不能睡觉。不过，我可以挤出点时间睡觉。"最后师生两人讨论出一个较好的方案：在校遵守规定，中午先睡 20 分钟午觉，再抓紧时间做作业，晚上准时到家。在校时间，老师先督促，争取两周内养成习惯。回到家后做一小时作业，休息一会再做，保证效率。

[①] 睡眠不足导致智力损害 [J]. 中华医学信息导报，2003（6）：7.

10 点 30 分准时睡觉。早晨 6 点 30 分，一听到闹铃就起床。每天请家长将睡觉时间记录在家校联系本上，连续一周准点睡觉，发喜报一张；连续一周不迟到，再发喜报一张。（喜报是王老师的拿手好戏，孩子们可在意了，他们常常炫耀手中的喜报。累积到一定程度，可以换成放进成长档案袋的奖状。）为了计划成功，说服家长的工作就交给老师吧。在王老师的倡导下，家长对此半信半疑：从小学到初中的慢性子能改吗？孩子要是不完成作业，成绩岂不是要下降吗？任课老师找麻烦怎么办？平时早晨都要叫上 20 分钟，左哄右骗才能起来，闹铃能叫醒他吗？王老师说："您若没信心就肯定成功不了。请相信，有麻烦我负责。当务之急是睡足 8 小时，培养孩子的时间观念、强化效率意识、立足长远发展。"经过努力，孩子不但能准时睡觉，而且期末考试成绩在班级上升了 10 个名次，进入了提优班的行列。

研究显示，连续数天睡眠不足（每天少于 6 小时）会对人的智力造成损害。长期每日睡眠少于 8 个小时者反应速度较慢且不能很好地进行简单的记忆工作。现在学生学习负担本来就不轻，如果再加上拖沓的习惯，睡眠就成大问题。睡眠不好又会导致学习落后，继而滋生迟到、厌学、迷恋网络游戏等一系列问题。而拖沓、时间观念不强已是这类孩子的通病。对于这类孩子千万别以为他们的智力有问题或朽木不可雕也。

［实践与反思］

好女婿与好学生

有一个发人深省的故事。

汪老师的女儿二十有六，还没有找对象。当红娘把汪老师当年的得意门生介绍给她的女儿时，汪老师对红娘说："他读中学时，我是多么欣赏他啊！他学习成绩棒，又特别听话，调皮捣蛋的事儿准找不着他。现在，你看他像个小老头似的，800 度的近视眼镜，说话细声细气的，哪像个小伙子；最让我看不上的是他那么古板，一点幽默感都没有，我女儿要是跟这样的人生活一辈子，她上哪儿去找快乐呀！"

不知道我们评价学生的标准和选择女婿的标准为什么会存在这么大的差异？

请对上面的故事发表自己的看法。你认为我们的人才评价标准是否存在问题？你怎样看待所谓的"差生"？你对他们的将来是否是悲观的？在学校里的好学生是否一定会有好的发展前景？新时代我们培养人才的方式方法是否需要改变？谈谈您的看法。

（三）面对青春期的困扰

随着人们生活水平的提高，孩子的身体提前发育，而这方面的教育已明显滞后。中学生"早恋"的普遍存在、大学生妈妈等现象已引起教育界的重视，但青春期教育之路还很漫长。杭州市教育科学研究所韩似萍曾说过：无知者无畏。孩子因为对性的无知可能会做出许多傻事。与孩子话青春话题已是当务之急，优秀班主任应站在青春期教育的前沿，主动承担起孩子成长的引路人角色，帮孩子走好青春期这一步。

1.男女生应该怎样相处？

进入青春期的孩子性别意识增强，男女生相处起来常有这样或那样的问题，但只要班主任引导得当，学生的生活会因正常的异性交往更精彩。

班上有一个男生和女生因为借东西发生了口角，女生使劲地敲了男生的腿，男生也不甘示弱还了手，彼此很不愉快。就此事我在班会上发动全班同学开展了讨论。

师：今天大家来讨论一下——男生和女生怎样相处？（直接进入主题）

全班同学：OK! That's great!（反应强烈）

师：那我们就先说男生吧！

男生：女士优先！（集体抗议）

师：那要看是什么事情，什么场合。（男生无语，女生欢呼。）

师：自古以来有这样一句话，好男——（故意拖腔）

全班同学：不和女斗！

师：那和女斗的就不算好男了。

男生A：那要看斗什么，学习不要斗吗？体育不要斗吗？竞赛不要斗吗？活动不要斗吗？斗就是有竞争意识。（脸通红状）

师：精彩！（全班鼓掌）

可是我们今天讲的这个斗却是发生摩擦。男生个个相貌堂堂，体魄健壮，长大以后都是胸怀宽广、顶天立地的男子汉，怎么会和女孩子斤斤计较呢！你们说是不是？

男生：是。

师：那我们以后让着女生一点，好不好？

男生：好。

男生B：可是有时候根本就不是我们的错，女生有时候会骚扰我们，经常打我们的头。

师：我正要来谈谈女生该怎么做呢。女生们，你们想做什么样的女孩子呢？什么样的女孩子才真正受到别人的仰慕呢？男生们，你们也来谈谈你希望有什么样的女同学。

全班：（七嘴八舌）整洁，有气质，声音柔美，美丽善良，乐于助人，端庄大方，打扮得体；有上进心，热爱集体，聪明伶俐，有礼貌，学习勤奋，爱好广泛，能歌善舞，书写秀美……（好像他们要把全世界女孩子的优点都说尽）

师：哎呀，这样看来我这个女人太羞愧了，简直无地自容。（全班笑）

那么大家不太喜欢甚至厌恶女孩的哪些毛病呢？大家说说看。

男生：不讲卫生，举止轻浮，讲粗话，大嗓门，懒惰，小心眼，打扮俗气，涂脂抹粉，妖里妖气，对男生动粗，喜欢骂人，两面派，仗势欺人，不诚实，喜欢撒谎……

师：我们的女孩子可要好好看看你有没有以上毛病哦！

女生A：（委屈状）这不公平！我们也要对男生提要求。

师：Of course！我绝对支持！请把你们对男生的要求写在YES板上和NO板上。（女生异常激动）（男生：优点无数……缺点无数）

请两方总结对对方的要求，请双方派代表总结发言。

女生 B：总结男生优点（声音柔美），总结男生缺点（情绪波动）。

男生 C：总结女生优点（声音尽量正常），总结女生缺点（情绪波动）。

师：下面请双方代表把总结交换到对方手中，让我们从自己的角度来做一下自我要求，请每个同学对照自己。

（教室里寂静无声）

师：请双方代表发言。

女生 C：总结女生优点（声音柔美），总结女生缺点（小心翼翼）

男生 D：总结男生优点（声音正常），总结男生缺点（小心翼翼）

师：请大家注意两次我们代表发言的态度有什么不同？

（全班鸦雀无声）

女生 D：我们对别人提要求的时候态度都非常强硬，对自己提要求的时候声音就不那么响了。

师：说得真好！还有哪位同学要发言？我们男生之间、女生之间、男女生之间到底要怎样才能和睦相处呢？

男生 E：做大家都喜欢的男孩或女孩，这样大家每天才会过得非常开心。

师：说得太棒了！（鼓掌，全班鼓掌）

那么就让我们记住怎样做一个好男生或好女生吧！让我们把今天的 YES 和 NO 写在我们的床头，每天提醒自己，做一个优秀的、可爱的男生或女生吧！

全班同学：耶！

后记：

会后令人惊喜的是：两位闹矛盾的学生到我办公室主动做了自我检讨，并表示今后和睦相处，这是这次班会的第一个收获。

由于生理原因，初中阶段的学生已经有了与异性交往的强烈渴望。他们往往会想方设法吸引异性的目光，这些都是再自然不过的事情，千万不要大惊小怪。只是他们的方式有时候不恰当甚至是错误的。只要我们做老师和家长的能给予恰当的指引，他们就一定会身心愉悦地走过这一段美好的时光！

记忆中应该每个人都会有一个或一些少年时代美好的异性形象吧，那是我们多么珍贵的人生印记！

——潘永玲教育博客

一个小插曲激发了班主任一个创意。别开生面的一场班会，巧妙地让初中一年级的男生、女生正确地认识了自己，提醒了对方。青春期的美好情感就这样静静地流淌着。

2. 距离产生美。

异性相吸是亘古不变的定律，但对于中学生来说，怎样控制自己的情感，正常与异性交往却是一道无法求解的难题，问同学、问老师，还是问家长呢？孩子们经常为此而苦恼。

学生面对情感的烦恼能向班主任求助，说明班主任的教育是成功的，他（她）在学生心中是一个可信赖的大朋友。教师没有用空洞的说教来处理，而是从认同对方的观点出发，积极加以疏导。让"距离产生美"的观点融入孩子的思想。

3. 巧释"神秘感"。

"早恋"其实是一种不恰当的说法。"早恋"只不过是异性同学之间产生了一定的好感，关系较为密切，并非成人想象的那么复杂。一位优秀班主任应该与家长结成联盟，教给孩子正确与异性交往的方法，教给孩子如何控制自己的情感。当学生遇到感情困扰时，班主任应该成为孩子们的知心朋友，帮助他们走出困境。下面这个案例呈现了一位班主任在应对"早恋"问题时的教育智慧。

一天中午，王老师正站在教室前面和学生谈话，抬头看教室里的学生时，发现班长夏梦正和男生王成两眼相对地笑着，笑得特甜、特纯。王老师凭着职业的敏感嗅出了青春的骚动。于是，笑着对全班同学说："夏梦和王成是好朋友？笑得多开心。"全班大笑"是，是，是"。老师带着埋怨的口吻说道："八班很坏，有快乐你们偷着乐，唯独不跟我这个头分享嘛！"

异性同学间那种朦胧的感觉就在王老师的几句调侃话语中释放了。同学们知道不应该发生在这个年龄，更重要的是大家不会拿此做笑料或效仿。夏梦和王成也羞红了脸，但知道王老师不是老古董，心里就少了几分负担。当然，事情到此并没有结束，接下来，还需要班主任做耐心细致的工作。

就在这几天，王老师单独找夏梦聊起了异性交往的话题，并谈了自己的观点：首先，对异性产生好感是正常的，关键是如何学会正确控制情感；其次，学生的主要任务是学习，如果在情感方面过分分心的话，可能会留下青春的遗憾；第三，牵挂他人与被人牵挂是一种幸福，但也会伴随着痛苦；第四，青春年少的美应该是一种洒脱、清纯的美，如何学会尽情享受这个年龄的美是一门学问；第五，作为一班之长，言行是全班同学的学习榜样，如何树立自己在全班同学中的威信，成为班级的领头羊，希望你认真考虑。

不久，班级召开家长会，夏梦的家长因事未来。王老师留下了王成的母亲，并将此事告知她。其实，这位母亲早就从儿子的言行中看出点事情，比如：最近特爱美——每天早上要洗头发，穿戴特别整齐，有一次竟将家长刚充的几十元手机话费一口气打完了。有些家长因为害怕孩子在交往方面出问题，所以碰到这样的问题时，宁可信其无也不愿往这方面思考。其实属于逃避型的家长。王成的妈妈就属这一类型，当老师告诉她实情时，气得直发抖。

王老师不但没有责怪、批评，反而再三安慰家长，这不是大问题。继而教家长几招：第一，调整自己的情绪，平静了再回家；第二，回家后装作若无其事，绝不要提此事，给孩子自我成长的空间与时间；第三，要和爱人说说，平时多关注孩子的心灵，有什么问题处理不了，要和老师及时联系；第四，从老师那儿带两本有关青春期教育的书回家学习。

那天，王老师一直陪着王成的母亲，直到心平气和了才让她回家。因为这位母亲性急，流露出回家要劈头盖脸地骂孩子，甚至用打来教育孩子的想法。如果老师不先改变家长，所有的教育就会因此而前功尽弃。

一个多月后，事情早已平息，王老师在健康教育课上谈到异性交往时再说起此事，王成才恍然大悟，家长上次为什么回家没有打他。下课后，他悄悄地来到老师身边说了声"谢谢"！

异性交往已成了大众关心的话题，成为困惑许多孩子成长的问题。"老公、老婆"已成了孩子们的口头禅，网络结婚成为许多中学生沉迷的游戏之一。他们在网络这一虚拟空间中寻找宣泄的途径和方法，而在现实生活中却苦于没有正常的途径和方法来满足身体、心理成长的需要，如果没有恰当的指导，有的还会误入歧途。伴随着人们物质生活条件的改善，媒体日益开放的宣传和报道，主客观因素都在加速着孩子们青春期发育的进程。在新形势下，中小学生乃至大学生的青春期教育已成为学校教育的重要内容，更是班主任工作的必修课，班主任不但自己要成为孩子成长的导师，还要教会家长如何引导孩子身心健康地成长。

〔实践与反思〕

1.青春期教育，中学生的心理、生理健康问题，是班主任无法回避的教育问题。有人认为"早恋"是有百害而无一利的，我们只是在孩子出现问题的时候给予处理，而忽视了现代中学生的生理、心理发展特点。需要转变的是我们成年人关于学生"早恋"的观念。而面对青春期的困扰，是需要班主任的教育机智的。

2.作为班主任，你是如何看待中学生的"过密"交往的？你有哪些好的做法？

3.随着现代化进程的发展，"早恋"也出现低龄化现象，你是如何看待这一问题的？你有哪些好的教育理念或者教育方式？

三、学会与家长沟通的艺术

有国际机构曾在世界范围内做过一项调查，让青少年说出自己崇拜的人。大多数国家的青少年都把自己的父母排在首位或前几位，但是中国的青少年却把父母排在最后一位。父母是孩子的第一任老师，孩子从咿呀学语到认识世界、从蹒跚学步到闯荡世界，都是在父母的指引教育下逐步开始的。父母应在子女心目中树立一个良好的正面形象。孩子从小崇拜父母，也是理所当然。可如今快节奏的生活和较大的生活压力，使父母疏于和孩子沟通；同时观念不当和方法欠缺，也带来诸多家庭教育问题。这严重影响了家长在孩子心目中的形象。在教育过程中，一线教师也常常慨叹——孩子易教，家长难调。

宋庆龄曾说过："孩子们的性格和才能，归根结蒂是受到家庭、父母，特别是母亲的影响最深。孩子长大成人以后，社会成了锻炼他们的环境。学校对年轻人的发展也起着重要的作用。但是，在一个人身上留下不可磨灭的印记的却是家庭。"如何创新家校沟通方式，架设亲子沟通的桥梁，提高家庭教育质量，成为迫切的教育命题。班主任与学生、家长接触较多，做好这项工作，班主任责任重大。优秀班主任应该是在教育学生的同时引导家长与孩子一起成长；应该是善于与家长沟通，能将科学的教育理念传递给家长；应该是在解决具体的教育问题中教给家长有效的处理方法，并且能较好地发挥家长的教育力量。优秀班主任能壮大教育队伍，将教育成效尽可能扩大，所取得的教育效果也是比较明显的。魏书生、李镇西、窦桂梅等著名班主任的工作成效已是最好的说明。我们再来看看一线班主任的创新。

（一）给家长会变个脸

传统的家长会是班主任主讲，表扬批评、提出希望；主学科老师汇报成绩、强调要求。如果碰到严厉的老师，老师就像家长的家长，学习成绩不好或是淘气学生的家长更是感到尴尬、颜面无存，学生形容家长会后的日子是"又是一个风雪夜"。这样的家长会，家长的教育方法不能得到有效提高，家长会的效果是短期的。优秀班主任应该用创新的思维设计家长会，家长会能打动家长心灵、激发孩子上进心，能架设亲子沟通的桥梁，将家长、孩子、学校有机组合成一个教育联盟，有效地扩大教育效果。优秀班主任的家长会有几个特点：

1. 形式新颖。

传统的家长会是"老师台上讲，家长台下听"，新型家长会可能是家长沙龙，可能是亲子互动游戏，也可以是家校心灵对话等形式。

片段一：亲子活动。

齐心协力——（室外活动）亲子一起挑战。即一分钟亲子双人跳绳和一分钟亲子双人踢毽子。因为各个家庭认真进行了赛前训练，父亲们无论是跳还是踢都有模有样；有的孩子家庭离异，把不在一起生活的母亲、姑妈、在外校上学的表姐带来了；班主任也把自己的家人带去了，一起参与活动；还有一个单亲家庭的孩子，家长实在无法来，另外一位同学的妈妈主动和他合作；家长无论水平高低，都在一个劲地拼，这种壮观的场面、感人的举动，不但让师生、亲子乐开了怀，还让路人纷纷驻足观看。

信任之旅——（室外活动）亲子分别扮演天使与盲、聋人，一起克服困难。当孩子一天天长大，他们已习惯于父母无微不至的精心呵护。但是他们不曾想过，当父母年纪大了，走不动路、看不见的时候，他们是否也会向父母呵护自己那样去关心照顾年迈的父母呢？这项活动首先给孩子们的眼睛蒙上红领巾，由父母搀扶着迈过一级级台阶、穿越一条条小道、钻过一道道双杠，不允许语言交流，然后父母与孩子互换角色。父母搀扶孩子时，因为家长照顾细致，因为孩子对家长的信任，孩子尽管"看"不到，"听"不见，走起路来大步流星。当孩子们照顾家长时，不管前面的障碍是什么，不管家长此时的感受如何，简直就是拖着家长走，这项活动能让孩子们反思平时对家长的照顾有多少，让家长感受一下对孩子进行感恩教育的必要。

片段二：亲子心灵对话。

我的心声——孩子真实回答：家庭最美好的回忆是什么？我在家庭中所起的作用是什么？我对家庭最满意的是什么？最不满意的是什么？最大希望是什么？下面的问题亲子共答，孩子将答案写在纸上，家长口头回答，默契的家庭有奖：父母对我最满意的是什么？最不满意的是什么？最大希望是什么？最让我感动的是一个离异家庭的孩子与父亲生活在一起，因为他的回答精彩，让其挑选奖品时，他回过头去问母亲："妈妈，你喜欢什么？"让我们当场落泪，多懂事的孩子，我们有什么理由不爱他。后来在他的努力下，父母终于复婚，如今生活幸福，意料之外的收获。

无论是亲子活动，还是心灵对话，班主任为亲子间的沟通架起了桥梁。在生活中，稍大的学生愿和朋友、同学在一起娱乐，却不愿意和父母在一起活动，认为和父母之间有代沟。孩子有什么心里话不愿意跟父母说，自认为和父母话不投机。据调查，当今的父母舍得花钱给孩子请家教，却没有时间陪孩子。这种形式新颖的家长会将孩子、家长拉到了一起，打开了亲子交流的新局面，缩短了亲子间的心灵距离。

2. 体现平等与尊重。

家长、班主任都是影响孩子成长的重要他人，只不过扮演的角色不同而已，家长与教师是平等的关系。新型的家长会包含尊重、体现平等，可以是一句温馨的问候语，可以播放一段贴切的视频，可能是一次自由发言的机会，可能是平和的语气，可能是一句祝福的话语……

"欢迎各位家长的到来。这里是我们交流的平台，为了孩子请畅所欲言。""您的到来是孩子的骄傲，是老师的荣幸，谢谢您的理解与支持！""欢迎各位的到来，因为有您，严冬里多了一份温馨。"这些开场白足以让每一位到会的家长有一种贵宾的感觉，在尊重中愉快地参与教育交流。

在信息时代，上网就能找到不少 Flash，例如"相亲相爱""让爱住我家"等，这些内容将家长会熔为一个大家庭的会议，家长如同沐浴着春风，心甘情愿地承担起教育的责任。坚持"平等、尊重"的原则，家长会成为人人喜欢、个个愉快的家校交流，为形成家校教育合力奠定坚实的基础。

3. 充满教育智慧。

传统的家长会都是一些事务性的会议，老师讲、家长记，只提要求而缺乏教育方法的指导。事实上家长与孩子沟通少的原因是家长缺乏家庭教育方面的知识、单向说教、期望值过高、父母双方教育方法的差异等。优秀班主任会利用家长会传播教育艺术，将家校教育力量联合起来。例如，将给家长的建议编成朗朗上口的语言，简单易记效果好。"讲诚信、有恒心，当好榜样；勤沟通、多了解，做好朋友；少发火、多帮助，效果不错；少唠叨、多鼓励，孩子高兴；有要求、有目标，才有收获。"或是推荐一些优秀的家教书籍，如亲子共读的好杂志《知心姐姐》等，能较好地提升家长的教育水平。

传递"以人为本"的教育理念，让家长放远教育目光，避免为了眼前的分数而学习的教育短视行为。让家长与学校配合，重视孩子的学习兴趣培养、阅读习惯的养成、喜欢运动的爱好形成等。这种教育智慧能转变家庭教育观念，提升家庭教育水平，有效地促进孩子的健康发展，将孩子培养成国家栋梁之才发挥重要作用。

（二）特别家庭会议

我国以往农村家庭人口比较多，一遇到重大事情，家庭中的长辈就要召集所有成员召开家庭会议，互相沟通意见，集体作出决定。这种做法既减少了成员间的矛盾，又增强了家庭凝聚力。随着社会的发展进步，生活节奏加快，家庭成员之间沟通和交流的时间越来越少，无论是城市还是农村已很难有家庭会议了。媒体常有报道：孩子埋怨父母不理解自己，动不动以离家出走相威胁；父母委屈地说"如今的孩子怎么了？无法理解"。亲子交流的缺失也会给学校教育带来许多意想不到的问题，如何通过学校教育的引导，建立良好的亲子交流关系，从而形成学校教育、家庭教育的合力，班主任张老师的做法是：将中国传统家庭的沟通方式——家庭会议用到教育上，产生了特别的教育效果。

之所以称它为特别家庭会议，因为它是由老师策划的。会议由学生主持，会议提纲教师可以事先帮他们列出来，形式则是学生的创意，学生最后就此写一篇周记。教师通过周记研究了各家的会议，觉得会议开得成功，学生写得真实、有趣，家庭会议成为亲子沟通的新渠道。产生良好教育效果的原因有四个：第一，这是一道作业，家长能静下心来与孩子交流想法；第二，因为有老师事前的指导，家庭会议主题明确；第三，亲子双方能从积极方面认同对方，也能通过家庭会议友善地说出对方的不足；第四，亲子双方能较好地认识以前的错误并有计划地改正。

下面是孩子们就家庭会议所做的记录：

记录一①：

家庭会议背景：最近儿子和女儿的关系有点不太融洽，讨论如何解决两个宝宝间发生的矛盾。

东东：妹妹太霸道，什么都要依着她，就像女王一样，总是挑起矛盾，最后爸爸总是骂我，让我很不爽。

爸爸：为什么每次小朋友玩的时候你都要抢，不懂得谦让，不团结。

妈妈：你平时在学校和同学们相处的挺好，为什么跟妹妹玩不好呢？

东东：跟他们玩没意思。

妈妈：你知道什么是爱吗？爱就是他开心时你也开心，他痛苦时你也跟着痛苦，他生气时你也很气愤。

儿子要不然这样，我们做个打卡表，检视我们是否做到了爱家人，做的好就奖励，做的不好就惩罚。

记录二②：

儿子：我的周末家庭作业：在周末两天假期中没有出去玩的那一天，上午和下午各完成一半，绝对不能拖到晚上。

儿子：感谢爸爸去参加我的家长会，感谢妹妹每天和爸爸一起来车站接我回家。

女儿：感谢爸爸在我发脾气的时候拥抱我，理解我。感谢哥哥在爸爸没在家时教我做作业。

爸爸：我首先感谢儿子和女儿对我的陪伴，让我有了归属感和自我价值感。然后感谢儿子一直以来对爸爸的宽容和谅解。还要感谢儿子在学校学习的努力。感谢女儿对爸爸一直以来的安慰、宽容和谅解。也要感谢女儿在学习上的努力，还有在家务事上的付出和努力。

女儿：过去的一切就让它都过去，我们要珍惜现在的美好时光。

---

① 简书，网络 https://www.jianshu.com/p/ef2d77101dba。
② 身心飞扬，网络百家号。

记录三：

Wen：我爱看书，平时学习不需要你们老盯着，爱劳动……妈妈爱劳动，总是把家里收拾得整整洁洁，把我的衣服洗得干干净净；手工制品做得也不错。爸爸很勤劳……希望妈妈能耐心地回答我平时提出的问题。

妈妈：……你的学习态度要更端正一些，对自己的要求再高一些，书写要漂亮些。

Wen：希望妈妈以后对我多些耐心，不要我一犯错不是骂就是打。建议爸爸平时多看一些书，而且要坚持。

上述只言片语显示出，孩子可以在教师力量支撑下，与家长友好地、民主地展开对话，较好地建立民主、平等的亲子关系，有效地改变话不投机半句多的亲子沟通的尴尬局面。家庭会议成为一种既简单又行之有效的亲子沟通途径。

（三）家长调查表

还可以通过家长调查表的形式，启发、引导家长如何与孩子进行沟通和交流。

1. 您觉得孩子最大的优点是什么？
2. 您觉得这学期孩子最大的进步是什么？
3. 您觉得孩子对学习感兴趣吗？
4. 您每天和孩子的交流时间有多少？
5. 如果您给孩子请家教了，家教带来了什么样的效果？请家教有什么弊端？
6. 谈谈您教育孩子的经验与体会。
7. 您感到教育孩子最大的困惑是什么？（最好能举例说明）
8. 说出自己家庭有利于孩子成长的三个特点。
9. 您最想给老师说的一句话。

（四）让书信架起沟通桥梁

寒假将至，为了让学生能过一个快乐、充实、有意义的假期，班主任陈老师用书信交流的方式，试图阻击有些家长的题海战术，遏制某些家长对孩子放任自由的现象，教给孩子学会理解并关爱父母、督促自己学会自我管理。老师给家长写信，这种方式虽普通但却因稀少而珍贵，易引起家长和孩子们的重视，效果比常规的方法好。

尊敬的家长：

您好！新年快乐！

时间似流水，又是一个学期从孩子们的身边划过，感谢您对孩子的抚育与引导！正因为大家的努力，孩子们顺利完成了这学期的学业。这学期我最高兴的是不少学生已找到了学习的快乐。任何一个孩子都需要人发现自己的长处，任何一个人都需要别人的肯定。请您在生活中多肯定孩子，给他（她）一份自信；多教给他（她）做人做事的方法，给他（她）一份成长的本领；少拿孩子跟别人比，多鼓励孩子超越自己。下面的这两个小故事或许能带给您一点启迪。

南风效应

法国作家拉封丹曾写过一则寓言，讲的是北风和南风比威力的故事。也就是看谁用办法使行人把大衣脱掉。北风不假思索首先来了一阵冷风，凛凛刺骨。这样，行人为了抵御北风，便把大衣裹得严严实实，毫无脱意。而南风则不然，它徐徐吹动，使人暖意渐生。行人在不知不觉中先解开了纽扣，继而脱掉了大衣。南风获得了胜利。（南风好比是表扬，北风好比是批评。当然表扬要真诚才可贵，恰当的批评可以用，建议少用。）

佛心自现

宋代著名学者苏东坡和佛印和尚是好朋友，一天，苏东坡去拜访佛印，与佛印相对而坐，苏东坡对佛印开玩笑说："我看见你是一堆狗屎。"而佛印则微笑着说："我看你是一尊金佛。"苏东坡觉得自己占了便宜，很是得意。回家以后，苏东坡得意地向妹妹提起这件事，苏小妹说："哥哥你错了。佛家说'佛心自现'，你看别人是什么，就表示你看自己是什么。"（用积极的眼光看别人其实也就是对自己的肯定。）

为了让孩子过一个快乐的春节，多和孩子运动；和他（她）一起上街感受新年的景象；在条件允许的情况下，可以让他（她）用相机抓拍下家庭和街头的精彩。请不要给他（她）添加课外作业，配合、督促孩子用心做好学校的作业即可。如果时间无法打发，让孩子尽量多读一些有益的课外书。假日，可是一个休整的好时节。

祝全家身体健康、生活幸福、心想事成！①

如果你是一位学生家长，收到这样一封热情洋溢的班主任的亲笔信，心里的感受会是怎样的？当你看到班主任不仅关心孩子的学习成绩，还关心孩子身心健康成长，并且用这样一种建议、协商而不是命令、训斥家长的做法，提醒家长、孩子过一个快乐的春节，作为孩子的家长，你一定是幸福的，一定会为自己的孩子拥有这样一位充满爱心的班主任而自豪。作为班主任，如果能够经常站在家长的角度看问题，把班上每个孩子当成自己的孩子看待，这样的家校合作一定是有效的。

（五）如何面对学生上网问题

班主任王老师正在午间小憩，突然有学生报告：有不少男生在某网吧玩。也难怪，开学刚两周，张老师应学生的要求让他们自我管理。这不，他们管到网吧去了。没想到平时看似温文尔雅的孩子竟敢集体上网，14 个男生有 12 个进了网吧。生气只会将事情办糟。王老师反其道而行之，她不动声色地在网吧里逛了一圈就打道回府了。学生看到老师的身影呆了。刹那间，悄无声息地、一个不少的快速回到了校园。等班主任悠然回到班级的时候，他们已安静地在做作业，不敢抬头看一眼班主任。

---

① 摘自"春暖花开"博客文章。

班主任轻声说了一声"停"，给那12个男生每人一张便笺纸，请他们写上本学期去过几次网吧，分别是何时、与何人、玩了几小时、钱从何而来。学生不知老师葫芦里卖的是什么药，在老师的敦促下心惊胆战地写了一点，并写了自己的感受。班主任最后说了一句："从今以后，中午12点40分准时回班，请各自管好自己。"

放学了，有的同学担心地问："老班，你发一线通了吗？"如今教师已习惯于用一线通与家长联系。王老师却有自己的想法——我们面对的直接教育对象是学生，不是家长。我们不但要自己讲究教育的艺术，还应该让家长懂得家教艺术。一碰到问题不应是动不动告家长，也不是简单处理了事，而是抓住一切机会，培养孩子的自我管理能力，培养孩子向上的决心和信心。今天这事她根本不想通知家长，学生问了，她笑而不答。结果学生回家坦白地给家长汇报了此事，这样由孩子自己把事情告诉家长，同班主任直接告诉家长，其结果可能是完全不同的。家长心平气和地与孩子交流，孩子也乐于接受家长的意见。学生上网吧的事就这样静悄悄地过去了，一天、两天、一周、两周……孩子们已养成了12点40分准时回班午休与自习的习惯。对于此事，师生在周记中有下面的对话：

生A：老师，你太信任我们了。

师：你不喜欢信任吗？

生B：老师，你信任我们是一种冒险，不信任我们是一种损失。

师：是，不信任你们是一种损失，但信任你们不是冒险而是明智。

生C：老师，你给了我们信任，我们回报的是服气。

师：信任架起了我们成长的桥梁。

生D：我们不会再犯这种错误。

师：谁不犯错误呢？犯错误不要紧，只要能认识到错误，能及时改正就行。

……

老师没有采取常规的"堵"的处理方法，而是用合乎孩子心理发展的

"疏导"的方法，大胆地信任孩子，让孩子在错误中锻炼自我控制力，是教师的信任感染了孩子，培养了学生的自信心和对自己负责的认真态度。因此产生了良好的教育效果。网络是一把双刃剑，网络游戏对孩子的吸引力很大，令家长听了发抖，老师听了敏感。在今天这样一个信息化社会，让学生远离网络是不可能的，也是不正确的。网络并不只有负面作用，还有积极的教育功能。关键是指导学生如何正确面对网络，发挥网络积极的教育功能，使网络成为一种重要的学习资源。

〔实践与反思〕

关心孩子身心的全面健康成长，是家庭、学校乃至全社会的共同责任，也是班主任值得研究的话题。如何建立家庭与学校之间有效的合作、交流渠道，你有什么好的想法和做法？

如今家长因为工作等原因，将培养孩子的责任丢给学校，面对这样的情况，您有什么看法？作为班主任，您能做些什么？

第四章　班主任自我成长关键词

班主任作为班级的主任级教师，是学校里最不起眼、最不受重视的"官"，然而他工作的重要性和复杂性却不容忽视：班级不可一日无班主任；作为班主任，要与领导、学生、学生家长、其他教师打交道。班主任区别于一般学科教师之处，除了自身的教学能力之外，更重要的是要具有人际沟通和交往能力，组织协调能力和管理能力，我们不一定是专才，却一定是通才，因为我们面对的教育对象和工作内容是复杂的。我们不仅要面对许许多多的外部困难和压力，更要面对自我成长中的许多问题。为了保持教育生命的生机和活力，我们需要不断地学习，向书本学习，向名师学习，向学生学习，向同行学习，并通过不断地反思，提升自己的教育品质。

一、对话：精神世界的拓展

（一）与书籍对话，享受阅读的精彩

班主任成长的过程注定与阅读相伴，与思考同行。学习教育理论，阅读教育杂志是名师们提高自身修养的一条重要途径。他们通过学习，做到了精心巧授，锐意创新。如此才能让自己"博览群书，长智长能天地阔；饱览众卷，增才增识视野宽"。

窦桂梅从参加工作的第一天起就意识到，她不属于一份工作，而属于一番事业。从教以来她阅读了约300万字的专业书籍，写下了20万字的读书笔记、500多万字的文摘卡片、100多万字的教学笔记。她通过六年的函授学习，获得了中文专业本科学历，直至攻读教育管理硕士研究生。

朱永新在他的新教育实验中大力提倡营造"书香校园"，让师生在阅读中与名家对话、与高尚交流。

张万祥说：我奋斗的结果之一是我拥有了"三多"，一是工作笔记多。"今年4月间我利用电脑整理了其中很小一部分，这很小一部分的概要竟然达到5万多字，起名为'1995届班主任工作笔记概要'。"二是购买的书籍报刊多。"我爱买书订购报刊，特别是关于德育和班主任工作的，我几乎是见到一本买一本，为此我获得了'津门百家优秀藏书家庭'奖牌。"三是积累德育资料多，上万张卡片，几十本德育资料剪报，摞起来等同身高。

苏霍姆林斯基在《给教师的建议》中说："如果你的学生感到你的思想在不断丰富着，如果学生深信你今天所讲的不是对昨天的简单重复，那么，阅读就会成为你的学生的精神需要。"教师的阅读也会让学生产生读书的动力。

阅读材料

相由心生——谈养颜与养心
窦桂梅

气质之美如何修得？

养颜即养心。养心的一个重要途径就是不断学习。当我们在学习时，心境自然是纯净、清新、开放和健劲的——如同伸展了瓣儿尽力承受阳光雨露的莲花，如同尽兴地欢歌起舞奔向江海的河流。那时候，因为心无杂念，我们的目光一定是清澈明净的。

我曾打趣地说，读书是女人最好的美容妙方。再高级的化妆品和美容术——光洁的也许是我们的皮肤，抹平的也许是我们的皱纹。如果无读书涵养，心境不够平和，我们的神态就会像电影《画皮》中的"鬼"。

书卷气实在是一种由内而外徐徐散发的特殊魅力。今年五一长假，见到一个要好的同学，觉得她比以前迷人了。她说：这也许是因为比以前爱读书了吧。她还强调，欣赏音乐和美术作品也可以改变人的气质——天长日久之间，她原先过分夸张的"豪爽作派"渐渐消融在高雅的气韵中。

曾在《罗马假日》里惊艳于奥黛丽·赫本的年轻美丽；又在其子所著《天使在人间》，看到老年的她——端庄、纯善、迷人。这也许就和她多年来一直保持阅读的习惯，一直受高雅艺术熏陶，一直倾力于慈善事业有关吧。

养心即养性。由于自己性格直爽，有时候发表言说，为了强调自己的观点，经常带着否定别人的语气，一脸霸气，缺少平和，真是羞愧。虽然说的是真话，很舒展——结果呢，自己痛快了，别人被伤害了。因此，即便必须表明自己的态度，也当力求义正词婉，理直气和。不然，心境的不平必定破坏了神态的平和——建立在别人的压抑和屈辱之上的快乐，又怎么可能把自己的相貌导向美好？"美者自美吾不知其美；恶者自恶吾不知其恶。"《道德经》里的话岂无道理！

由于自己考虑问题简单，交往中往往实话实说，只求一吐为快。自己说过就忘，人家却常常耿耿于怀。为此，受到的"回报"也不少。年龄的增长和教训的增多，使我变得"敏感"和"复杂"起来——经常提心吊胆，生怕自己又说错了什么，被人抓住了把柄。经过反思和调节，我认识到：一方面要修正自己，说话办事注意方式方法；一方面不要把别人往狭隘处想。做事不能累坏的人，却容易被"小肚鸡肠"消磨得全无斗志和生气。

于是，我提醒自己——年龄走向成熟，心仍需要成长。千万不要嫉妒、诽谤、埋怨、挖苦别人。当你心境阴暗丑陋的时候，你的表情也绝对不可能是开朗明丽的。你想啊，经常的丑陋，就会定格在你原本端庄的容颜上。受助不能忘，施恩不图报；以律人之心律己，以恕己之心恕人。人的一生主要是过去和未来，现在很短暂，已经过去的事还想它做什么？多想未来，杜绝温习烦恼，不要为了现在和过去那些纠缠不清的话失去未来。逝者已矣，来者可追。

养心会辨别。千万不要和搬弄是非、嫉妒诽谤别人的人在一起，否则就会学像了小人。以前有过一些同学或同事，星期天或者电话里也经常聊一些"人是人非"，严重的时候自己也会充当"小人"。这不但耽误了自己的时间，给家人的影响也是"婆婆妈妈"。"近朱者赤，近墨者黑"，"静坐常思己过，闲谈不论人非"，不仅仅是会讲，更要落在言行上。

上下左右关系杂，一天到晚事务重——对于我这样的人而言，最怕烦躁而导致的浮躁——能在生活中保持一份警醒尤为重要。

现在，因为钻研业务和勤于读书，和人的联系少了很多，这样一来反而耳根清净。无聊生是非，开始的时候大家可能不接受，时间长了也就好了——我心里十分安然，因为这是我对自己生命的珍惜，是对别人时间的宝爱，也是一种深层意义上的敬业。

现在，我的几位知心朋友都是爱读书的人。我们经常在生活中、网络里，在书信中、电话里交流读书、工作的体会。交流完毕，每每心情舒畅，仿佛从空气清新的田野刚刚休整归来。百忧劳心的日子里，能有这样的快乐时光，实在以为是一种幸运。物以类聚，人以群分。朋友，往往就是彼此性格大厦的影子。交友，能不慎乎？

黄克剑说：人生的终极意义有两个取向，一是身心的幸福，一是境界的高尚。幸福是关联着人的肉体感官欲望的满足和与之相伴的心灵感受。它的实现离不开人与外部世界的对象性关系。境界的高尚就是人的人格，它决定着人的气象。

写到这儿，蓦地觉得内心升起一股平和安详之气——好像"看见"自己的面容也变得沉静端庄了。噢，写作——在文字里疏理、反思自己，也是养心修性的一种方式啊。

我爱生活我爱美，我爱读书我爱写。我愿用我认为正确的途径追求这样的人生和相貌——真切触摸每一天，无论遇到怎样的误解和不公，友善向亲人和同事粲然微笑，时时不忘学习，心中保持高贵。相信，即使白发苍苍，然却一脸菊花。

"相由心生"——仿佛与此对应，西谚亦云："一个人要对他的相貌负责。""苗而不秀者有矣夫，秀而不实者有矣夫。"——有的天生就有资禀可以发芽长成一棵树；仍有许多须靠后天人力，浇灌培育。这就好比人的模样——天生丽质固然令人美慕，但真正可以长久吸引人的气质之美，主要还是来自后天的修炼和养成。

附：推荐给班主任的阅读书目

1. 苏霍姆林斯基:《给教师的一百条建议》,天津人民出版社,1981。

2. 魏书生:《班主任工作漫谈》,漓江出版社,2005。

3. 朱永新:《我的教育理想》,南京师范大学出版社,2000。

4. 周弘:《赏识你的孩子》,广东科技出版社,2005。

5. 肖川:《教育的理想与信念》,岳麓书社,2002。

6. 窦桂梅:《为生命奠基》,山西教育出版社,2005。

7. 齐学红:《学校德育与班主任专业成长》,华东师范大学出版社,2018。

8. 马克斯·范梅南:《教学机智——教育智慧的意蕴》,教育科学出版社,2001。

9. 杜拉克等:《知识管理》,中国人民大学出版社,2005。

10. 彼得·圣吉:《第五项修炼》,上海三联书店,1998。

11. 帕克·帕尔默:《教学勇气:漫步教师心灵》(20周年纪念版),华东师范大学出版社,2020。

12. 沙法丽·萨巴瑞:《家庭的觉醒》,上海社会科学院出版社,2020。

13. 黑岩祐治:《全世界都想上的课——传奇教师桥本武的奇迹教室》,教育科学出版社,2016。

〔实践与反思〕

在你的学习和工作中,阅读过哪些教育类书籍,其中对你影响或帮助最大的是哪一本书?请为自己制订一份读书计划,并坚持下去。

（二）与孩子对话,师生共写随笔

许多老师有让学生记日记或周记的习惯,每次批阅日记,教师也能从中发现一些学生的思想动态,并与之对话,如果学生反过来问:"老师,你让我们写日记和周记,那你写吗?"很多老师是哑然的。我们已习惯于布置学生完成各种任务,对学生提出各种要求,而我们自己却不以为然,而与学生一同撰写随笔会给我们的教育带来本质上的变化。它使师生的交流沟通不再有时间、空间的束缚，它让孩子与家长可以更多地了解班主任的教育思想、班级的工作状态，通过学生随笔，你可以更加了解学生丰富多彩的内心世界，及时发现孩子成长中出现的盲点。通过师生共写随笔，师生情感得到了极大的升华，教师也能够得到更多的自我发展与自我展示的空间。

朱永新倡导的新教育实验被誉为我国目前仅次于新课程改革的实验研究。"师生共写随笔"便是新教育实验的"六大行动"之一。

孩子是一本需要我们用一生去品读的书卷，我们常常觉得孩子不懂事、不听话，不能理解老师，而你是否给了他们表达的机会呢？是否给了他们表现的舞台呢？是否架起了学生与你沟通的桥梁？是否愿意聆听他们的述说呢？

成长的每一天是平凡的，成长是无数个这样的平凡日子编织成的，让孩子坚持把自己走过的足迹保留下来，让我们用一生去读懂他们……每一个孩子都是一本书，我们能够耐心地读懂他们吗？

写给最爱的孩子——爱花的小雨萱

雨萱是个爱花的小姑娘，上初一。她最崇拜的人是法布尔，最喜欢的书是法布尔的《昆虫记》，每次到图书馆借书，她肯定是借生物类的书籍；小学时因为养花入迷没少被父母数落。升入中学后，她的爱好却得到了那么多老师的支持和关注。班上有她精心布置的生物角、书橱里一个个精致的小瓶子里展示着她搜集到的各种种子、墙面上张贴着她和同学们一起拍摄的植物花卉照片与介绍，在她的影响下，同学们养花、养鱼、养蚕，还有蝌蚪！连学校的校园里都有三班的生物角！

春天来临的时候，几个小姑娘在这里埋下了她们的希望，从此，校园里又多了一批小园丁。夏天到来的时候，新的生命在这里绽放。夏天，可爱的葫芦挂满了试验田的枝头。真看不出来，这个貌不惊人的小姑娘还真有股钻劲呢！

因为爱花，更因为她的爱心，学校竟有那么多老师在默默关注着这个小姑娘，有那么多的故事在教师的笔下流淌，在下面几则师生为雨萱写的随笔中，你能否感受到其中一份浓浓的师生情感与和谐的校园氛围呢？

我们容易以为，只有那些大的、一生的梦想才是梦想，而忽略了我们在日出日落间取得的小小的成就。

快乐就藏在你做的每一件事的态度中，事实上是你创造了自己的快乐！

用心，可以将平凡的经历转化为不平凡的体验。

一个爱花的孩子，可以让我们学习到很多东西……

让我们一起静静聆听花开的声音，一同欣赏那一朵朵平凡而美丽的小花。

1. 语文教师的随笔——爱花的小雨萱。

"王雨萱，你手里捧着什么？"我加快了脚步，追上走在我前面的一（3）班的一位小女生，她手上捧着一个花盆，枯干的枝子上没有一片叶子。"是石榴花。"她回答道。"哦，你们班要办生物角，要求每人带一盆花，是吗？"我询问她。"不，我每天从家里带一盆花，放在班上。"小姑娘平淡地说。我惊讶："那干脆叫王雨萱生物角吧。"她呵呵地笑了，很是可爱。

今天早读课前我早早地来到教室，看见水仙花正开得茂盛，海棠已吐出米粒大的小芽，王雨萱热情地给我介绍她的花儿，像是在介绍她的伙伴，甜甜地微笑着。

（沈鸣）

2. 校长随笔——柳暗花明又一春！

冬去春来，万物复苏，走进教室，却发现似乎少了些什么。

原先点缀着教室的那些精致可人的小盆景要么不见了踪影，要么枝叶干瘪垂败地耷拉着，花盆里的泥土早已不知开了多少裂纹，几乎快成了粉饼，几盆顽强走过冬天的植物被随意堆放在教室的角落，似乎已被孩子们遗弃，成为教室里不和谐的饰物。

养花是为什么？为点缀教室？为完成任务？为观察日记？

如果你是个细心的老师，你能否去调查一下，坚持到现在还能精心呵护自己花儿的学生有几个呢？养花不仅仅是一个任务，更是一个生命成长的过程，孩子在养花的过程中也在养心——善心、恒心、细心、耐心。

早上在巡课时，从小班的教室一间间走过，看到窗台上零散的几盆小花、枯草，心里不禁有些失望，但在路过四楼最后一个教室初一（3）班时，忽然眼前一亮——真是柳暗花明又一春！教室一角的生物角让我们感到春天的气息，几尾金鱼在鱼缸中自由摇曳，教室里顿时显得生机勃勃。只听说坚持养花的孩子叫雨萱。

养花对于孩子来说不是难事，但是长期坚持下去，精心呵护这些生命却很不容易，把平凡的事做好就是不平凡，把简单的事做好就是不简单，希望我们的老师能从养花这件事中让学生明白这个并不深奥的道理。

（吴虹）

3. 班主任随笔——班级生物角的幕后故事。

王雨萱，当然是这个故事的主角，"雨中的萱草"，是她对自己名字的诠释，我有时想，是不是这个"萱"字给她带来了养植物的热情。理想是成为法布尔的她，从家中抱来了一盆又一盆的植物，直到放满两张桌子。说起植物，她又是如数家珍，娓娓道来。

几条在水草间自由游弋的金鱼是何艺带来的。打开我们班的橱柜，你还能发现一排晶莹剔透的小玻璃瓶，那是毛蕾带来的。雨萱带来各种各样的花卉种子，女生们利用课余时间自发地把玻璃瓶洗干净，晾在朝阳的窗台上，阳光照上去，闪闪发光，像孩子们透明的心。晒干后，又小心翼翼地把种子放入瓶中。徐宁带来了标签，陈紫薇和王雨萱写上种子的名称，最后一起纳入柜子中去。班会课上，王雨萱说，要班上的学生一起献上一份力量，希望我能安排专人负责浇水、换水等。你见过紫茉莉吗？你见过紫茉莉的种子吗？来初一（3）班吧！你不仅可以闻到沁人的花香，还可以感受到春天的气息！

（徐艳华）

4. 班级同学的随笔——办生物角之趣。

为班级办生物角这件事，早在上学期就开始策划了，这学期的第一个星期，我们终于"开工"了。

我和王雨萱向陈老师汇报了"施工方案"后，在陈老师和班主任徐老师的指导下，星期六下午进行了两个多小时的"施工"，终于将"种子花园区"施工完毕。

我俩因怕耽误"工程"，所以自备了干粮——饼干。同学们都走光了，只剩下我和王雨萱，此时，只感觉整个"施工场地"——教室，都是属于我们的。

首先，我们把鱼和花都放在了阳光最充足的地方。桌子上放的38个药瓶子，让我们俩看上去像两位药剂师，王雨萱负责选种子，我则负责放和贴标签，肚子闹"空城计"的时候，就随手拿一块饼干充饥。

办这次生物角真是太有趣了，不仅如此，我还学到了很多。比如：认识了鸡冠花、太阳花、大青豆的种子是什么样子。除此之外，我还知道了该如何剪枝、松土、施肥、喂鱼等。

（陈紫薇）

5.主角自己的故事——不要扔掉我的种子。

"哗，哗"外面下着大雨，我打着伞慢慢地向学校走去，"请你家长下午到学校来！"老师的话语回荡在耳边，那是在小学里因为我的一次语文默写默得不好而发生的事。

妈妈下午到学校看了本子后说："她最近心思没放在学习上，整天忙着养花。"老师听了更生气："她的学习成绩退步太大！"这是我在老师和妈妈的谈话中听到的。不知什么时候，我迷上了养花和收集种子，对此妈妈很反对，每次考试，如果考得好，妈妈不会说什么；要是考得不好，妈妈能唠叨一个晚上，全都跟我养花有关。这次竟然去向老师"告状"。

回家的路上，妈妈一句话没说，我暗暗地想：这下完了，回家后不是挨一顿骂，就是被打一顿。这些我都不在乎，但是妈妈那次竟然气愤地拿起我的植物种子向窗外扔去，只听"哗"的一声，种子像"天女散花"似地撒落了一地。我赶紧跑下楼，可是已经迟了，种子有的落到别人的窗台上，有的落到楼下的屋檐上，就连几颗落到地上的种子也被雨水打湿，被行人压扁了。

我眼睁睁地看着它们从楼上"飞"到楼下，却没有办法救它们，真的很伤心，也很后悔。这些种子都是在秋天的时候，我从树上一颗一颗摘下来的，还是精心挑选的……

后来，我一直不跟妈妈说话，无论她讲什么，我也不去理睬，妈妈好像知道自己错了，便答应带我去买种子。可是，我摘的种子不是用钱能买来的，那里蕴藏着我的心血和对它们的喜爱。

虽然没有得到一个圆满的解决，但是时间冲淡了一切，我已经原谅了妈妈，因为我现在已收集到更多更好的种子。

我庆幸，走进中学的新集体后，我拥有了一块属于我们自己的生物角！我可以继续养我的植物，继续我的生物家的梦想！

（王雨萱）

6. 和夏天有个约会。

悄悄地，春天又来到了我们身边，校园里到处洋溢着春的气息，好像在不经意间，小草们都已经争先恐后地冒出了他们调皮的小脑袋，在我们初一（3）班教室里，陪着我们一起迎来新学期的腊梅和白掌，也是芬芳依然。我的学生们依旧每天热心地记着他们的日记，热情地谈论着他们的宝贝。

然而，除了照料这些心爱的动植物，最近孩子们好像又有了新的动向，那就是要去种田！

王雨萱和几个学生每天都和我预约时间，认真地告诉我，要和生物老师去校园里选田。我问她们准备种什么，她们嘻嘻笑着，有点儿羞涩地告诉我："我们准备种冬瓜、南瓜、西瓜还有香瓜！"呵呵，口气还真不小。我说："那么在今年夏天，老师就可以品尝到你们种的各种瓜了？"她们微笑着点头，眼睛亮亮的，神情里还带着些许骄傲。

我不知道那块田究竟有多大，也不知道等到的是成功还是失败，但我知道在孩子们的心中已经有了一块绿油油的瓜地，播上了希望的种子，植上了理想的幼苗！

和夏天相约，相信在那个火热的季节里，定会有收获！

（徐艳华）

7. 播种希望。

又是那个爱花的小姑娘，她在学校博客上俨然成了一个小生物家，班主任介绍过她，校长给她的花拍了照，生物老师更是赞不绝口。今天，我算是感受到她对花的了如指掌了。

中午，学校的一块苗圃，几个小丫头，一个过路人。

"你们在做什么？"我好奇于几个丫头听到广播不回教室，反倒围在苗圃边。她抬起头，冲我笑笑，并没有回答，又低下头去。只见她用一把小镊子小心翼翼地从杯中镊起一颗黑色的小种子，准备放进土里。又拿了一根筷子，对周围的同学说："把筷子插在土里，就会有个小洞，把牵牛花的种子放进去……"

我并没有听完她们的交谈，没有看完种子被埋下的过程，但我知道她们为我们美丽的校园埋下希望。以后经过那个转角处的苗圃时，我会留心牵牛花的成长绽放，那将是她和伙伴们的成长绽放。

她，埋下希望的王雨萱。

（包新颜）

8. 谁说"鱼和熊掌不可兼得"？

放假的第一天下午，我正在带儿子玩耍，忽然来了个电话，拿起电话，传来怯生生的声音：

"老师，我考了多少分？"是我的学生，王雨萱。

提起初一（3）班的王雨萱，我们学校的老师和同学们很少有人不知道，是啊，就是那个爱花、爱草、爱鱼、爱蚕的王雨萱，把我们教室的生物角办得有声有色的小姑娘，在校园里有她自己的一块地的学生。她打电话来问考试分数。

回想起前段时间，曾接到过家长的求助电话，说孩子整天沉迷于她的动植物世界中，没有像以前一样认真看书温习功课了。偶尔的小测验成绩也不理想。想想那时的我，真是很矛盾。一方面是孩子对动植物的热情，另一方面是孩子的学习成绩。而我就像一个贪婪的人，既想维护她的兴趣和爱好，又不想让她的成绩受影响。

和她谈了好几次心，不敢武断地说生物角对学习的影响，只是说要处理好学习和生物角的关系，我说："让学习成绩来证明王雨萱不仅会养花，而且还很会学习呢！"她点点头，很懂事的样子。

期中考试成绩出来了，英语考了96分。告诉她成绩的时候，感觉电话那头，她轻轻地舒了口气，应该是轻松愉快的吧！

谁说鱼和熊掌不可兼得？

（徐艳华）

回复：

一走进初一（3）班的教室，给我的第一感觉就是朝气蓬勃，不只是学生们充满朝气的脸庞，还有教室后面的生物角，有几十种植物，绿色的，充满希望，还养了几尾红色的金鱼，活灵活现。看到这些，我仿佛看到孩子们一颗颗火热跳动的心，让我倍受鼓舞。

回复：

那些飘落的种子是孩子心中美好的希望，它能开出美丽的花朵，结出香甜的果子。尽管善良的孩子不去责怪那破坏她梦的"大人们"，但我们这些"大人们"就真的没有愧疚感吗？或许我们已经或者正在抹杀一个又一个生物学家、美术家、音乐家……我想我们这个集体里的孩子获得的不仅仅是知识。

写给最爱的孩子——永远的三（6）班

还有一个多月，我就要和我作为班主任带的第一届学生说再见了。

细想一下，这届学生进入初中阶段，也是我大学毕业参加工作的开始，这三年来我们共同成长。三年里，也发生了许多让我们各自难忘的事情。

很遗憾，没有从初一就带你们，见证你们的成长；很幸运，能陪着你们走过初中最关键的初三阶段，看到你们的成熟。

一年时间很短，在人生百年中转瞬即逝；但一年的时间也很长，足够在你们的心里留下磨不去的记忆。

军训的故事就像昨天刚刚发生，让我第一次认识了你们。

军训的经历是每个人成长的催化剂，在这一年中再遇到任何困难，想想军训中那么苦都坚持下来了，还有什么战胜不了的呢？

在分别的最后，老师想送给每人一个特殊的礼物，在我的博客中专门为我们三（6）班开了专栏，为每位同学写一篇文章，记下我印象中你们成长的点点滴滴，并为你们的中考打气，希望我们一起以最积极的态度、最佳的状态进入中考考场，为自己的初中三年画上圆满的句号。

希望你们在一年、五年、十年、二十年后都能看到自己初中时候的成长点滴，都能回忆起这段无悔青春。

（史菁）

史菁老师写给三（6）班的系列随笔：

【2006-5-12】送孩子一份能值得回忆的礼物

【2006-5-14】第一章　六班中的小小男子汉——郭伟

【2006-5-16】第二章　六班中散发着独特魅力的男孩——姜振亚

【2006-5-17】第三章　六班之外柔内刚的——石泰山

【2006-5-18】第四章　六班中开朗活泼、直言快语的班长——李清

【2006-5-19】第五章　六班中美丽可爱的小精灵——徐梦莹

【2006-5-20】第六章　六班之三年来进步最大的学生——张博伟

【2006-5-23】第七章　六班中秀外慧中、动静相宜的汪胥桦

【2006-5-23】第八章　六班中多才多艺的小画家——王博文

【2006-5-24】第九章　六班中可爱的"阿福娃娃"——李倩

【2006-5-26】第十章　六班之大智若愚的——童林

【2006-5-29】我们影响着学生——《情到深处》读后随感

【2006-5-31】第十一章　六班中朴实无华、简单快乐的——罗平

……

史老师本人也是初三毕业班的任课教师，在繁忙的教学工作之余，在中考前夕，每天晚上都写到深夜。他用这种特殊的方式陪伴着学生走过初三毕业前夕这段不寻常的日子，给他们信心、给他们激励……

他用笔记录下对每一个孩子的爱与祝福，他用心记录下自己成长的每一个足迹。

写给最爱的孩子——可爱的麦兜

编者按：夏老师的博客专门写给5班的孩子。因为这个班的基础较差，乐观的孩子们索性把自己的班级命名为"麦兜之班"（麦兜是一个小猪的卡通形象），而夏老师因为年轻则被学生们称作"小班"。

带这样学习基础薄弱的班级不容易，更何况夏老师是个初二才接手的班主任。一年来，她不断在博客上留言，记录心情，与学生交流，从她文字的色彩中你就能看出她当天的心情。

蓝色心情——可爱的孩子

孩子们，要让所有的老师喜欢我们，还是从改变自己做起。虽然只带了你们两个月，我真的开始从内心喜欢你们，喜欢你们每一个人的调皮与率真。当收到这样的短信"小班，我是璐璐，请听我解释……"，我有什么理由不相信你们下一次会改好呢？当收到这样的短信"小班：天气干燥，多喝水，少生气……"，我有什么理由不相信我的付出已经得到了回报呢？你们多懂事啊，只是所有的老师应该再多给你们一点时间，看你们慢慢地转变。

我始终坚信：我们初二（5）班的孩子是最可爱的。孩子们，你们要从低起点上快快地站起来、追上来！

灰色心情——无形的墙

今天我的心情也有点灰，因为听到了一些话，很伤害我的话，我甚至想把包老师的那篇《你是否被孩子中伤过》转载一下，大家一定知道我为什么心情有点灰了。

我看一些孩子的眼神不再单纯，我知道自己应该有一颗包容的心，但这种被中伤的感觉实在令我很不好受。

自卑的心理让这些孩子太过于保护自己，我只能这样劝慰自己；自卑的心理让这些孩子常常行为过激，我只能这样劝慰自己。

红色心情——假如

也许是到了岁末年初，心中便不由得生出许多愿望来：

"假如这个冬天能温暖些"，是我最现实的愿望，因为我最不喜欢冬天！

"假如5班的课堂能安静些"，是我最奢求的愿望，因为我知道相伴了十几年的习惯是不容易一下子摒弃的！

"假如5班的孩子能突然之间成熟了（我指心理）"，这是我最大的愿望，因为我想彼此沟通会容易些！（其实这是废话，如果这样了那还要我做这个艰难的班主任吗？）

"假如每天能给我些安静的时间备备课"，是我在昨天参加完学习之后刚有的一个愿望，因为我好像每天都有处理不完的班级事务和怎么教也教不会的学生，以至于精力被磨光了，而不能完美地备一节课，给领导一个交代，给自己一个安慰！

"假如我还能有点魔力的话，我要把我的学生都点石成金"，这应该是我永远都不能实现的愿望吧，因为我实在也有些偷懒的想法！

"假如我还可以有愿望的话，我希望常在路边看见的那个卖花的孕妇在消失的这几天里，已经平安地做了妈妈，并且以后的生活能好点。"

"假如……"假如还可以假如的话……

绿色心情——"为什么——不？！"

昨天是三八妇女节，我提前布置班委要给女教师每人准备一支康乃馨，有孩子喊到："小班，你就不要了！"

"要，我为什么不要？"我立即反驳道。脑中想起许多一次次生气的记忆。

没有人不喜欢花，我也一样。我开始给他们说明我要花的原因："没有哪个老师像我这样要天天面对你们，受你们的气。所以，我一定要，但受的气多，我也不多要，一朵足矣！你们应该在这个特殊的日子，向所有的老师表达：虽然在成绩上你们不能给老师以欣慰，但你们要在行动上给老师以安慰，要显得懂事！"

麦兜立即说道："小班，我送你一大束，其他老师的花，我也包了！"（最后，那些花都是麦兜从开花店的伯伯那儿无偿索要来的，也真的给了我一打康乃馨，我有些歉疚，因为本是想让他们受一次教育的，却让无辜的麦兜伯伯买了单，真是不好意思。我许诺以后要带班上的孩子无偿为麦兜伯伯服务，希望麦兜传达到。）

现在的孩子大都在一种被给予的环境中成长起来，不知道感恩，而我们现在太多的父母，也习惯了超能力的付出。当你们在埋怨孩子不懂事的时候，你们给孩子懂事的机会了吗？让他们尝试着替你们分担了吗？

所以，趁着节日的机会，我想让孩子们知道，老师关心着你们的同时也向往着你们的关心，老师付出爱的同时也期待着你们用心的回报！

让所有的父母和我一样吧，在给予的同时也向他们索要，哈哈！"为什么——不？！"

老师的心情日记，让学生感到新鲜，原来老师也是平常人，也有自己的喜怒哀乐，走下神坛的老师与学生之间更容易亲近，学生们喜欢"小班"，也渐渐喜欢5班，愿意听"小班"的话，接受"小班"的各种建议。留言板上学生的回复很多——

　　小班，我从来没有像这样去喜爱一个老师，也不知道为什么会这样，我有过这样的想法：如果您能让我做您的干女儿多好，如果我能天天和您在一起多好，也许这些都是不可能的吧！

　　小班，我们不会让你伤心的。我们会让你骄傲的！

　　老师，我也想自己学习好一点啊！可不知道怎么的，有时候自己控制不住自己，上课也听不进去。哎！我也不知道我现在应该怎么去学习，不知道以后能不能赶上去了，我自己真的很烦恼啊！

　　我知道老师绝对辛苦！我知道啊！但是小班有时候对我们真的很好！但有时也是让我们恨之入骨……

　　与学生对话，记录孩子的成长是件很快乐的事情，虽然有时孩子的举动会令你伤心失落，但每一颗童心都是透明的，只要你沉浸其中，都能被童心滋润。

〔实践与反思〕

　　与学生对话的渠道与方式很多，常见的是谈心与书面交流（日记或周记），你认为学生是否愿意与老师谈心里话？怎样的教师才能赢得学生的信任呢？与学生交流中需要注意哪些方面呢？

（三）与同行对话，构建网上交流平台

教育博客，让我每天上网成了习惯

　　以前经常上网，没有固定的落脚点，随便在各大 BBS 浏览，看看最新时尚。现在天天上网，白下教育博客，已经成了必留且长留之地。

　　横看 24 中老师的新作和评论，纵览整个白下中学教师的所思、所想。

　　教育博客，让我知道了我们 24 中很多老师原来那么有思想、有文采；

　　教育博客，让我知道了我们白下区有那么多优秀的老师，尤其是语文老师；

教育博客，让我知道了我无法把握的教学内容，其他老师却能游刃有余；教育博客，让我知道了原来还有 24 中以外的老师，也在关注我的那块地盘。白下教育博客，真是个好地方。

愿更多的老师加入进来，相互交流，资源共享，提高我们整个白下教育的质量！

（王丽君）

人生活在团队中，需要交流、需要发泄、需要被尊重、需要被欣赏。调查发现，教师在校内除工作关系外，经常与他人交往的只有 16.99%，在校外经常和他人交往的只有 11.49%。

学校工作的琐碎与繁忙使得教师之间、师生之间、上下之间缺少沟通、缺少交流、缺少赏识，每周有限的几次会议与学科活动往往以事务性工作为主，教师处在被动接受、聆听的位置，久而久之，教师变得沉默、机械。教育博客的出现为团队中的每一名成员平等交流、相互促进提供了有利的条件。

教师和学校的博客往往会成群地出现和发展，主要是由于博客的本质是人与人交流，从而构建一个网上社区。学校教育博客的网上社区是真实的，这是与其他网上虚拟社区的最大差别。网络上我们既然能与那么多陌生人相互沟通，成为朋友，为什么不把这样的氛围引进学校呢？从一开始建立博客就全部采用实名制，为提升教育博客的内涵、创建学习型教师团队奠定了基础。

今年的"六一"儿童节，一份意外的礼物送到我的面前，让我倍感惊喜。一位未曾谋面的朋友小玉老师给我送来了一本精美的书——《善待自己》，扉页上题写着这样一句话："为了一个承诺，为了一份相知，为了共同的追求，在这个特殊的日子里，愿我们在教育道路上永葆童心！"

说起这本书，还有一段来历呢！小玉是一位第一次当班主任的年轻小学教师，我并不认识她。因为我同事的孩子在她班上，听的次数多了，也渐渐注意起她在网上的教育叙事。从她的教育叙事中我看到孩子一张张可爱的笑脸，听到孩子一段段精彩的童稚趣语，分享她一次次与孩子之间快乐的活动，我被她深深地感染了，于是以游客的身份留了一段话——"走进小玉的世界"：

自博客建立后，自己写了很多关于学生的故事，但一直总在心里幻想着、期待着儿子的老师也能给孩子一个这样的世界。

我忽然在"小玉的世界"里，找到了这种感觉，虽然您不是我孩子的老师，但在"给老师的一封信"里我被孩子的真情打动，我想您一定是孩子最喜欢的老师。

一直在关注"小玉的世界"，觉得这里很纯净。看到您笔下一个个生动的故事，觉得做您的学生真是一种快乐，而这种快乐已经通过孩子的妈妈弥散到我们的学校，感谢博客！

作为教师，我喜欢博客，因为她记载着自己走过的足迹。作为家长，我希望更多的老师为孩子搭建一片"小玉的世界"，让我们这些平时无暇顾及孩子的妈妈们能听到孩子成长的故事，看到孩子成长的精彩瞬间，记录孩子成长的足迹……

希望"小玉的世界"更加精彩。

第二天，"小玉的世界"就多了一篇随笔《博客——献给孩子的礼物》。

这是我写博客以来收到的最长的回复。看到的那一瞬间我十分感动，一种幸福感顿时涌上心头。感动于大家对我的关注，感动于大家对我所做的一点点微不足道的事情的肯定。我知道这将成为一股力量，鼓励我继续坚持下去。

曾经否认过自己在教育工作上的"不求回报"，我知道我绝对是求回报的，我希望用自己的努力换来学生对我的喜爱，换来家长对我的肯定，还希望得到自己在记录成长过程中的每一分收获，每一分感动。说真的，我觉得做一名老师是幸福的，尤其是低年级孩子的老师，你面对的是一个又一个丰富多彩的纯真世界，我想，我从他们身上学习到、感悟到的东西要远比他们从我身上学习到的要多得多，是他们在净化我的心灵，陶冶我的情操。（只不过孩子对我的"教育"是无意识的，而我对他们的教育则是一种责任，是有

目的性的）

所以我想把这笔财富在博客的土壤里种下种子，让他们生根、发芽，甚至开花、结果。等孩子们大了，懂事了，让他们来阅读他们成长的故事，希望他们也会热爱生活，热爱身边的每一个人。作为我将来送给孩子们的一份礼物，一份祝愿，以表示我对他们伴随我成长的感谢吧！

幸运大放送了……

从五一放假开始到刚才，已经有一阵子没有看自己的博客了，再次点开页面，看到评论居然有99条了（数学老师对数字比较敏感），很感谢各位好朋友们的光临和支持，我想，我会督促自己再勤快些，别懒惰了，也别辜负了大家。

突然又萌生一个想法，谁若成为第100个留下评论的朋友，想对他（她）做一些特别的表示：如果是我的学生，我想送他一本书；如果是我认识的同事或朋友，我想请他吃顿饭；如果是陌生的朋友，如果愿意留下地址，我也愿意寄去一份小礼物。当然，也可以由你提一些要求，只要不太过分，我一定会做到的。

不知会是谁呢？敬请期待。

走进小玉的世界

忽然看到你的博客，无意间成为你的第100个留言者，也许我们之间真的有某种缘分，因为这100条留言中也曾经有我的留言，也有我的承诺。

在小学教师博客中我最喜欢看您的博客，虽然不认识您，但是在博客上我们却靠得那么近。在您的博客中我分享到您对孩子的爱心，经常因您与孩子之间的趣闻而会心一笑；在您的博客中我体验到您的童心，和孩子在一起让我们的世界变得那么纯洁；在您的博客中我欣赏您的一份静心，静心的阅读、静心研究自己的教学……

第一次走进您的博客就被"小玉的世界，纯天然，无杂质"吸引。于是您和孩子的故事让我这个局外人也深受感染与触动：为您给孩子道歉而感动，为您到海南赛课而欣喜，为您给孩子写的每篇美文而喝彩……

每个孩子都是一本好书，值得我们去细细研读，每个教师更是一个金矿，等着我们去挖掘。感谢教育博客，让我们之间架起了交流的桥梁，让我与更多的人认识了你！

也愿更多的教师能用教育博客记录自己和孩子的成长，积累自己的教育智慧。

（吴虹）

作为第100个评论回复者，我意外得到了一份惊喜。

一个回复、一段留言，也许是微不足道的，但是在一个青年教师的成长中，这种获得肯定的感受或许比领导的嘉奖更可贵，因为它是来自心底真心的祝愿，虽然我们并不相识，但是网络、教育叙事平台却把一个个教育的有心人拉得更近了，在这里，同伴之间的相互鼓励、经验的相互分享，是促进年轻班主任向专业化方向发展的强大动力。

交流不仅存在于班主任与学生之间，还存在于班主任与其他教师之间，存在于班主任与学校领导之间，存在于教师与外界之间，利用博客平台交流正改变着传统的交流方式，让心灵的沟通更加便捷，让思维的火花更加灿烂。通过教育博客，教师交流的空间无限扩大：与兄弟学校同行沟通、请教教育研究的专家名师，展示自我工作的魅力，得到同伴的相互支持，这一切都是以往班主任在学校埋头苦干学不到的东西。

黎加厚认为，教育叙事是教师在自己的生活中进行教育教学研究，关注发生在自己教育生活中的事情，寻找其中有意义的细节，然后去反思自己的教育教学，从而改进和重建自己的教育生活。[①] 可以说，这更加符合广大教师的实际，给教师提供了一种新的教研视角。只要热爱教育，善于观察，长期坚持体验和反思自己的教育生活，教师不仅能写出很好的教育叙事研究文章，而且会带来教师主体意识的觉醒，这种可贵的觉醒决不是几次培训或专家报告能够获得的，它是教师对自己主体性的重新认识，是一种新的生活方式和思维习惯的养成，是一场自我进行的变革。

---

① 黎加厚.博客为何能够博得教师的青睐？——信息时代的教育叙事与教师主体意识的觉醒 [J].上海教育，2006（Z2）：11-12.

可见，教师教育博客的建立、学校教师博客团队的形成极大地改变了传统的教师生存、学习与工作方式，让教师之间、学科之间、学校之间相互交流变得畅通无阻。因为在飞速的列车中，我们很难欣赏到外面的美景，只有在列车放慢速度或停靠片刻时，我们才有机会欣赏窗外的一切……

在这里，我们的足迹被清晰地烙在岁月的长河中；

在这里，我们的沟通变得方便和快捷，彼此的距离不再遥远；

在这里，我们的思维像喷涌的泉水，源源不断……

博客让我们的生活在不经意中改变，它悄悄改变着我们的工作方式，让我们从注重工作的过程到注重工作的反思，让我们把无限的付出变成不断的积累，在反思中积累，在积累中收获。

博客让我们认识了、结识了更多的教育同行，我们不仅可以随时学习韦钰、朱永新、张海迪等名师大家的教育思想，也可以从唐晓勇、阿汤等教育同行身上获取启迪，原来生命的空间可以如此之大！

博客让我们的教师开始养成教育反思的好习惯，教育随想、教学案例、经验分享、感悟人生、心灵沟通……一篇教学反思、一段学生素描、一句人生感悟都让我们感动、让我们深思，原来我们的生命里也可以有这么多快乐！

博客让现代社会人们封闭已久的心扉慢慢敞开，我们可以及时地相互交流、相互学习，思想的碰撞、心灵的沟通、彼此的理解、善意的意见使我们感悟：老师不应只做燃烧自己照亮别人的蜡烛，还要像山泉让活水源源不断。原来不一定要等到收获的季节，生命的每一天都有这么多收获！

是博客，让我们增添了学习的乐趣，让我们体会到反思的可贵，让我们平淡的生活有了新的生机。

班主任成长需要不断的反思，而反思最便捷的方法就是思考与记录。李镇西说："写作不仅仅是单纯的写作，它必然伴随着实践、阅读与思考。与实践相随、与阅读同行、与思考为伴。实践是它的源泉，阅读是它的基础，思考是它的灵魂。因此，写作的确是普通教师成为教育专家的有效途径。"[1]

---

[1] 李镇西. 成长关键词——回眸我的三十年 [J]. 班主任，2012（6）.

魏书生说："我总觉得，自己教书当班主任的一些具体做法不过雕虫小技。要当好班主任，最要紧的不是急着去改变学生，而是先要改变自我。不要忙着去教育学生，而是要让自己多受教育。我常常觉得，自己是自己的第一个学生，从改变自我、超越自我入手，班级工作就能左右逢源，得心应手。"①

从今天起，开始自己的教育叙事，记录自己与孩子一同成长的足迹吧！

后记故事：

那个爱花的小女孩还是没能成为生物学家，最终成为了艺术家。

生命中有很多奇迹，不是当下我们能看见的。你只是在她生命中播下一粒种子，而之后它能长成什么样，是需要经历时间与风雨考验的。

再次打开 2005 年老师们给爱花的雨萱写的故事，我仿佛作为她成长的一个历史记录者，续写她的故事。

这是十年后的故事。

2015 年暑假，雨萱成了我的同事，命运的安排让我们十年后在沪江相遇，我是她十年前的校长，也是她十年后的同事。

从 2015 年起，雨萱加入沪江互加计划公益项目，成为一名网络老师，用互联网给十多万乡村孩子上网络课程，这个曾经想成为生物学家的孩子大学毕业后成为一名艺术教师，通过网络，她的艺术课程走进偏远乡村小学，给无数孩子带来了快乐。

2017 年，雨萱选择回家创业，如今的她开办了自己的画室，每天在几个校区奔忙，为孩子们授课，孩子们很喜欢她的画室，她也越来越有成就感。

虽然没能成为生物学家，但是少年时期老师们在她心中播下的种子，早已枝繁叶茂，她自己已经成为一颗种子，为更多的孩子去播种生命的希望。

〔实践与反思〕

你有哪些记录自己成长的想法与做法可以与大家分享？

---

① 魏书生. 班主任工作漫谈 [M]. 桂林：漓江出版社，2008.

二、反思：教育品质的提升

美国心理学家波斯纳提出教师成长的公式：成长 = 经验 + 反思。①

没有反思的经验是狭隘的经验，至多只能形成肤浅的知识。多数教师只停留在或满足于经验表层的重复，这也是许多教师一辈子只能是教书匠的重要原因。教育现象学在强调实践的同时强调对行为反思的重要性，认为反思是一种思想与行动的对话，只有通过反思才能发现生活体验中所隐含的意义。

做一名反思型教师是班主任自觉提升专业化发展水平的重要途径。只要我们能始终坚持把"实践—学习—反思—研究—总结—实践"作为自我培训的基本模式，在学习中反思工作中遇到的问题，带着问题去研究，掌握其中带着普遍性、规律性的东西，从而改进教育工作实践，我们的专业素质就会得到提升。

长期以来，对教师无私奉献精神的过度宣传让教师只知默默耕耘，仿佛学生的成就就是自己的最大安慰。教师把爱源源不断地给了学生，似乎只有这样，教师生命的价值才得到体现。然而今天的教师不能只把眼光放在学生的成功与成才上，只有教师自身生命质量的提高才能更好地让学生得到发展。优秀教师一定会在学生成长过程中努力塑造自身的形象，不断提升自己的生命质量，为自己的生命喝彩！

（一）反思——唤醒教师的主体意识

著名教育家、北美教育现象学的开创者马克斯·范梅南认为，教育学实际上就是一门成人（包括教师、父母和其他与儿童成长相关的人）与儿童如何相处的学问，"教育学就是迷恋他人成长的学问"②。

叙事研究被作为教师的研究方法运用于教育领域是 20 世纪 80 年代的事

---

① 烟文英，何晓萌.培养教师反思能力的四种形式 [J].当代教育科学，2003（16）：44.

② 李树英.教育现象学：一门新型的教育学——访教育现象学国际大师马克斯·范梅南教授 [J].开放教育研究，2005（6）.

情，是由马克斯·范梅南等加拿大的几位课程学者所倡导的。他们认为，教师从事实践性研究最好的方法，就是不断地说出一个个"真实的故事"。[①] 马克斯·范梅南的《重新寻找生活的体验》一书运用了大量插曲，展示儿童在家庭、学校、课堂的亲身经历，还没有哪本教育专著如此广泛地使用日常生活的普通事例。

在这些真实的故事里，教师开始不再依赖别人的思想而生活。看似平凡、单调、机械、重复的日子，因为有了文字的记录，逝去的岁月便不再被人淡忘，以记述的形式保留了历史，也提升了自己对教育的思考，它与那些传统意义上的论文、经验总结相比，更容易引起共鸣并给人以启迪，从而具有特殊的教育意义与教育价值。

教学因爱而精彩

今天的赛课准备时间很紧，昨天试讲下来，因为是借班上课，我最大的感受就是上的一点感觉也没有。为什么？难道是因为我没上过初二新课程的教材吗？难道是自己还没有找到方法吗？我百思不得其解。

下班后独自在办公室里对着电脑和收集来的一大堆资料，在仔细挑选中，突然找到了感觉，在课件的最后编排了一段音乐，再加上图片，并配上了以下的话：

每个人都有不想让人知道的小秘密，老师有、父母有，你们同样也有。

当你发现自己不再像小时候那样向朋友、父母坦白你的一切；

当你更喜欢独自在日记里品味自己的酸甜苦辣的时候；

那正说明你长大了！

通过与你们的短暂接触，老师发现同学们都希望有自己的自由空间，希望那是属于自己的精神家园，希望不要有人来打扰。

每个人都很注意保护自己的隐私，但希望通过今天的学习，好好想想自己平时有没有侵犯到他人隐私的行为呢？

[①] 丁钢.像范梅南那样做叙事研究 [J].上海教育，2005（8A）：18-20.

己所不欲，勿施于人。希望我们都能做到尊重别人，别人才会尊重我们。

但尊重个人隐私，并不是要每个同学把心门紧紧关闭。

父母和老师是世界上最爱你们的人，我们的一些行为出发点都是希望你们不受伤害。

成长的道路有快乐，也有痛苦。

但记住，你们并不是孤行者。

父母和老师很愿意陪你们走好成长的每一步，分享成长的每个瞬间。

我对你们的话说完了，你们有话对我说吗？

那就记住我的QQ，我的电子信箱。

我很愿意分享你们成长的快乐，解决你们成长的困惑。

小提醒：上面的也是我的个人隐私，不能随便跟别人说哦！

真心祝愿我们初二（1）班的每个学生健康快乐地成长。

在编写完最后一句话的时候，我突然明白了感觉的来源。那就是对学生的爱，借班上课，对他们什么都不知道，不了解，更谈不上对他们有什么感情。现在通过短暂的接触，我已对（1）班的学生有了了解，有了感情，才会写出这些真情实感的话语，才会在课上体现出我对他们的关爱。

思想品德课有它的特殊性，它注重的是对学生的德育，是培养学生正确的情感、态度和价值观，如果思想品德课的老师不热爱自己的学生、不热爱自己的工作、不热爱自己的家庭、不热爱自己的生活，怎么能教给学生真、善、美呢？在我的课中我一直想培养出学生的爱，爱自己、爱朋友、爱家长、爱老师、爱生活。

在正式赛课中，虽然讲课的内容没什么大变，但我上课时候的感觉是完全不一样的，因为他们在我心中不再是陌生的。

在最后我说出结束语时，我看到一位女学生在下面轻轻地鼓掌拍手，虽然我只看到了一位学生，虽然可能因害羞声音不是很大，我觉得满足了。

（史菁）

📝 回复：

你的外表给人的印象是温文尔雅的，但是在你的课堂上，你的激情和投入不得不让人刮目相看。你让我们分享到你的"富有"、你的快乐、你的忙碌、你的爱心，谢谢你！

为你的学生高兴，有你这样的老师，他们的生活是幸福的，他们的学习是快乐的，他们的收获是丰厚的！

一个具备了爱心、勤奋、创新、反思的教师怎么能不优秀呢？

（二）反思——改变教师的工作方式

"教育学不能从抽象的理论论文或分析系统中去寻找，而应该在活生生的生活世界中去寻找，在母亲第一次凝视和拥抱新生儿时，在父亲静静地约束孩子盲目地横穿大街时，在教师向学生眨眼睛对学生的工作表示赞赏时"，教育学就像"爱和友谊一样，存在于这种情感的亲身体验中——也就是说，在极其具体、真实的生活情景中"[①]。

还记得你走进学校当老师的第一天吗？

还记得你走进班级当班主任的第一天吗？

还记得你走近学生第一次与孩子的对话吗？

如果能从第一天开始记录我和孩子的故事，那该是多么宝贵的一笔财富啊，无论对孩子、对自己、对家长、对学校。当然如果你已错过了第一天、第一次，那么从现在开始，记录下孩子的故事还不算迟。记录就是发现，就是观察，就是思考，我们可以跟踪一个孩子、一个班级成长的过程，也可以围绕一个孩子、一个主题大家一起来观察。

在每天看似机械、单调、重复的日子里，班主任和孩子们正发生着各种各样的教育故事、孕育着大量的教育契机，如果你拥有了发现的眼睛、善思的头脑、勤奋的双手，把每一个教育故事、每一个教育问题、每一个教育灵感记录下来，在积累中丰富教育经验、在反思中凝练其中的教育智慧与教育

---

① 佚名.教育现象学——教育理论与教育实践应是和谐统一的 [J].上海教育，2005（8）.

哲学，你会发现，你离一名优秀班主任其实并不遥远。你会发现，不用 10 年，更不用 20 年，你已走上了一条成功之路——这就是教育叙事之路。

坚持反思我们的教育行为，可以改变我们凭个体经验工作和学习的状态，可以改变我们在听、说、做之后最可贵的提升——思。

反思就是从学会记录开始。记录孩子成长的故事，记录师生之间的对话，记录班级中精彩的瞬间，记录校园生活中每一个难忘的时刻，记录教育者的所思所想……当你养成了记录的习惯，你会发现你的工作进入了一个全新的状态。我们该如何开始教育叙事呢？

一是唯小不唯大。教育叙事的切口要小，最好着眼于学生的行为、教师的教学等，同时研究的项目要有一定的基础，易于操作，不要选择自己陌生的领域。

二是唯实不唯虚。教育叙事要实用，因为叙事的目的是为了积累教育经验，更好地进行教育工作；教育叙事的对象也完全指向教师自身的实践。此外，教育叙事还要讲究实效，不能迎合上级的需要或布置。

三是唯真不唯假。教育叙事首先要具备真实性，绝不能杜撰或假设推论。其次，教育叙事和具体的教育情境相联系，具有丰富的时空感。这并不意味着教育叙事只限于事实表面，相反，教育叙事研究源于教育生活，但又高于教育实际，存在发展性，同样具有很高的理想追求。[1]

（三）反思——锤炼自己的教育思想

反思不能仅仅在脑海里短时间略过，反思需要我们用文字表达出来。肖川教授说："锤炼语言也就是锤炼思想；追求表达的独特与精致，也就是追求思想的独特与精致。"[2] 为了能把自己的所想所感记录下来，你就必须思考如何把事情表达清楚且语言还要精练，你就会去思考故事背后蕴含着的教育思想并把它变成文字记录下来。

---

① 李健. 如何进行教育叙事研究［EB/OL］.http://blog.sina.com.cn/s/blog_190024ae30102zgyf.html.
② 肖川. 教育的理想与信念 [M]. 长沙：岳麓书社，2002.

长期以来，教师缺少教育思想的反思，缺少对自己教育行为的反思，每天的工作是流程式的，我们会有各种理由来为自己的作为寻找借口，认为自己没有时间记录思想、反思教育。因此也失去了一次次锤炼自己思想的机会。我们真的没有反思的时间吗？其实我们缺少的不是时间，而是缺少反思的意识。

李镇西在网上给青年教师二刘的留言中写道："我每天也写日记、贴日记。要原谅自己是很容易的——当校长、做班主任、上语文课，还有那么多事务……但我总在提醒自己，那么多家长、老师看着自己呢！不能懈怠！让我们互相鼓励，看谁能够坚持下去！"

我们该反思哪些内容呢？反思我们的教育过程，反思我们的教育思想，反思我们的教育行为，包括其中的教育失误。其实你面对的一个孩子、一个故事、一次活动，甚至一个微笑都能让我们反思……

有很长一段时间没有上博客了，一直以来总认为自己比较内向自闭，不喜欢与太多人进行交流，所以心里有话总是找知心朋友聊聊，或是直接找学生谈谈。刚开始上博客，确实是迫于工作的需要，之后索性再不关注。

一段时间下来，日子又回到了从前，可心里总觉得少了些什么。当了这么多年的教师，由于一些客观因素，很多时候失望与无奈多于幸福与成就，工作上也陷于消极与被动，甚至影响到家庭生活。反思、反思，再反思！唯有自我调节，从而达到心态的调整。

外在方面，我从心里感谢小班的实践。这半年来，我的思想和行为发生了许多变化，小班的学生热情、纯真、坦诚、积极，特别是作为班主任，每当学生簇拥着告诉我他的每一点进步时、每当我注视着他们纯真而进取的目光时，每当我很愉快地沉浸在师生交流本时……我有了更多的幸福来源，有了更多的自信体会，有了工作上的动力。

工作以来一直谨记着"身正为范，学高为师"，也提醒自己平时多注意，可还是会偷懒。课堂上我经常提醒学生：要把自己的灵感记录下来，要学会与人分享，可用在自己身上有时会打折扣。在目前小班教育教学中，经常会有一些心得体会，由于整理记录不及时，很多一闪而过的心灵火花再也找不到了，而且这种体会越来越强烈。这种记录、分享于人于己都是有意义的。既然是有意义的事，为什么不去做呢？为什么不能够坚持呢？

重回博客，为了自己，为了更多的分享！

（黄蓉）

长期以来，我们没有为教师找到一个恰当的反思平台，以至于我们的反思大多停留在嘴上或在残缺不全的记忆中，教育博客的出现让我们灵感的火花不再一闪而过，而是可以和无数的火花一起碰撞出绚烂的火焰，从而改变我们的工作方式、思维方式，甚至是生存状态……

2005 年的博客无处不在，今天的网络新媒体成为生活的一部分。教师在网上的记录依然在持续，只是技术更多元、平台更便捷。无论学习变革如何推进，善于反思永远是教师走向专业成长的必经之路。

新闻链接

朱永新成功保险公司开业启事

好消息！

朱永新成功保险公司今天正式开业了！

现在保险业生意兴隆，什么人寿保险、财产保险、医疗保险、航空保险……可谓名目繁多，花样迭出。既然那么多的保险公司雨后春笋般冒出来，我今天也来凑个热闹，开一家成功保险公司。

本公司宗旨：确保客户利益，激励客户成功。

参保对象：不限。但尤其欢迎教育界人士，因为教育的成功是中华民族伟大复兴的基石。

投保金额：不限。从数元至数千元任您自选。欢迎万元以上大客户。

保期：十年。

投保条件：每日三醒自身，写千字文一篇。一天所见、所闻、所读、所思，无不可入文。十年后持 3650 篇千字文（计三百六十万字）来本公司。

理赔办法：如投保方自感十年后未能跻身成功者之列，本公司以一赔百。

即现投万元者可成百万富翁（或富婆）。

本公司只求客户成功，不以赢利为目的。所有利润将全部捐赠希望工程。

欢迎投保，欢迎垂询！

保单索取：webmaster@eduol.com.cn

朱永新成功保险公司

2002 年 6 月 26 日

江苏盐城数学老师张向阳是朱永新成功保险公司的最早投保者。心存困惑的他于 2002 年 8 月向朱教授求教。朱教授送给他六个字："读书，上网，写作"。张向阳老师心领神会，每天笔耕不辍。此前从未发表过作品的他，仅在 6 个月的时间内，就在"教育在线"上发表了数十万字的作品，并在《人民教育》等报刊上发表了 50 多篇文章。仅十个月的近 300 个夜晚他就写出了近 30 万字的教育日记。他在"教育在线"论坛上的签名是："用我的生命，擦亮新教育之梦的火花。"他找到了自我成长的途径，具备了持续发展源源不断的动力。

从事教育叙事研究就是实践—反思—记叙—再实践，循环往复，也是中小学教师的理想生活和工作方式，因为它的方法简单，为越来越多的教师所接受。

翻开魏书生的《班主任工作漫谈》，最吸引人的除了一个个生动的故事，更有那一系列翔实的数据。的确，成功没有捷径，在积累中一定能收获成功。

他风趣地说："十年来，我外出作报告，大会上我不止 400 次地向青年教师真心诚意地建议：每天坚持写日记。"[1] 他从到中学教书那天开始，一直记教育日记，一天也不缺，到现在已记录了 200 余万字。"人很奇怪，在某个特定的时间，脑中常常突发奇想，闪着智慧的光芒，比自己平时想的要高明得多。但倘不及时抓住，这一想法立即逝去，事过境迁之后，再也不会忆起，为了超越自己，为了研究出更高效的教学方法，人必须善于抓住这些灵感。"就这样，他不停地写着，灵感与思想，成功与失败、欢乐与苦恼、教学教法皆入

---

① 魏书生. 班主任工作漫谈 [M]. 桂林：漓江出版社，2008.

文章。在读书、思考、写作中不断提高自己。

也正因为有这些真实生动的文字，我们才了解了魏书生、李镇西、窦桂梅等一系列著名班主任的成长历程，如果说他们都是大家，离今天的我们还很遥远，那么不妨去寻访几个青年教师成长的足迹——

二刘，本名刘国营，现任江苏溧阳南渡高级中学副校长，自 2004 年 12 月开始，在担任高三班主任与高考地理教学工作的同时，在不到半年时间里，写下了 16 万字的教育叙事，出版了《情到深处》教育随笔集，把一个被称为"差生集中营"的班级带成一个优秀班集体。你会被书中一个个真实的故事吸引、感动，你会发出会心的微笑——原来刘老师的喜悦、烦恼、痛苦、幸福与我们是多么相似啊！

还有铁皮鼓（本名魏智渊）的《冬去春又来》、平和（本名万玮）的《班主任兵法》等书，都是一个个年轻班主任智慧的结晶⋯⋯

走进 e 时代的年轻班主任们，无论时代如何变化，科技如何发达，都取代不了人与人心灵的沟通，班主任工作是任何高科技所取代不了的，但是现代科技为班主任工作提供了更多的平台。

你是如何了解那些优秀班主任的？最简单的方法就是阅读他们的书籍，读过李镇西《爱心与教育》《走进心灵》等著作的人，不仅感动于他对事业的执着、对孩子的爱心，更欣赏他的有心、细心和用心，书中一个个鲜活的人物、一个个感人的故事、一张张生动的照片，无不体现出作者是个有心人。无数成功的班主任都有不同的成功之路，但有一点是相似的，他们乐于记录，勤于积累，善于反思，不要把成名当作工作的目标，脚踏实地去做，成功自然会出现在你的面前。

朱永新在新浪网接受采访时说：我们一直认为，没有教师的成长永远也不可能有学生的成长，没有教师的快乐永远也不可能有孩子的快乐。

〔实践与反思〕

小杜是个年轻班主任，最近班上一个学生在网上给他留言，对他的教育方式提出了不同的看法和意见，这令小杜很郁闷。从他写的反思中，你能帮他分析一下问题的原因所在吗？

当班主任有几年了，也算得上是"老班主任"了。四年里我总结出了一条经验，要想带好一个班，首先得有驾驭学生的能力。因此我并不留心学生的优点、缺点以及性格，但对他们的违纪行为却特别敏感，感到自己有点像居委会的老大妈。也许就是在我的威逼下，班上还是有一个学生忍受不住站了出来，对我的教育方式提出了反驳。我感到伤心难过，孩子们，老师的良苦用心，你们知道吗？这也使我不得不重新审视自己，我该怎样去教育我的学生？

三、创新：职业幸福的源泉

魏书生说："一件事至少要有 100 种做法，这样才能创新。"[①] 创新是一种智慧，这种智慧在日常工作中积淀。一个善于创新的班主任，他的思维一定是活跃的，他不满足于一成不变的教育模式，善于捕捉每一个教育契机，并恰当内化为教育的力量；一个善于创新的班主任，他的语言一定是生动的，创造性语言的背后，是对生命独到的发现和对教育卓越的见识；一个善于创新的班主任，他的磁性一定是超强的，他能让学生不断地产生惊喜，让班级各项活动有声有色，让人觉得太阳每天都是新的……

班主任工作需要思想的创新。综观那些教育大家的教育思想，无不闪烁着睿智的光芒。长期以来我们的教育缺乏创造性，教出来的学生缺乏创造性，我们的班级管理缺乏创造性。班主任是学生成长的精神关怀者，又该具备怎样的创新意识呢？

班主任工作的思想要创新，要善于把握每一次教育契机，把握每一个教育环节，不放过每一个教育细节。学生的激情需要教师去点燃，但是仅凭枯燥的说教是没有用的，他们需要真实的生活体验、需要不断变化的活动情境、需要教师在工作中不断凝练出教育智慧，让学生对学校生活的每一天都充满向往。

---

① 蒋光宇. 每件事至少有一百种做法——魏书生的教育故事 [J]. 内蒙古教育，2010（7）.

新闻链接

敬老院老人一天得看 4 场演出

每到"学雷锋日",一直孤独生活在敬老院里的老人们自然要受到社会的关照。昨天上午,记者打通了南京一家敬老院的电话。"又要来看老人啊,我们三天的日期都排满了。这样吧,你们 3 月 5 日晚上来怎么样?但人不可太多,只能给你们半小时时间,老人真的太累了!"敬老院的领导显得很为难。

这位负责人告诉记者,平时很少有单位来看老人,但每年的 3 月 5 日"学雷锋日"前后,敬老院就显得非常热闹。"来的最多的就是学校和社会上的一些单位,以前还能帮敬老院打扫卫生,帮老人洗澡理发,可现在我们敬老院有护工,就不需要了。在这种情况下,来敬老院的单位都会组织节目。"该负责人说,老人确实需要这些节目丰富业余生活,但由于集中在 3 月 5 日前后,老人每天都要被迫看几场,这些老人岁数太大,根本就受不了。"去年我们 3 月 5 日一天接待了 8 家单位,有 4 家带来了节目,老人看完节目后直喊烦死了,还有一些老人出现了身体不适,找我们敬老院。为了防止再次出现去年的情况,我们今年对单位做了限制并严格控制时间。"

——《南京晨报》

类似的新闻报道想必大家并不陌生。网上有这么一段对话——

师:3 月 5 日是一个有意义的日子,你们知道吗?
生:知道,是学雷锋纪念日。
师:是不是只有这一天学雷锋啊?
生:不,学一个星期。

在我们会心一笑之余,是否反思过我们的教育问题究竟出在哪里呢?我们究竟该用什么样的形式对学生进行思想教育?每个班主任想必都组织过学雷锋这样的经典活动,或许因为年年都是做好事、到敬老院等,学生们早已没有了热情和新鲜感,老师也不再有激情,仅仅把它当作完成学校的一次任务,于是才会出现上面的新闻。

我们都曾经历过十多年的校园生活，当离开学校后，对曾经学校生活的哪些方面印象最深呢？最难忘的并不是一堂出色的好课，那是老师自豪的事，也不是获得考试前几名时的荣耀，那是家长最值得骄傲的回忆，学生记得最深的可能是一次特别的野炊、一次美丽的烛光晚会、一场激烈的足球冠军决赛、一次无拘无束的狂欢……

我们需要轰轰烈烈的主题活动，3月"学雷锋"、5月"青春在召唤"、10月"祝福祖国"等活动都是每个学校必备的德育主题，但我们更需要在日常生活中创设情境，让学生们静静地去体验、默默地受感动，我们需要把大的活动变成一个个细小的切口，渗透到日常教育工作之中。试想我们已经开展了41年的学雷锋活动，当年学雷锋的孩子如今已为人父母，甚至有了第三代，如果我们依然开展去敬老院、打扫卫生、上街宣传活动，会有实效吗？会激起人们心中的那份感动吗？就会出现如前面新闻报道的那样，这样的教育对孩子而言是毫无意义的。

教育的形式主义在我们身边实在太多，以至于学生对学校、对班级、对活动渐渐失去了热情和兴趣。这样的情况在你的身边也许并不陌生：

春游令孩子最开心的就是可以大吃一顿，学生整队到旅游景点后便自由活动，一天下来很多孩子不知道自己看到什么。

外出参观或者看电影是一定要写观后感的，学生一到现场先找个地方抄上一段文字回来交差，至于是否是自己的真实感想也没有人去问了。

主题班会上最常见的是各人围绕主题写上一段文字，在主持人的安排下，轮流上台读稿，台下再配以稀稀拉拉的掌声作为回应……

曾经连续三年在纪念"一二·九"的国旗下演讲中听同一份演说词，学生在下面议论，好像和去年讲的一样啊。老师振振有词地说："一二·九"就是一次历史事件，当然介绍是一样的！我要说：虽然1935年的"一二·九"永远定格在历史长河中，我们今天却在不停地朝前走啊！如果今天我们不能将历史赋予新的含义，我们要纪念那些过去的日子又有何意义呢！

许多教师就是这样，教书、带班十几年甚至几十年，总是在强调自己的经验，常抱着"我走过的桥比你走过的路还多"的思想，按经验办事、以习惯办事，不断重复着昨天的故事。我们面对的学生一届不同于一届，每一个学生的生理和心理都不一样，我们面对的世界日新月异，教育环境更是今非昔比。这样的教师即使教了一辈子书，充其量也就是个教书匠，甚至还不能称为教育工作者。

我们青年教师不能墨守成规。唯有创造性地开展工作，才能保证不被时代淘汰。在我们强调课程知识体系创新、学生能力创新的同时，是否应该先在班主任工作的思想、内容、方式、途径等方面有所创新呢？魏书生让犯错误的学生写1000字说明书的办法是创新，但是直接运用在你的班级中就不一定合适。我们提倡年轻班主任学习、借鉴他人的成功经验，但如果只是一味地模仿、继承，即使你做一辈子班主任，依然没有形成自己的教育理念、教育特色。

新课改以来，我们十分强调对学生创新能力的培养，但是如果我们的教师没有创新、我们的教育没有创新、我们的班集体建设没有创新，那学生的创新灵感从何而来呢？

我们的"擦鞋店"

红领巾市场活动在我校已经开展三年了，就在每年3月5日前后，活动的主题是"献出一份爱心，收获一份快乐"，即以学生义卖的方式奉献爱心、学习雷锋。这样的活动既丰富了学生的课余生活，又让学生感受到用自己的力量帮助别人的快乐，很受学生欢迎。

红领巾市场可以经营的项目可真多，每个班只能选择一项内容，什么甜品屋、贺卡店、礼品屋、文具店、小吃部、旧书店等，学生们对此表现出了极高的兴趣。"老师，我们开贺卡店！我知道哪里进货便宜！""老师，开小吃店，可以多种经营，卖元宵、馄饨、凉粉，我都会做！""老师！……"

班上沸腾得真像炸了锅，仿佛已经看到我们班在红领巾市场上生意兴隆的激动场景，收银员正忙得不亦乐乎……"看来大家都想当一回小老板哦！而且个个有实力！"我指着墙上的活动方案说，"咦，怎么这个项目没人提出来参加哦？"

全班同学一下静了下来，忽然大笑："老师，你真想得出来，谁愿意去开擦鞋店啊！"

"丢人死了，我才不干呢！""我的鞋自己从来都不擦，我怎么帮人擦呢？"

我知道"擦鞋店"没有甜品屋的诱人、没有文具店的精致、没有礼品屋的浪漫、没有小吃店的美味，既不风光，更没特色，学生是肯定不会自愿选择这个伺候人的苦差事的！

但是我希望他们能在这里挑战自我。我立即给大家分析一下办"擦鞋店"的几大优势：

1.服务成本低廉，不用担心货品卖不出去导致资金积压，几乎是"无本万利"哦！

2.服务对象收入高，擦鞋的对象一般是老师（大多数学生不穿皮鞋），老师对这类义卖活动还是比较大方的，每双一元的擦鞋费，老师一般只会多给。

3.服务人员众多，其他班级因为环境场地限制，大多数同学不参加服务，只需要消费，而我们的擦鞋店是可以流动服务的，有的老师在办公室忙的出不来，我们就上门服务（自然是有偿服务咯）！

4.服务项目可以扩大，只要是能擦的，我们都可以经营，比如擦自行车、擦摩托车，甚至擦汽车……

开店就是要选择市场的需要，那些甜品店、文具店虽然名字好听，可是经营的人多，消费者就要进行比较。我们的店是独家经营，服务对象又是以教师为主，没人和我们抢生意，稳赚不赔！这种生意我们怎么能让别的班捷足先登呢！

……

红领巾市场如期进行。我们的擦鞋店自然生意格外兴隆。不要老师过多的言语，也不需要过多的指导，全班同学的每个细胞都在兴奋着，目标只有一个——我们要用自己的劳动所得去帮助那些困难的学生，这不正是雷锋精神的体现吗！

能挣多少钱已不重要，因为他们明白了劳动没有贵贱，"滴自己的汗，吃自己的饭，靠天靠地不算是好汉！"

看着孩子们脏兮兮的小手，看着校园里一辆辆擦得锃亮的自行车，数着满满一小盒的零钱，孩子们的脸上绽放着喜悦："报告老师，我们班今天营业额281元，虽然总数没有六班高（总收入356元），但是他们班的文具成本高，而我们班几乎没有成本，当然是我们——第一咯！"全班兴奋地欢呼起来！

孩子在日记中写道：

"经过这次红领巾商贸活动，我得到了一种从未有过的快乐，我尝试到挣钱的辛苦，我感受到我们用的钱来之不易，我的喉咙虽然有点哑了，我的手也划破了，但我还是那么快乐，因为我用这些来之不易的钱去帮助他人，我很快乐！"

"老师，这次活动中最大的快乐是第一次用劳动换来报酬，许多老师都在夸我们不怕脏不怕累，有的老师还不要我们找零了，让我们十分感动。我建议老师，今后组织全班同学定期为老师擦鞋、擦车，当然是免费的咯！学雷锋不能只学一天。"

"今天我忙到天黑才回家，走在路上，听别的班同学说他们买了多少好吃的、好玩的，我心中有一丝遗憾，要知道，今天我带了20元准备好好消费一下，但是我连美食都没看到……不过昨天我通过自己的劳动也挣了20元，我知道钱是来之不易的。"

也许这是他们平生第一次为别人服务，也许这是他们人生的第一次挣钱经历，也许这是他们第一次意识到可以靠自己的力量去帮助别人，这种体验中的感悟是难得的，是难忘的！

"老师，明年我们班还要去擦鞋！"……

（王静）

我们生活在创新的时代，享受着各种创造的恩泽，我们吃的各种食物，每天必不可少的联络工具，使用的现代化教学手段，滋养我们灵魂的各种科学思想、艺术成果，哪一种不是人类思维的创造？哪一样不是创新的结果？

一切创新都是人智慧的物化，都是思维的凝结。中国古代思想家王允说："倮虫三百，人之为贵，贵其识知也，人，万物之中智慧者也。"恩格斯曾经说过:"思维者(着)的精神是地球上最美丽的花朵。"① 创新,正是这最美丽花朵结下的最美的果实。

〔实践与反思〕

对文中关于学雷锋的新闻报道,你有何想法?你认为什么样的活动既吸引学生又具备教育意义?试选择以下的某个纪念日,设计一个有特色的班级活动方案。

3月5日学雷锋日、六一儿童节、教师节、母亲节、国庆节、元旦、元宵节、端午节、重阳节、感恩节、中秋节……

(一)利用教育博客,构建学习型教师团队

没有教师的成长就没有学生的成长,长期以来我们一直在找寻教师成长的最佳平台,不仅能将教师内在的潜能发挥出来,更要让教师充分享受团队合作带给自己学习工作的愉快心情与无穷动力。

不同学科的教师虽在同一班级授课,在一个办公室里备课,但教师工作的特性决定了教师是一个个独立的个体,他们之间虽然也时常谈论学生、研讨教学、相互交流,但更多是一种事务性的交流,而缺少思想与心灵的沟通。因此教师之间、班级之间显得比较封闭。网络的出现让原本遥不可及的名师大家一下出现在你的面前。每天轻点鼠标,可以走遍中国教育世界的东西南北:在北方可以与北京的窦桂梅对话,分享她的激情与思想;在东部可以与苏州的朱永新老师直接交流,感受新教育的魅力;在西部可以走进李镇西的课堂,品味他与心灵的对话;在南部可以向深圳的唐晓勇学习,感受来自深圳南山实验学校最先进的教育思想与教育技术……

世界因为网络变得很小。网络中你可以与无数志同道合的教育者交流思想、分享快乐。

南京行知学校杨瑞清校长曾给学校青年教师提过三个建议:第一,每个

---

① 恩格斯.自然辩证法(导论)[M].北京:人民出版社,1971.

人要自己买摩托车，因为学校地处郊县，交通不是十分便利，买摩托车有利于教师进修、外出活动、上下班节约时间；第二，每个人家里要买电脑，会使用电脑是一种技能，是对自己今后发展极其有用的技能，等到将来学校全部配齐设备后再学就太晚了；第三，每个人要赶紧买房子（当时房价很低），学校是没有能力给大家分房的，那么你就要早做准备，因为这是你立身安家之本。结果这里的教师都买了摩托车、电脑，或贷款住进了新家。他们感谢杨校长的敏锐，虽然杨校长没有掏一分钱，但他对青年教师的建议却深深留在大家心里，无论学习还是生活，使他们始终能走在时代的前列。

徐州市新余县有个村小——阿福小学，是一所无人知晓的普通得不能再普通的、困难得不能再困难的学校，教育基础非常薄弱。当时两个乡镇合并以后，就把一个乡镇的学校变成了村小，但没有资金，房子建了一半建不下去了，教师也人心涣散；后来校长引导全校教师参加新教育实验，但参加新教育实验没有图书，校长便组织全校师生一起想办法去找书，没有电脑便让家里条件稍微好一点的老师自己先垫资买电脑，组织孩子们读书，每天写随笔，帮助教师成长。老师在网上写日记，相互交流，很多老师成长得非常快。当出版个人著作对许多城里老师还是一个梦想的时候，这个村小的很多老师已经开始出版自己的著作。

一所村小能有如此巨大的变化，应该说网络起了很大的作用，是网络让他们的眼界开阔，走进新教育的大世界；是网络让教师找到自身成长的极好渠道，上网记录、交流、反思，教师的思路开阔了，内涵丰富了，教育观念也改变了。

学习新的技术、接受新的信息、对新生事物始终保持敏感是教师的本能，因为教育必须走在经济发展的前列，如果我们的教师对网络不了解、对社会不关心，又如何能培养出适应社会的人才呢？

网络交流互动方式很多，校园网站是一种官方发布信息的平台，教师发布的文章往往需要审核后才能发布，对教师而言参与性不强；教师个人主页的建立需要一定技术的支撑，在教师中难以普及；BBS 的内容广泛、随意性强，且难以控制，不便于教师个人资料的积累；QQ 与 email 都只适合个别交往，不适合团队交往，无法在教师中普及。

教育博客的出现无疑将校园网站、教师个人主页、网上 BBS、QQ、email 等几种媒体的优势，变为一种一学就会、一发即显、一呼即应的快速便捷的交流平台。

联合国教科文组织 21 世纪教育委员会发表的题为"学习：内在的财富"的报告指出：21 世纪教育的本质特征——学习。教师不仅仅是传授知识的教育者，更重要的应该是终身学习者。教师肩负着传授知识的重任，唯有不断地再学习，接受新知识，掌握新技能，才能成为名副其实的知识传授者和教育者，才能更快地适应学生的需求和时代的需要。

工作的繁忙使教师的学习空间和时间都受到限制，除了周三政治学习时间，全校几乎找不到能让大家坐到一起学习的时间，因此现代教师自主学习、相互学习显得尤为重要。教育博客对个人而言是个反思成长的平台，对团队而言更是一个相互学习、共同提高的载体。

利用教育博客构建学习型团队的三点建议：

1. 博客实名制有利于教师团队的形成。

在师生和社会中树立教师与学校的良好形象，也使教师自觉树立网上形象。个别教师建立教育博客是容易的，而让全体教师组建一个团队是比较困难的。

博客简单易学，入门容易。但教师的兴趣如何能持续下去呢？教师博客的建立只有让教师在真正尝到教育博客的甜头，让教师觉得博客有趣、有用、有效时，才能自觉地将其融入自己的教育教学中去，从而焕发博客长久的生命力，否则行政命令只会让博客成为冷冰冰的操作平台（教师在行政命令下被动地发布论文、作业、反思等）。

学校有一位张老师已临近退休，她的女儿在国外留学，学校网管也替张老师女儿建立了一个成长博客，这样她的女儿可以经常把国外见闻、体会及时发布上去，学校许多老师立刻会给她留言或评论，张老师看到有这么多人关心她女儿，自然更加喜欢教育博客，自己也成为一名积极的实践者。

一位年轻班主任平时将班级学生中的点点滴滴以随笔的方式记录下来，

一学期的博客数据导出后，发现不知不觉中已写了 5 万字的教育随笔，不仅给其他教师极大的启示，也是自己工作的最好反馈。

2. 恰当的学校分类与个人专题分类利于资料积累与管理。

许多老师在年终小结、职称评优时，总是感到资料匮乏或残缺不全，往往临时抱佛脚，博客的资料分类管理功能不仅让教师的个人资料得以系统保存，也极大丰富了学校教育教学与科研的第一手资料。

南京市白下教育叙事平台更是把学科进行了分类，即使不在一个学校的教师，也能通过博客平台相互学习借鉴、共享资源，打破了学校之间的界线，充分整合了学科资源的优势，为教师的学习交流打开了一扇窗户。

3. 双重管理，用优秀博客营造教学研究的良好氛围。

博客建立之初，舆论导向十分重要。鉴于教育博客突出教育的特性，内容就不能无所顾忌，否则非但不能起到促进作用，还可能带来难以挽回的负面效应。

正面宣传、加强管理、树立典型是推进博客健康发展的重要保证。南京市 24 中的博客实行双重管理，即网管与校领导均设为管理员，每天浏览最新日志，及时推荐优秀博客，在博客中发现了许多教师平时不为人知的工作细节与思想火花，通过同行之间一条条评论、一句句鼓励、一段段留言，教师得到肯定，从而产生积极的心态，更好地投入到工作之中。

利用教育博客构建学习型团队的四个结合：

教师博客的发展经历着"观望—尝试—兴奋—平淡—稳定"这样一个变化过程，如何在激情过后，将教育博客变成教师的一种习惯，需要学校不断推进与创新。

1. 教育博客与校本教研相结合。

教学过程中我们有许多精彩的瞬间，尤其是观摩课后教师更是感慨万千。过去开课后教师填张开课登记表，简单记录下一些课堂反思，交给学校存档就行了，这些反思有多少人看则不重要，学校只是需要这么一张纸证明曾经有这节公开课存在而已，以后就尘封在厚厚的档案里无人问津。

一位教师说："有时不把瞬间的感悟留住，时间确实是稀释剂。"而教育博客就是这精彩瞬间的凝固剂，一个个精彩的瞬间不就组成了美丽的人生吗？利用教育博客及时记录下反思，让更多的教师从中获得启发、让更多的人对主讲人提出建议，相互促进教学研究更是观摩课最大的价值所在。

2. 教育博客与校本培训相结合。

校本培训一般分为专题培训与通识培训，结合校本培训，可以利用博客及时发布一些与培训相关的资料、素材供教师随时阅读学习。为营造书香校园，培养师生良好的阅读习惯，学校要求中层干部每人带头写一篇读书笔记发在博客上，若是以往纸质材料上交存档，一来教师不一定重视，以摘抄为主，即使写的很好读者也有限，难以扩大影响。而利用教育博客后，一本好书推荐、一篇读书笔记往往会引来一大批热心读者。《告诉孩子你真棒》《告诉世界我能行！》《中国新教育风暴》《如何练就说话的本事》《细节决定成败》等教师推荐的书目与读书体会，很大程度上营造了校园的读书氛围，以至于教师经常见到校长就问："最近又有什么好书推荐给我们啊？"

班主任充分利用教育博客记录班级管理的感悟，一些金点子很快就会被其他同事分享。每年一度的教育工作会议上长篇大论的教育心得不经意化解在日常的点点滴滴中，润物细无声。

3. 教育博客与活动交流相结合。

一个人的视线是有限的，如何能充分发挥 1+1>2 的集体智慧？博客中除了经常向教师推荐优秀教育网志、优秀专题网站、学科资源网站等共享资源外，更是一个信息交流发布的平台。外出参观学习、观摩听课人数有限，大多数人无法亲身体验，教师们每次外出学习几乎都是全副武装：数码相机、笔记本，只想多录些资料让其他教师多一些体验。即使在外地学习，关于会议或参观的第一信息与所感所想都能及时发布在博客上，让更多的教师体验与感受，极大放大了活动的参与性。

4. 教育博客与提升总结相结合。

为推进教育博客的健康发展，定期开展优秀教育网志与我最喜爱的教育博客评比活动，定期将教育博客中的优秀文章汇编成校刊或文集，或推荐到报纸、专业杂志中发表，让教师不断产生成功的体验，从而更主动地将教育博客与自身专业成长紧密结合起来。一年下来，2000多篇教育叙事不仅是教师的收获，更是学校的资源与财富。

利用教育博客构建学习型团队的五个改变：

1. 教育博客队伍从个体走向群体。

以南京市24中为例，虽然坚持写教育博客的教师比例并不大，但是阅读博客的教师大有人在，甚至很多教师的教育博客已经有了固定的读者群，也算是教育博客中的"粉丝"吧！越来越多的教师在分享的同时也在尝试记录自己的教育思想，留下自己的教育足迹。

无论是教育博客的记录者还是阅读者，是教育博客让我们欣赏到分数背后一个个美丽的教育故事，这才是教育者应该享有的幸福感。

2. 教育博客内容从随笔走向专题。

教育博客与网络上私人博客最大的不同在于"教育"，"教育博客"的冠名注定了它将与思考相伴，与学生同行。于是我们欣喜地看到——

初三毕业前夕，史菁老师在"永远的三六班"栏目中为每个学生用心留言；

夏庆老师"心情5班"中真实地记录了她和可爱的"麦兜"们生活中的喜怒哀乐；

包新颜老师专门为孩子开设的"孩子的天空""浅草萌芽""幼荷初发"等几个栏目为学生搭建了展示自我的舞台，仅这几个栏目的阅读量达上万人次，学生的回复或评论达400多条，成为师生学习交流的新渠道；

沈鸣老师在"小班大家"里为他班上学生写的每一篇随笔都是学生们精彩的范文；

打开宗日东老师的"心灵之窗"，孩子们津津有味地在听老师讲那过去的故事；

走进黄蓉老师的"小班空间"，这里的故事采用了情景记录与心理分析相结合的写作方式，特色鲜明，令人耳目一新；

阅读徐艳华老师的"班主任手记"，你会发现一个优秀集体所具备的魅力，谁说鱼和熊掌不能兼得；

学校最年轻教师王丽君的博客"身为教师"栏目中，清楚地印刻着年轻人不断追求、在反思中成长的足迹……

越来越多的教师将自己的教育博客内容专题化、系列化，不仅便于资料整理搜集，更是开展教育研究的极好平台。此外，教师们精心装饰着自己的网络小屋，一张张精美的图片、一段段动听的背景音乐、一段段真实感人的文字，无不体现着他们对教育博客的投入与用心，也深深感染并打动着每一个阅读者……

3. 教育博客的渗透从教师走向学生。

我们的教育博客也吸引着大量的学生阅读者，他们与教师一同分享着快乐，分担着烦恼；在博客上与教师对话交流，更重要的是让他们学会站在教师角度去理解和分析问题，师生间的情感交流更加融洽。我注意观察了一下，凡是在教育博客上经常夸奖孩子的教师，往往也是学生最喜欢的老师。

在教师影响下，我校的"学生博客"诞生——班级网志与学生个人成长网志成为学生交流沟通的新平台。仅三个月来，建立班级博客15个，累计发表文章600余篇，生动记录了学生成长的生命历程。将来，我们希望家长也能参与其中，与我们共同陪伴孩子成长。

4. 教育博客的性质从记录走向研究。

教育博客不是简单的流水账式记录，在每个文字的输入中，凝聚着教师的思考，渗透着教师的思想，我们需要的教育研究就是建立在这样原生态积累之上的提炼和升华。枯燥的论文往往很难吸引阅读者，生动的教育叙事因为来自生活、源于工作、更容易让人产生共鸣。我校申报的省级课题"教育博客与教师专业化成长"希望让更多教师借助教育博客平台学会积累、善于思考、努力钻研、不断提升，将看似平常教育中一个个碎片折射出耀眼的光芒。细细研究我们的教育博客，不难发现许多教师已初步形成特色。

教学研究类：包新颜博客、金波博客、吴虹博客……

班级管理类：史菁博客、夏庆博客、黄蓉博客、徐艳华博客……

心情随笔类：李平博客、宗日东博客、王丽君博客……

……

我们力图使教育博客朝着"基于网络的学习共同体"的方向发展，并向专题化、专业化方向努力，我们必须适应数字化时代给我们带来的学习方式、工作方式、思维方式、交往方式等各种变化。心有多大，舞台就有多大。在教育博客的舞台上，你我就是生命的舞者。利用教育博客平台，相信我们还将演绎出更多更美的教育诗篇。

5. 教育博客的影响从校内走向校外。

以往一个普通教师的教育思想是很难被别人关注的，更不要说产生什么样的影响了。然而今天，教育博客为每人提供了平等交流的空间，搭建了平等展示自我的舞台，更创造了平等发展的机遇。

短短一年，2000 多篇随笔从教师笔下不经意地流淌出来，满含着教师一片炙热真情，思想的火花让我们更加欣赏生命的美丽，更加珍惜生命的和谐。

在教育博客中，我们不仅可以与朱永新对话、与李镇西交流，感悟名师的激情与风采，也结识了区内外教育界许多志同道合而未曾谋面的朋友，同时让更多人了解了我们教师不为人知的汗水与付出，是共同的信念、共同的追求、共同的热爱，让教育思想的沟通跨越了学校的界线、跨越了地区的阻隔……

教育叙事就是讲述一个个真实的教育故事，在这些真实故事里，教师开始不再依赖别人的思想而生活；看似平凡、单调、机械、重复的日子，因为有了文字的记录，逝去的岁月便不再被人淡忘，以记述的形式保留了历史，也提升了自己对教育的思考，它与那些传统意义上的论文、经验总结相比，更容易引起共鸣，给人以启迪，从而具有特殊的教育意义。

朱永新曾说："在生活中做个有心人，你就会不一样，你就会发现别人没有发现的东西，你就会感受到别人无法感受的东西。教育日记就是把你有心的东西物化了，记载下来，你就变成了一个真正的有心人。"他认为不要把教育家看得多么神秘，每个教师都可能在中国成为非常有影响的教育家，每个人都能做到，关键在于是否是个有心人，是否执着，是否有恒心。你去看一些教育家，他们的日常工作也如此平凡——

他们只不过比我们多用心了一点；

只不过比我们多花了一点时间记录他们的教育生涯；

只不过比我们多花了一点时间读书写作；

只不过比我们多思考了自己的教育行为而已。

〔实践与反思〕

你经常浏览教育网站和一些名师的教育博客吗？网络为你的成长提供了哪些帮助？

唐晓勇的故事

2021年5月23日，经过近一年的遴选，有幸作为全国20位校长之一入选首批"未来教育家成长计划"，感谢一直以来帮助支持我的朋友们！这算是对我22年在深圳南山努力的认可！感谢南山教育这片热土，这里每一位努力的教育人都有成长空间！新的起点，新的征程，不忘来时路！（唐晓勇校长朋友圈）

16年之后，当年深受唐晓勇教育网志影响的我，依然与唐晓勇校长是好朋友，我见证了他从一名深圳优秀教师成为深圳优秀校长，再到今天成为"未来教育家成长计划"首批20名入选校长之一。

当年唐晓勇校长是博客的领航者，20年来他一直在教育创新的第一线，坚持反思，坚持探索教育的本质，如今他担任校长的南方科技大学教育集团第二实验学校已经是国内外知名的教育创新学校，从幼儿园、小学到初中办学，唐校长与他的团队不忘初心，用心办人民满意的教育。

教育叙事是帮助教师内观自己的重要渠道，当教育叙事成为生命叙事的一部分，我们的教育生涯就会因为长期的积累而不断出现红利，以至于在未来不确定的时代中，让我们在每一个关键的时刻有坚定的信念，这是教育叙事真正的价值所在，也是让我们的生命更有意义的存在。

（二）向名师学习，保持永远不变的激情

课堂需要激情，因为课堂是一个需要用激情吹皱的一池春水，它是流动的、活泼的；

孩子需要激情，因为只有激情才能激发激情，才能点燃心灵圣火，拨动生命琴弦；

教师需要激情，因为只有激情才会有创造，只有激情，才能使教诲永远具有探究的魅力。

——张万祥

激情像火，能够迅速燃烧，也容易渐渐熄灭。每一个刚走出校园的师范生、每一个刚走上讲台的新教师、每一个刚走近学生的班主任，都曾有过激情满怀的时候，可是有的人将这种状态长时间保持下来，工作越发出色，有些人的激情渐渐冷却，不再投入。长久的激情是如何保持的呢？

我们先来看看优秀教师的几个习惯：

1. 以忘我的激情投入工作，潜心研究学生，不断超越自己，最终成为教育专家。

2. 几乎所有的优秀教师都有这样一个习惯——他们做着普通教师所不愿做的事。他们未必喜欢做这些事，但他们不为好恶所左右。

3. 先理解学生，再争取学生理解自己。学生在感受到理解前是不会向你敞开心扉的。

4. 磨刀不误砍柴工。优秀教师平时注意搜集资料，积极接受信息，并定期对生活最重要的四个方面——身体、头脑、心态和思想进行休整。

5. 协作增效，寻求双赢。优秀教师善于与其他教师合作。

6. 善于学习与接受新生事物，与学生产生共鸣。

7. 善于控制情绪，乐观、豁达，有较高的自我效能，创造力强。

……

第一眼看到窦桂梅的人，一定会被她的激情深深打动。她在《激情与思想》的演讲中说："岁月虽然让我们的容颜变老，但激情会让我们岁月依旧；光有激情而没有思想是可怕的，而要把我们的思想呈现给学生，靠的是教师的激情。激情是我永远的追求，激情和思想是永远分不开的，它们是我人字的一撇、一捺。"①

优秀班主任在学生面前总是充满阳光、激情，他们始终以胜不骄败不馁的形象去感召学生追求卓越。在挫折和困难面前，他们是当之无愧的强者。他们不会陶醉于成功之中不思进取，更不会沉溺于短暂失败的痛苦中不能自拔，他们善于反思，在反思中获取宝贵的经验教训，确立新的奋斗方向，用勤奋和智慧浇灌出丰硕的成果。

生活赋予我们更多的灵感，只有热爱生活的老师，才会把自己对生活的各种感悟传递给学生，才会把更多生命的活力感染到学生。他会把蓝天当作教室，带学生一同领略自然的美丽；他会把森林当作书房，带学生去寻觅生命的踪影；他会把球场当作赛场，与学生一同奔跑跳跃；他会把讲台当作舞台，与学生一同吟唱校园的歌谣；他会把教室变成花房，让学生时时感受到生命的美丽；他会把黑板变成画板，与学生一同欣赏成长的精彩画面……只有热爱生活的人才能将学生的生活演绎得如此多彩，只有热爱生活的人才能将学生带进缤纷的大千世界。

从窦桂梅的穿着打扮、言行举止就能看出她是个热爱生活的人。因为爱生活，她特别珍惜自己的工作，觉得能教语文是上天对她的恩赐；因为爱生活，她对教育怀有一腔热情，并由热情生发出一种感动，这种感动又生发出一种不断超越自己的力量；因为爱生活，她是那么执着地深爱着她的孩子们，她虔诚地和她的学生们在课堂上幸福地成长着：她和孩子们一起滚在雪地里打雪仗，给全班 72 个孩子每人一封成长书信，用录像记录着每位孩子宝贵的童年足迹……

现在学校生存的压力、升学的压力使越来越多的孩子感受不到学习的快乐，厌学的孩子也越来越多。在这种环境中工作，教师的心态也会变得压抑，如何走出这种心理的阴影，热爱生活就是最好的方法。要想播撒阳光到别人的心里，自己的心中首先要充满阳光。很难想象一个不热爱生活的教师如何让自己的学生热爱生活，一个对生活没有追求的老师如何去激发学生对生命

---

① 窦桂梅.激情与思想 [M].太原：山西教育出版社，2005.

的追求；一个生活没有情趣的老师如何能把学生生活点缀得绚丽多彩。只有热爱生活的教师才能从生活中获得教育的灵感，只有热爱家庭的老师才能去理解家庭对孩子所赋予的责任。

因为对生活的热爱，他会把自己打扮得很得体，因为他知道，自己的每一个细节都是学生模仿的目标，不能马虎；他会把自己锻炼得更健康，因为他知道，没有身体的保证，他无法与繁重的工作相抗衡；他会把自己的孩子培养得很自立，因为他知道，不能给别的老师增加负担；他会让自己的生活劳逸结合，因为他知道，不会休息就不能更好地工作……

对于名师，青年教师不能简单模仿或盲目地推崇，而是要学习名师大家的教育思想，研究名师教育成功背后的经验。

班主任成长日记

不做魏书生第二

前几天和新同事交流，回忆起几年前自己做班主任时，学习魏书生的做法，以法治班、有事多商量、班委轮流值、说明书制，又建立起班级的量化管理制度，实现数字化。结果一年有效，次年弊端日显。现在想来，学习任何人的成功做法都要认真消化，不可简单模仿。

简单模仿也有两种，一种是行为，魏书生采用写说明书的办法，我们也这样做，那么效果会不会相同？另一种是思想，比如班务多商量，我们有没有魏书生的智慧和驾驭能力，商量的结果是什么？我们往往在学习的时候思考不够，没有真正做到"为我所用"，没有真正消化整合。

班委会构成，班委都有任期限制，并设置了值周值日班长，真正的班长作用变得很小，班级缺少强有力的领导，现在想来是定位问题，有的班主任3年不换班长，多数班委也是不更换的，其基本理念是用人而不是锻炼人，合适的就一直干下去，不合适的再换掉。而我当时的出发点是锻炼人而不是用人，所以管理效果是不一样的。

我突然想到一个问题，魏书生身边的老师对魏书生的做法更知情、对他研究的更透吧？那么这些老师的班级又如何呢？是不是赶上甚至超过他的班级？好像未必吧——同样做一件事，给你提供行动指南，结果还是会有差别，而最大的差别就是——是谁在做这件事。

所以，我们要认识自己，学习别人的做法之前要想一想，对于这种做法我能消化多少，吸收多少，当出现问题的时候我能不能有效驾驭、灵活应对呢？

很多时候我们做事是惯性使然，事后问你当时为什么那么做，我们会想出一个"理由"，注意，这个理由到底是不是当时行动的动因，这很难知道。

"凡人畏果，菩萨畏因"，或许就是这个道理。

（淮安开明中学　赵俊）

〔实践与反思〕

当激情遭遇挫折时，你会如何面对？如何克服班主任工作中的职业倦怠问题？

第五章　优秀班主任成长叙事

优秀班主任一定是优秀教师，而优秀教师未必是优秀班主任。如果你选择了教师这个职业，那么就从班主任做起吧。你会发现，你全心投入、用心付出，一定能在学生成长中获得自身成长的快乐。从普通到优秀是每一个有事业心、进取心的班主任追求的目标。我们羡慕、学习优秀班主任的成功经验，不是为他们拥有的外在成就和光环所打动，而是为他们的工作状态，为班主任工作独具的魅力所打动，那就是班主任工作带来的那份成就感和自我价值的实现，享受着班主任工作带来的那份快乐和幸福！优秀班主任的成长需要时间、需要经历，更需要思考，需要不断超越自我。我们不能奢望人人都成为魏书生、李镇西那样著名的教育家，但我们一定能超越自我、超越每一天。

一、人格作为一种教育力量

俄国教育家乌申斯基说："在教育中一切都应以教育者的人格为基础，因为只有人格才能影响人格，只有人格才能形成性格。"班主任的人格对学生有着最具体、最直接、最深刻的影响。

据《中国教育报》报道，我国中小学班主任近 500 万——差不多占中小学教师队伍的半壁江山。如果请你说出你所知道的优秀班主任的名字和他们的思想，你能说出几个呢？10 个？50 个？即使你能说出 100 个，也仅仅是班主任大军中的五万分之一。魏书生、李镇西、窦桂梅、任小艾、张万祥……寻觅他们的成功之路，走进他们的教育故事，你会发现虽然他们的思想与理念精彩纷呈、他们的带班方式各具特色，但他们身上所散发的个人魅力却是那样的相似——

激情——教育者的一种状态，它能让你始终保持初出茅庐时的工作状态；

爱心——教育者的一种品质，它能让你包容一切的孩子和孩子的一切；

创新——教育者的一种能力，它能让你的每一天都不是昨天简单的重复；

时尚——教育者的一种魅力，它能让你紧跟时代的脉搏而显得永远年轻；

沟通——教育者的一种武器，它能让你拉近与他人心灵的距离；

敏感——教育者的一种机智，它能让你捕捉住每一个教育契机；

反思——教育者的一种习惯，它能让你不断挖掘自己成长的潜力。

……

年轻班主任总是希望把那些优秀班主任的经验学到手，殊不知单纯的模仿只会是形似而神不似，只能学其表而不能及其里，只有植根于教师高尚人格这块沃土上，那些优秀的经验与思想才能绽开绚烂之花。班主任的专业成长必须先从完善自身人格做起。

如果你习惯于睡懒觉，你不要怪孩子总是迟到；

如果你没有认真备课，你不要责怪孩子在你的课堂上无精打采；

如果你不善于表达自己的爱心与情感，你不要责怪孩子的冷酷与无情；

如果你总是用有色眼镜看学生，你不要抱怨孩子与你越来越远；

如果你总是对生活充满怨气，你不要指望孩子身上能焕发出生命活力……

人格魅力是一个人在成长过程中对来自家庭、社会、人生、学识等方面积极、健康因素的凝聚和综合。人格魅力一旦形成，就成为取之不尽、用之不竭的教育资源。如花朵绽放，清香四溢；如清泉流淌，清新扑面。哪怕一个眼神，一个暗示，都会形成人格魅力的磁场，让学生感受到截然不同的教育氛围：一种让人轻松的教育氛围，一种让人解除戒备和不满的氛围，一种让人为自己的偏执和鲁莽感到惭愧的氛围，一种让人敞开心灵，乐于沟通的氛围。这种氛围正是班主任工作成功的基础。

我的初中班主任

初中三年是我人生中的转折点，在这三年中我学到了许多东西，同样也为我以后考上省重点中学打下了坚实基础，我很感谢每一位教我的老师，当然最应该感谢的是我的班主任——王靖。

初一报到的第一天，刚走进教室，第一眼见到的便是我的班主任：一个戴着眼镜，梳着不高的辫子，穿着一身休闲衣的女孩，身上透着刚出校园不久的那种书生气，似乎是一个很柔弱的女孩子，不过让我感觉很亲切很自然。

当我站在教室门口，正迟疑是否进这个班的时候，她走到我的跟前，说了我们认识的第一句话："你是季玉玮吧。你是我们初一（1）班的，先进来坐下。"

很惊讶她居然认识我！等全班到齐了，她便开始介绍自己，让我们了解了她的基本情况，也许是从小学刚升入初中，大家并没有对她是第一次当班主任感到太好奇，只是认真地听她讲话，就是那一天，我开始了初中三年班长的生活，当然也是从那天开始我慢慢了解了她的教学，她的为人，以及她很可爱的一面。

一次我和她回忆起开学第一天的情景，她和我说出了当时她的心情。原来为了能在第一天就认识大家，在放暑假的时候，她就把全班同学的资料看了一遍又一遍，所以当天第一眼看见每一位同学都显得很熟悉。说起她的自我介绍，因为怕忘词，她把稿子写在本子上，在家里已经练习了好几遍。

也许是第一届带班没有经验，她经常组织班委开会，了解班里的情况，而且每一天都会在一天课程结束之后对当天我们的学习与工作做总结，她家离学校很远，差不多一个多小时的路程，但无论是刮风下雨还是我们补课到多迟她都会等我们，就算没有发生什么事情，她也会留下来和我们聊聊，时不时地鼓励我们。

为了与家长有很好的沟通，她自有一套方法，我们每个人都有一本"家庭联系本"，每天她都会写下每个人的表现，当然有好也有坏，家长要签字，这个方法也许很麻烦，可是这样让家长及时掌握了孩子的情况，也与老师有了联络。

课上她是老师，课下她就是大姐姐，完全没有老师的架子，很随和，和我们一起玩，而且最让大家喜欢的是，有事和她说，她绝对会像朋友一样帮你保守秘密，而且热心帮你解决困难。

有一次她告诉我们，她家住的大院有荠菜，要组织我们去挖荠菜。大家当时听了特别感兴趣，不过我们都知道没有学校的批准，老师不敢轻易把学生带出去的，因为老师得承担风险。可是谁也没有想到的是，她居然在之后的那个星期就组织全班去她家那个大院去玩，全班五十几号人就她一个人带队，带我们参观昆虫研究所、蔬菜基地。在那个很晴朗的天气，我们拿着小铲子去挖荠菜，这也是我们城市里的孩子第一次那么真切地去感受生活。中午又组织我们在一所幼儿园吃饭，吃完大家都出去玩了，她一个人在我们吃饭的地方拖地、收碗，忙活了好久。到了下午她又把我们安全地送回来，大家这才知道她家的那个大院叫省农科学院。

说她是大姐姐一点没有错，因为她在我们面前会生气也会哭，有一次她留我们全班背书，留了很久，大家很不耐烦。她很着急，可是似乎时间久了大家了解了她的脾气，况且私下里和她相处得非常融洽，就不太认真地去背书，拖了很久还是没有人去背给她听。

那次她真的很生气，她很用劲地把门带上就出去了。她的举动把我们都吓到了，平时看来很温柔的她，生起气来也很吓人，没有人敢再说什么，最后我去办公室把她请了出来，全班同学给她鞠躬道歉，当时她哭笑不得，不过经过这么一吓，大家很快都背完了书。

因为是班长，所以我与她的接触与其他同学相比要多得多，在私下里我们是很好的朋友，她有什么事都会告诉我，而且我们有什么话都说，经常打电话聊天，有次她跟我聊了快两个小时，那一次她哭了，我感觉到她的无助，很心疼她。班级里那段时间不是很平静，一件事接着一件事，把她压得很累很累，她不知道该怎么处理好，她没有把我当成一个小朋友或者说是学生，而是分担她的所有，我和她共同研究了很久，对班上的情况一一分析了半天，最后想了不少方法去处理一些琐事。在她的带领下，我们班从一个普通班变成了一个优秀班级，无论是学习上还是其他方面我们都比其他班要出色很多，她自己在不断摸索，从中得到了收获，但我们每一个人都知道她为我们付出了太多太多。

这些事情，在其他老师看来，可能会认为她缺少了班主任的那种高贵气质，她的行为太冲动或者说她的思想还不够成熟，和我们接触的太多，没有班主任与学生应有的距离，可是人们有没有站在我们学生的角度想一想，我们所需要所喜爱的班主任是什么样子的，那种与我们保持距离，让我们可敬而不可亲的人就是合格的班主任吗？至少我不这么认为，我们都很喜欢她的这种性格，她的做法让我们觉得没有距离，很舒服。

三年的时光使我们很快乐，而且让我们大多数人都很难忘。她带给我们太多美好的回忆，让我们初中生活变得非常有意义。

我已经上了大学，而且在明年的这个时候也许已经站在讲台上成了一名教师，我的理想是在初中时在她的触动下产生的。无论是班主任还是老师，如果每一个人都可以和自己的学生那么亲密无间，也许枯燥的学习也会有一丝阳光，在以后的生活中，我会把王老师作为我的榜样，给我的学生一段充满快乐的学习时光。

最后我还想深深地对她说一声：谢谢！我可亲可近的王老师！

（季玉玮）

班主任成长日记

长大后我就成了你

纪念因癌症去世的初中班主任——吴冠华老师。

可能是班上最早几个知道这噩耗的人吧，在将消息登上校友录的时候，说真的，心里也没有想什么，也许是离开那个青春飞扬的年代已经太久远了，也许是生活中有更多烦心事情让自己精神麻木！有些东西藏在内心深处是永远也去不掉的，可能尘封已久，可一旦打开仍是万般滋味涌上心头。

其一：不知道其他的师哥师妹是否也能常想起的那句吴老师的家乡话口头禅：无所谓，最后一个是第二声。为此当时班上的语文课代表还专门写了一篇文章登上了《中学生报》呢。遇到难题了无所谓，遇到困难了无所谓，甚至我们犯了错误了也无所谓，这并不表明她纵容我们，而是一种胸怀境界的体现，对待十四五岁的孩子，重要的不是当时管教住他们，而是让他们明白道理，保证每个人都一直走对走好他们的人生路。

其二：吴老师一直是一个很慈祥的老师，更多地像慈母，对待我们都像对待她长不大的孩子，无论你犯什么错误，她都是耐心跟你讲道理，虽然当时觉得她很啰唆、很烦，直到我现在也当了班主任，也不厌其烦地给我的学生讲道理时才体会到她的良苦用心。但有一次在她的物理课上，我偷偷地在下面看体育报纸，吴老师发现后当场就没收，并用我从没有见过的严厉眼神狠狠地看了我几眼，整个过程没有一句话，事后她也没找我，但从此在她的课上我再也没有走过神，那个眼神现在还记忆犹新，永远不会忘记。

其三：某一天，不知道是因为什么事情又让吴老师生气了，好像是班上上课老有人讲话吧，具体也记不清了。照例又跟我们讲道理，但这次讲着讲着，吴老师竟然哭了起来，顿时我们都惊呆了，这么多年来我都再没看过有老师在课上就哭的。这一哭也是我们成长的催化剂，结果是上课讲话最凶的几个学生当然也包括我，在班上一个同学一个同学地打招呼，要求上课不要再出一句废话。

在听到吴老师过世的消息后，我都没有流泪，但写着写着我的眼睛不由自主地湿润了。现在的我就像一首歌中唱得那样，"长大后我就成了你"，是一名初中老师兼班主任。说真的，工作一开始，还对吴老师有点看法，认为当时我们都不怕她，她从不对我们发火管不住我们。一直也以自己严格的管理班级而沾沾自喜，但从老师去世以后想了很多，也明白了教师的意义。学校不是军队，我们是在为未来培养人才，想要做一个严厉的老师很简单，可以说人人都能做到，但要做一个能打动学生内心，走进学生心灵、改变学生的老师却很难。当你的学生一次又一次犯错误，甚至是犯同样的错误时，你还能很耐心地循循善诱，还能一如既往地教诲，没有丝毫的怨恨，这才是做老师更高的境界。

看看现在的学生，再想想自己，真得有很多话想对他们说。我们都是从那飞扬的青春年代过来的，谁没有心仪的女孩，谁不想天天抱着足球不玩到天黑不回家啊。小时候总认为老师约束的太多，总想显示自己的特立独行，事后想想真的是太过幼稚。所以还是讲得最多的那句话，珍惜现在所拥有的，尤其是母校的学生，你们的成长环境和氛围相比较而言是很好的，请少一些抱怨，多一些行动；少一些浮躁，多一点成熟。青春是美好的，也是短暂的，何不让它绽放出最绚丽的光彩呢！

我想，更好地做好我现在的工作是对吴老师最大的追忆和敬意，吴老师会在天堂看着我成长的！

（发表在"西祠——母校十三中"）

教师的人格魅力具有强大的感召力、凝聚力和向心力。那么，班主任的人格魅力是如何形成的呢？班主任的人格魅力在实践中积累，在学习中升华，成长的过程需要动力，动力来自不断地学习、实践、积累和反思。

〔实践与反思〕

结合自己学生时代的感受，你认为班主任身上哪些人格魅力是对学生影响最大的？

二、优秀班主任成长故事

作为一名普通班主任，面对难管的学生，面对超负荷的工作，面对付出与收获之间巨大的不平衡，也许你有千万条理由选择放弃班主任工作。但是，在决定你留在班主任岗位上继续工作的理由中，一定有一条最具说服力的理由，那就是班主任工作带给你的快乐和幸福体验。因为这份工作，在你与学生共同成长的过程中，不断壮大和充盈着自己的教育生命，因为有了爱着你的孩子们，你成为世上最幸福的人。我们向往成为魏书生、李镇西、窦桂梅、任小艾，不是渴望他们所拥有的外在光环，而是向往他们那样的工作境界，向往这份工作带给我们的快乐和幸福！

班主任工作最大的幸福在哪里？幸福是一种来自过程的体验，它来自师生心灵交流时碰撞出来的情感中。对此，优秀班主任有着比一般教师更深的情感体验：

李吉林老师享受着"如诗如画"的教育人生。

魏书生老师深深体会到，"教育是一种可以给人以双倍精神幸福的劳动"。他说："教师劳动的收获，既有自己感觉到的成功的欢乐，更有学生感觉到的成功的欢乐，于是教师收获的是双倍的乃至于更多于其他劳动数倍的幸福。"

任小艾老师在讲到学生们捧着两个布娃娃给她过生日时，禁不住泪水涟涟。

李镇西老师与学生告别时，班级里烛光点点、泪花闪烁。李老师颇有感触地写道："童心可鉴，泪眼作证——有了一批批心心相印的学生，我便成了情感富翁和精神巨人。作为一名普通的教育工作者，还有比你自己人格的丰碑铸在学生心目中更崇高的荣誉吗？"

窦桂梅老师说："我深深地感谢15年的班主任实践，也深深地感谢我的班级和我的学生，因为我和孩子们一起成长着，我时时感受着这种成长的幸福和快乐。""我常常庆幸自己这辈子当了老师，庆幸遇上了这些可爱的孩子。因为有了他们，我的生活和生命才更加充实。"

有多少优秀班主任在回忆自己的教育生涯时，每每想到与学生曾经经历的往事，每每得到来自学生的问候和祝福，便涌起幸福的笑容。朱永新说："有人说，教师的生命像一个长长的句子，艰辛是定语，耐心是状语，热情是补语；又有人说，教师的生命像一个根号，一叠叠作业本为他的青春无数次开平方。其实这些都只说对了一半。因为对于在教育中和学生一起成长、享受着教育幸福的教师来说，教育不是牺牲，而是享受；教育不是重复，而是创造；教育不是谋生的手段，而是生活本身。"教师与学生互相给予快乐，师生共同用生命演绎出来的精彩，无物可比，无人可夺，这笔财富是永恒的！

优秀班主任是一个群体，他们之所以优秀，并不是因为他们曾获得过优秀班主任的称号，或拥有许多外在的光环，而是他们在班主任工作中所创造的独特业绩和教育智慧。他们与普通班主任相比，"特别有爱心、特别有智慧、特别爱读书、特别爱思考"[①]。我们每个人身边都有许多成功的案例，这里

---

① 张万祥. 给年轻班主任的建议 [M]. 上海：华东师范大学出版社，2006.

我们仅仅选取了魏书生、李镇西、任小艾、窦桂梅四位优秀班主任作为群体的代表，并试图从一个新的角度，把班主任工作放在人的生命历程中，挖掘班主任工作的人生内涵，体会他们赋予班主任工作的人生境界。

（一）魏书生的智慧人生

魏书生，1950 年生，当代著名教育改革家。自 1978 年任中学教师，因在教育改革中成绩突出，先后荣获省功勋教师、特级教师、全国劳动模范、全国优秀班主任、全国中青年有突出贡献的专家，首届中国十大杰出青年等殊荣。他的讲学足迹遍及全国 31 个省市自治区和台湾、香港、澳门地区及马来西亚。曾任盘锦市教育局局长、党委书记。

我当班主任没有什么新的办法，就是老办法，老祖宗都用了好多年的办法，那就是民主与科学。

——魏书生

说起魏书生，在人们心目中的印象远比上面的事迹介绍要生动、丰富、形象得多。他被称为最佳教育家，人称"现代孔子"。在班级管理这片沃土上，他做到了运筹帷幄，决胜千里。他管理班级的高招层出不穷，他的很多点子在一线班主任中广为流传，甚至形成一个"魏书生效应"，他创造了许多班级管理的奇迹。下面仅选取其中几个片段，做一简要介绍。

1. 扫墓不会就写扫圈儿吧。

1978 年 2 月，经多次申请，魏书生终于被批准到盘山县三中做语文教师，六载夙愿，一朝得偿，喜悦之情，难以言喻。

刚到中学任教，魏书生就接了两个截然不同的班。

其中一个班，是全年组各个班选拔出的好学生组成的；另一个班呢，也是全年组各个班选拔出来的，但都是不太听话，学习比较差，还有好打架的，53 名学生全是男同学，没有一个女同学。

魏书生去上课，说："同学们哪，咱们得学写作文啦！"

"我们不会作文！"

魏老师说："不会作文才要学呀？"

"学也学不会！"学生挺坚持。

魏老师继续说："学也学不会，老师慢慢教。"

"慢慢教也不会！"学生的声音也不含糊。

慢慢教也不会？！魏老师似乎更坚持："老师领着大家认识社会，体验生活。"

于是，他领着大家去祭扫烈士墓，回去以后，问学生感想如何，学生答："老师，挺受感动的。"

"就把这种感觉写出来，就是好文章。"

"老师，不就写不出来嘛，能写出来还说什么呢！"

面对学生真实的回答，魏老师说："这样吧，我把我写的文章慢慢地读给大家听，大家能听写下来，就算好文章，行吗？"

可就是这样了，学生还有困难："老师，我们有的字儿不会写。"

遇到这样的情况，大多数老师都发火了："这个笨劲儿，听写还不行？那个班怎么都会？你们怎么不会呢？"可是，不能发火啊，这些学生就是这样才进的这个班级呢。所以，魏老师只好跟学生们再商量："同学们，哪个字儿不会用汉语拼音来代替，还不行吗？"

"我们不会汉语拼音！"

魏老师说："那对不起同学们，老师忽视了这点。那怎么办呢？这样吧，哪个字不会咱就画圈儿，行吗？扫墓不会就先写扫圈儿吧。"

对好多学生来说，终于写完了他们有生以来的第一篇文章。然后，魏书生再教会同学们查字典，教会学生把圈儿变成汉字，于是，一点点儿地学起来。学生觉得老师既不难为自己，又不放纵自己，跟老师关系就和谐了。

不知道正在读这本书的老师中，有没有遇到过比这样的班级基础更薄弱的情况，应该不多了吧，可就是这样的班级，魏书生一步一步地带了起来。很多讲座报告中，魏老师都会讲起这个案例："后来我再接班，做什么事，都研究学生的可接受程度。"

教育是一种服务。学生发展到什么程度，就需要提供什么样的服务。魏老师不轻视学生，点点滴滴从头做起，从心做起。学生从魏老师那里得到了被理解、被尊重的感觉。

2. 选择在差班上公开课。

魏书生第一次上公开课，就选择了淘气的那班学生。魏老师说："同学们，老师要上公开课了。"学生傻了："老师，别在我们班上。我们会给您丢脸！"

魏老师说："我不怕丢脸还不行吗？"

"老师，我们怕！"

魏老师说："同学们，打架都发生过，上个课怕什么呀？老师提前把讲什么课告诉大伙儿，老师讲《最后一课》，是小说。咱还有两三天的时间，提前预习预习。"

往常不预习啊，预习什么呢？学生说生字，老师就说接下来是文学常识，老师就让××负责记文学常识。"上课的时候，大伙儿都举手，我肯定不叫你，叫××不就行了吗？"还有情节，环境，人物，一个个帮着他备好了课。

到上课那天，魏老师往前面一站，大伙儿都笑了，心领神会，谁也不紧张。

"咱们该学哪课了？"

"《最后一课》！"

"《最后一课》的体裁是什么？"

"小说！"

"生字谁会？"

全会！找谁都没问题。

"文学常识怎么样？"

全会！举手，哗，全举手，"×× 你来吧。"

同学们课上得热火朝天，兴高采烈，听课的老师们看得目瞪口呆——这是全校最差的那个班的学生吗？这个班学生的学习积极性怎么那么高呢？事先都预习了。

后来魏书生就不演了，但学生的学习积极性就这么被调动起来了。魏书生后来当教育局长也一直坚持这一点，他说："服务就这样，考虑人家的可接受性，从最简单的事情开始做，让人家觉得能够接受，这叫建立服务的关系，树立服务的意识。"

3. 上级别干下级的活。

不到半年，学校便不再让魏书生教课，而让他当教导处副主任，负责学生思想教育和管理。如果愿意当干部，魏书生早就可以当比主任高得多的干部。费尽唇舌，历尽辛苦，谋求的就是普通教师的职业。于是他苦苦要求继续带班教课。领导答应了，条件是以学校工作为主，兼班主任教语文课。

当时学校有 1500 多名学生，两名主任，一位主抓教学，魏书生负责学生思想教育。学生纪律不好，他每天忙于学校事务，自己班级学生的自觉性也不强，常常无法兼顾，于是便开始尝试培养学生的自学能力和自我教育能力。

第一届学习委员刚入学，魏老师让他参加收书费的会，回来以后，书费一共多少钱只有他清清楚楚，任务也就落在他的肩上。

到第二天，他到一个个座位上准备收，魏老师说："不许你用手收。"

学习委员聪明，站在那儿眼珠滴溜滴溜转，转完想明白了，走上讲台，拿出手表，开始宣布："全班同学请注意，各小组组长请注意，请各小组组长站在你们小组的左侧，下面我们要开展收书费比赛。"

魏老师在一旁公布比赛规则，本次书费两个学期一个人多少钱，要求每个小组组长准备一张 16 开的白纸，写上你们小组交费人的名单，交费的钱数，总钱数，收完了钱，用这 16 开纸把小组的钱包起来，放在讲桌上算完成任务。

"各就各位，预备！"

"停，刘宁啊，你也掐表，两个人掐表不更准吗？好，预备，开始！"

最快的小组一分十五秒，把钱往讲台上一放，完成任务。最慢的小组，一分四十五秒，交完，往讲台一放。五摞钱齐了。

学习委员一看，书费收完了，拿起一摞来刚想数，魏老师说："你当大官的像个大官的样儿，上级别干下级的活，你领着这五个小组长到学校交费，谁少了谁赔不就完了嘛。"

小组长才明白，闹了半天，大官连数都不数啊！赶快再数一遍吧。大家都想如果出了问题，那不当场就找回来嘛。

没问题了，好，去交钱吧。五个小组长攥钱都攥得紧紧的，别说丢失，别人抢劫都不知抢哪个对头。

当班主任经常会遇上收学费的工作，可魏书生从没摸过钱。生活委员管班费，班长承包收学费，学习委员承包收书费。老师就是教会学生做事。所以班主任一进班级，觉得没事干了，负担就轻了。

让学生进行自我管理，是"人本"思想的发展，它并非魏书生的创造，然而魏书生管理最鲜明地体现了这一思想，其教育策略之高明，教育手段之巧妙令人称道。首先，他非常注意提高学生对管理活动的认识。曾经有学生问他："您还能做我们的班主任吗？"魏书生说："为什么不能？"学生说："我们看您太累了！""那我就请副班主任来管嘛！"学生问："副班主任在哪？"魏书生说："就在每位同学的脑子里！"谈话中，魏书生除巧妙地向学生传达了对学生的信任外，还向学生传递了这样一个信息：管理对整个教育活动来说是必要的，但管理不是老师来约束学生，而是学生的自我约束。其次，魏书生创造性地创设了多种自我教育形式，如写"说明文"，写"心理病历"等，大力倡导学生自我约束和自我管理，帮助他们在心里筑起第一道防线，尽量把问题消灭在萌芽状态。再次，他大大强化了规划、决策过程中的民主参与，通过引导学生制定班规班法，使学生的意志与愿望通过合理渠道得到了满足，又密切了师生关系。

魏书生说："我是班主任工作爱好者，从当班主任那天起，我一共当了20多年班主任，后来被撤了。我当局长那天，就把我这个校长给免了，不让当了。于是，不当校长了，班主任也就给撤掉了。但是我真的非常留恋班主任。我当班主任没有什么新的办法，就是老办法，老祖宗都用了好多年的办法，那就是民主与科学。我常常觉得班级更像一个小社会，社会上有什么，一个班级便可能有什么。学生们走出家一定得有适应大社会的能力。既然是社会，就有一个管理问题。管理的合理，就能人心所向，形成强大凝聚力。集体中的每个人都发挥自身的潜力，集体的实力就能得到增强、事情才能做得顺利。社会如此，家庭如此，学校如此，班级亦然。"

许多老师问魏书生，这么多工作怎么做得过来，他说主要靠科学研究，从科学的角度去做工作就能调动教师及学生的积极性，使教师成为学校的主人，学生成为班级的主人。大家以主人翁的姿态去研究教与学，自然就提高了教与学的效率。管理从空间上说是人与事（学习活动等）相互协调的系统，例如他提出"人人有事做，事事有人做"，而从时间上说，则是一个从决策到执行，再到反馈的系统运作的过程，为此，魏书生花费了大量的心血来构建他的庞大的管理工程，在推进管理自动化方面作了有益的尝试，并且取得了成功的经验。

魏书生成功的原因很多，正确的人生观、积极的苦乐观都促使他成为一个优秀的班主任。世界也许很小，而心灵世界却很大。班主任是在广阔的心灵世界中播种、耕耘的职业，这一职业应该是神圣的。愿我们以神圣的态度，把属于我们的那片园地管理得天清日朗，无愧于我们的学生，无愧于我们生命长河中的这段历史。

（二）李镇西的诗意人生

> 李镇西，四川乐山人。1982—1997年在中学执教语文兼班主任，2000年到苏州大学攻读博士学位，任成都市教育科学研究所教育发展研究室主任后，回到四川省新教育实验学校教书，做班主任。已发表数百篇文章，相继出版了《青春期悄悄话》《爱心与教育》《走进心灵》《从批判走向建设》《教育是心灵的艺术》《花开的声音》《风中芦苇在思索》《教有所思》《民主与教育》等专著。1998年12月，在北京举行的"纪念苏霍姆林斯基80诞辰国际学术研讨会"上，著名教育家苏霍姆林斯基的女儿、乌克兰教育科学院院士苏霍姆林斯基卡娅赞誉他是"中国的苏霍姆林斯基式的教师"。

写作不仅仅是单纯的写作，它必然伴随着实践、阅读与思考。它与实践相随，与阅读同行，与思考为伴。实践是它的源泉，阅读是它的基础，思考是它的灵魂。

——李镇西

要找李镇西，就进入"教育论坛"吧。在那里有一个"李镇西之家"，24小时为您守候。或者干脆键入 http://lzx.eduol.cn。李镇西的"家外之家"同样热闹、民主。

1. 最后一道防线。

刚参加工作时，李镇西几乎整天都和学生泡在一起。因此，不仅学生们喜欢，家长也很感动。汪斌同学的父亲给李镇西提来一筐鸡蛋。推让不成，李老师还是想出个处理办法。

第二天课间操时，李老师用煤油炉子煮一个鸡蛋，然后叫来汪斌，把热鸡蛋塞给他："这是你爸爸托我给你煮的，快趁热吃了！"

他开始每天都定时给汪斌煮一个鸡蛋，一直持续了整整一个月。后来，有老师知道了这件事，都说他"太爱学生了"，他却不好意思地说："那是我表弟！"是的，李镇西没有把握自己对学生的赤诚能够被所有人理解，相反，那时年轻幼稚的他生怕别人说"假得很"……

1983 年，李镇西参加工作的第二年。这年春天，他因劳累过度，患上了严重的神经衰弱症，常常连续几夜不能入睡，最后，医生不得不决定让他住院治疗修养。在住院的整整一个月里，来探病的学生络绎不绝，使其他病友羡慕不已。4 月 1 日那天早晨，李镇西偷偷地从医院溜了出来，带着学生去峨眉山玩了整整一天！虽然晚上回病房时被护士长狠狠批评了一顿："还是当老师的，这么不听话！"但那天晚上却是他住院以来睡得最好的一夜……

1987 年 8 月 31 日，是新生进校第一天报到的日子。刚刚报到的学生周慧生病了。医生一检查，怀疑是阑尾炎，需要住院观察。住院部在门诊部后面的山顶上，自行车根本没法上去。怎么办？李镇西一蹲，弯下腰，让同行的学生把周慧扶在背上，憋足劲一步一步向山上走去了。

越往上走，山坡越陡，腿有些发颤了，大口大口地喘粗气，说话也很吃力了。但这时，也许是疼得太厉害了，周慧在背上又呻吟起来。于是，李老师便和她开玩笑以分散她的注意力："周慧啊……你，好会……享受哟！……骑在人民……的头上……作威作福……"走在旁边的朱建英"咯咯"笑了起来，周慧却一言不发，依然趴在背上，但呻吟已几乎没有了。走了一路，李老师又继续引用了臧克家纪念鲁迅的一句诗来逗周慧："骑在人民……头上的，人民……把他……摔垮！……"

当天夜里，李老师在病房里守候着她，望着输液瓶里的点滴，一直到天明……

后来，周慧考上北京外国语学院德语系。高中毕业前，她回忆起进高中第一天就生病住院的情景，写了一篇作文《在我生病的日子里》：李老师背着我慢慢走着，头埋得很低，腰也给压弯了；他不停地喘着粗气，可还给我开玩笑："骑在人民头上的，人民把他摔垮！"我一句话也说不出来，却在心里默默地接着诗句念着："给人民作牛马的，人民永远记住他！"

在《关于爱心和童心的随想》中，李镇西这样写道：

常常有人问我："当一个好老师最基本的条件是什么？"我总是不假思索地这样回答："拥有一颗爱学生的心！"素质教育，首先是充满感情的教育。

一个真诚的教育者同时必定又是一位真诚的人道主义者。

一个受孩子衷心爱戴的老师，一定是一位最富有人情味的人。

本来，从某种角度看，我其实是很不适宜当老师的，因为我性子太急躁，常常忍不住就发火甚至对学生粗暴；但是从另外一个角度看，我当老师又有着自己的可能是独特的优势，这就是我很爱孩子，或者说我的性格里面本身就有许多"孩子气"。就教育技巧或者说教育艺术而言，我有许多致命的弱点，因而在我的教育历程中，我有过不少至今想起来令我脸红的失误。但是，只有一点我可以毫无愧色地说：我有一颗童心！

这颗童心，使我深深地爱着我每一届学生、每一位学生；这颗童心，使我的学生原谅了我对他们有时抑制不住的暴怒；这颗童心，不止一次使我和学生一起欢笑，一起流泪；这颗童心，使我自然而然地走进了学生的情感世界，也让我的学生常常不知不觉地拨动了我的情弦……

爱心和童心，是我教育事业永不言败的最后一道防线。

李镇西之所以成为李镇西，很重要的一个原因是他在教育过程中付出了大爱、付出了真诚、付出了深情。无论是"万同的故事"里，还是黄金涛的心路历程中，无论是对宁玮"一路平安"的祝福和牵挂，还是对宁晓燕悲剧的自责和反思，无不透出李镇西对教育、对学生的一片童心、满腔爱心；无论是"班级法律"的诞生，还是"未来班"的创建，无论是青春期教育的有效探索，还是对花开声音的悉心倾听，无不昭示着李镇西的一片真诚，满腔深情。正是这一件件的小事使李镇西赢得了学生的心。

是否还有比"亲爱的老师、朋友和父亲：我们永远爱戴您、尊敬您、感激您"，署名为"您的高95级（1）班全体儿女"的节日寄语更令人激动的挚情话语？是否还有比"镇西兄——血脉虽不相连，心灵永远相通"更近的师生间的心理距离？

教育是心灵沟通的艺术。熟知这句话的人何止千万，但是真正把这句话在实际中践行得淋漓尽致的人却不是很多。李镇西便是为数不多的人中的一个。

2. 风中的芦苇在思索。

有一次，李镇西在外地与老师们交流，许多老师因为读了《爱心与教育》，向他表达自己的崇敬。李镇西很认真地说："其实，我和大家是一样的——对学生的爱是一样，对教育的执著是一样，所遇到的困惑是一样，所感受到的幸福也是一样，甚至包括许多教育教学方法或者说技巧都是一样的！如果硬要说我和大家有什么不一样的话，那就是我对体现教育的爱、执著、困惑、幸福、方法、技巧的故事进行了些思考，并把它们一点一滴地记载了下来，还写成了书。仅此而已！"

"班主任专业化"是一个很大的课题，但对每一位有追求的班主任来说，这个课题可以从自己做起，从小处做起——比如，从写教育随笔开始。

李镇西的第一篇教育日记写的是一个故事：我开玩笑而无意伤了班上一位残疾同学的自尊心，于是，当天晚上我怀着内疚到了他的家里，向他赔礼道歉。开玩笑时的得意忘形，孩子委屈的表情，内疚的心理，晚上家访迷路时的焦急，在学生家里和他们的对话，以及告别学生后在回家的路上看到满天星斗时的轻松与喜悦……

带着学生在郊外原野上的一次"疯狂"，去成都春游时与几个"调皮大王"的"较量"，与一位陷入早恋而深感苦恼的学生的谈心，带着几个学生以主人的身份走进市长办公室，向全市最大的仆人询问家乡的改革大计，学生与著名作曲家谷建芬同志的友谊……几乎每一篇日记都是这样一些真实而琐碎的故事，没有一点"写文章"的感觉，也没有想发表的功利性目的，只是用笔挽留住每一天平凡而纯真的日子。但那一页页发黄的文字，化作一张张老照片变得清晰起来，分别多年的学生们调皮的笑声穿过遥远的时空扑面而来……

一个人不要总想去超越别人，但必须不断地超越自我。李镇西的工作历程，正是一个不断反思自我、超越自我的过程。正是在这反思与超越中，他一步步地拔高立足点，开阔视野域，丰厚教育积淀，升华教育追求。

1982年至1987年的两轮"未来班"教改实验，所取得的成功足以令人欣喜若狂。但是李镇西并未满足，而是积极地进行着总结和反思，很快他便发现了"未来班"教育中重继承轻创新的教育缺陷。宁晓燕之死更是促使李镇西对自己的教育探索进行了更深刻、更犀利的剖析。这一时期所发表的《教育观念的10大碰撞》《从理想的天空到现实的大地》等一系列反思文章，标志着李镇西从"教育的浪漫主义"走向"教育的现实主义"。1987年起实施的构建"班级法律"以法治代替人治的教育探索和对中学生进行青春期教育的高度关注是非常具有前瞻性和开拓性的。因为即使在今天青春期教育的问题仍然是举步维艰，仍然是"犹抱琵琶半遮面"，仍然是困惑中小学教育工作的重要问题之一。历史发展到20世纪90年代中期，随着素质教育呼声的日益高涨，李镇西又开始了以"民主、科学、个性"为主要内容的教育理想主义的追求。

同时，李镇西在网络上倾注了大量的精力，作为论坛版主，他以对教育、对学生满腔的热忱，以深刻独到的思考，以优美诗意的文字，赢得了大量网友的支持，网站凝聚起了非凡的人气。一线的班主任、语文老师对他更了解了，与他交谈的机会更多了，得到他感染和指导的老师也更多了。很多人都说，"教育在线"的第一大贡献就是聚集了一大批热爱教育的网友。他们在网上展露才华，在网上结交同仁，在网上指点江山、激扬文字。互动的网络，给了他们一个表演的大舞台！有个叫张向阳的普通老师，他以前从来没有发表过文章，但自从有了网络后，他每天在"教育在线"网站上写一篇日记，与网友交流心得，分享教学中的苦与乐。短短半年时间，他就在《人民教育》《教育参考》《文汇报》等报刊上，发表40多篇文章。

风中的芦苇，在思索中逐渐成熟！

3. 首先还是爱学生！

李镇西曾经写过一篇文章，题目叫"E网情深"，讲述了自己与网络相识、恋爱、成家的经历。也听说李镇西的博士生导师朱永新曾经批评过他在网络中"陷得过深"，最终却受其怂恿，不但开创了如今已经成绩斐然的"教育在线"网站，而且也将上网发帖列为自己每日必做的事情。

当人们开始意识到写作上网对一个班主任专业成长的重要性的时候，当有人甚至戏称"网络是成功的跳板"的时候，李镇西却开始渐渐少了一些声音，论坛也似乎有些因缺乏管理而失去了条理。甚至有不少网友开始质问李镇西。对此，李镇西四次正式致公开申明。

第一次：不得不说的烦恼（恳求理解）

最近，我感到我越来越没有正常的生活了，教育部的科研任务尚未完成，新的学校也有许多事（招生、招聘老师等），我还得考虑下学期的教学和班主任工作……因此，我不得不推辞了所有的约稿（熟悉我的朋友可以发现，最近我很少在报刊上发文章了），不少讲学也推辞了。

第二次：朋友们，请给我减负！

过去在读博士期间，我主持论坛，绝对保证有帖必复，但我坦率地说，现在我不可能做到。我现在的时间更多的是花在找学生谈心，和教研组的老师探讨教学，写教案和班主任随笔，我还要负责学校青年教师的培训，不时还要找老师谈心。对我来说，这更有意义！

因为我首先得对得起我每天面对的学生，因此，我不得不"得罪"一些网友了，呵呵！

第三次：重要声明

去年年底我去见谷建芬，曾问她：如果现在有人请你谱班歌，你还愿意吗？她说，心有余而力不足呀！这也是我原想请谷建芬帮我谱校歌，最后终于放弃了这一想法的原因。我理解并体谅谷建芬。

谷建芬说她有更重要的事情要做，一个作曲家要靠作品说话。说实话，我也有更重要的事情要做：就是我每天面对的学生！一个教育者也必须靠学生的成长说话。

上网是有利于教育的，是教师成长的一种方式。但如果为上网而上网，成天仅仅忙于应付、到处赔笑脸以至于影响正常的教育工作，这是得不偿失！本学期我担任班主任，每天被琐碎但有意义的事情左右，我哪有那么多的时间陪网友呢！

第四次：再次声明并祈求理解

从今年八月底开始，我接了一个高一新生班，担任班主任和语文教师，同时还担任着副校长。每天的工作其实很琐碎，其中，最花时间的是不停地找学生谈心——我认为这是做教师最应该做的事，和每天对自己工作的记录，也就是写班主任日记——我认为这同样重要！我一再提醒自己："你首先是38位学生的班主任，而不是职业演说家或自由撰稿人！"我反复告诫自己：沉下去，再沉下去！沉到学生的生活里，沉到学生的心灵里！千万不要因网络而浮躁，而虚飘！

写到这里我真是很矛盾：我知道我辜负了朋友们的信任，但我首先是属于我的学生的呀！有朋友说，难道不可以二者兼顾吗？至少我觉得很难。我爱网友，也爱学生，但首先是爱学生！

我忙，还有一个重要原因，就是忙于学校的新教育实验。我一心想搞真实验，这需要许多细致的工作。我不能辜负朱老师对我的期待！

在一而再，再而三的声明中，我们看到用很多的文字表述"写这个帖子我很不安""我真的来不及""向一切理解我的朋友，鞠躬！"之类的意思，反复道歉，反复解释，深恐伤害了哪一个。可尽管如此，李镇西又是那么坚定地表达自己的观点："我首先是属于我的学生的。"这是一个班主任发出的声音！

盛名之下，必有所累。在维持自己的公众形象与当好学生的班主任之间，李老师选择了后者，甚至提出"愿意辞去总版主的职位"，退隐江湖，封笔不写。这是一种生命的姿态，是对自己价值的选择。多么让我们感动的选择啊！这不禁又让我们想起他在谈写随笔时说的那段话：教育研究绝不是为学术而学术的研究，它首先基于研究者崇高的教育理想主义情怀，即超越眼前功利的教育使命感。没有崇高的事业追求，是不可能对日常工作如此热爱并深入思考的。

这就是李镇西。一个睿智、勤奋的思想者，一个爱所有孩子的不愿长大的孩子王，一个具有独特人格魅力的班主任！向李镇西老师致敬，代表他的学生们！

附：魏书生与李镇西（转载）

魏书生重科学，李镇西重民主。

魏书生重法治，李镇西重人治。

魏书生在法治中建立秩序，李镇西在人治中走向和谐。

魏书生看重的是心灵的宁静，李镇西看重的是心灵的纯净。

宁静的，所以能致远；纯净的，因而很透明。

魏书生的管理有着大上海的风采：精明而睿智；李镇西的育人有着老北京的气息：从容而大气。

魏书生庄严，但庄严中透出亲切；李镇西亲切，但亲切中透出庄严。

魏书生是一个宗教，李镇西是一个童话。魏书生身上更多的是宗教家的执着和坚忍；李镇西身上更多的是小孩子的热情和纯真。

是周恩来给了魏书生人格上的力量，他有着一颗感恩之心，终生不敢背版的：是历史，是良心；

是苏霍姆林斯基净化了李镇西的心灵，他有着一颗赤子之心，终生不敢背叛的：是童年，是真诚。

从魏书生身上，我们懂得：人要学会感恩；从李镇西身上，我们知道：感动无处不在。

魏书生"功夫在课外"，教学，是管理的一个零件；李镇西"功夫在课内"，管理，是教学的一个配件。

魏书生、李镇西都有自己的"班规"，而且都是在学生充分讨论的基础上制定的。魏书生的"班规"如蜘蛛织的网，精妙之至，当然令人欣赏；李镇西的"班规"如小孩子捏的橡皮泥，稚拙了些，同样惹人喜欢。

魏书生是包藏火焰的冰山，是"月亮代表我的心"；李镇西是通体透明的美玉，是"明明白白我的心"。

魏书生陪儿子玩"摔跤"，培养的是刚劲和彪悍之气；李镇西和女儿谈"爱情"，造就的是细腻和温柔之心。

魏书生博大、严谨，李镇西厚实、凝重。

魏书生"春风放胆来梳柳"，李镇西"夜雨瞒人去润花"。

魏书生的存在，中国的教师们多了一个可效法的榜样；李镇西的存在，中国的教师们多了一个可信赖的朋友。

感谢魏书生，他让我们懂得：教育不仅要传承，更要创新；

感谢李镇西，他让我们懂得：教育不仅是大智，更是大爱。

（三）任小艾的艺术人生

任小艾，全国模范班主任，全国新长征突击手，全国科技教育十大杰出青年，北京市劳动模范，北京市五四奖章获得者，北京市三八红旗手，现任《人民教育》管理室主任。代表作：《建立民主、平等、和谐的师生关系》系列文章，获全国教育好新闻系列文章评比一等奖；专著《我的班主任工作》获教育部全国首届教育科研优秀成果评比一等奖。曾先后主持中央电视台《综艺大观》《电视你我她》《第二起跑线》和中国教育电视台《走向明天》等节目。

艺不压身。机会垂青于有准备的人。

——任小艾

"我刚当老师的时候，那真的是非常热心，要说情感那丰富的很，特别爱孩子。但是不懂得科学，怎么去教育学生我不知道。……你能化腐朽为神奇，你能把难解的问题，棘手的问题巧妙地解决这是教师应该具备的能力。一个教师如果能集情感、科学、艺术于一身，他一定是一个能够取得成功的老师，但是我们一开始做教师都做不到这一点。"回顾自己曾经的青涩，任小艾真实而坦然。

有人说：她的整体素质高于常人，她会弹琴，会唱歌。她的教育称得上是艺术，她想了很多办法，她的教育目的是通过隐性手段达到的，学生在不知不觉中健康地成长起来了。

有人说，人的成功有多种因素。个人坚持不懈的努力，个人的聪明智慧，个人的学习，当然这是一个方面。还要具备什么呢？良好的工作环境，好的学校，好的校长、领导，好的同事，好的家长、好的学生，方方面面。

还有人说，更重要的不是这些，是良好的机遇。有的老师说："我这人呀，什么条件都具备，就是没有机遇。上苍不关爱我，我没有这样的机遇，要是我能在北京，我也能上人民大会堂；我要上人民大会堂，我也能发言；我要是能发言，我也能成为任小艾。"

那么任小艾超出一般老师的究竟是什么呢？

1. 技压群生。

任小艾"潜水镇学生"的故事，大概不少班主任听说过。

刚参加工作的时候，任小艾就没有能"攀上高枝"。她所在的学校，在北京市朝阳区排在24所中重点中学倒数第三。学校的校名是119中学，有人开玩笑说：119中，火情不断，老出事！学校教导处有一张特别的办公桌和椅子，那是给派出所的专职人员准备的。流传着一句尽人皆知的顺口溜：119中门朝北，不出流氓出土匪。

一群初中生哪把一个年纪轻轻的女班主任放在眼里？任小艾走马上任，

就遭遇了下马威，眼看班级管理工作很难开展下去。

一天任老师给学生上体育课，这是一堂游泳课。说起游泳，那可是她的拿手好戏。从5岁开始，任小艾被游泳体校招去参加游泳训练，一直到高中毕业，参加过多次比赛，在北京市拿过前三名。被北京游泳队看中，在北京游泳集训队训练，后来由于父母不同意，做了老师。可学生哪里知道这些。

所以，当任老师提出要和他们比赛——看谁潜水时间长的时候，男同学们跃跃欲试，来了劲头。

"预备——扑通！"纵身一跃，任老师率先入水。学生也"扑通""扑通"地紧跟其后。

一分钟，五分钟，十分钟，十五分钟，几拨学生都熬不住了，他们一个个抹着满脸的水珠，大口大口贪婪地呼吸着空气爬上栏杆扶手。

可水池里毫无动静。有学生在鼓掌。

依然没有动静。学生开始窃窃私语，急性子的忍不住探出身子向水池张望。

时间一分一秒地流逝，任老师却一直不见上来。学生渐渐地开始恐慌，最后害怕了：老师不会出不来了吧？这种恐慌迅速蔓延，他们在岸边大声地呼喊："任老师——""任老师——"。

这时候，"哗……"任老师从水里探出了头。孩子们一阵欢呼。

从那以后，再没有一个不服帖的了。

任小艾会游泳，有这项运动爱好，就可以让学生受益。她所教过的学生，在初三和高三毕业时，每个人都能够考取深水合格证，都会游泳。所有学校搞运动会，她带的班提前一两个月就进行陆上训练。所以只要参加学校运动会都是拿团体总分前三名。

2. 一鸣惊人。

做教师一做就是十年。在这十年中，任小艾渐渐取得了各种成绩。

有一天，校长把任小艾找过去，说："明天下午，你去一趟北京市教育局，局长有事找你。"局长找一个普通老师干什么呀？小艾蒙住了。

走进北京市教育局局长的办公室，局长很亲切地说："马上要到春节了，中共中央委托北京市人民政府、北京市教育局要举办一个除夕春节教师团拜会，我们要选一批优秀教师参加团拜会，并发言。市长发现名单里面中老年教师居多，说让找找年轻教师，你所在的朝阳区推荐了你。这个会每人发言不超过5分钟，你回去做一下准备，就讲一讲你的工作。"说完，任小艾就回去准备了。

那一天来到了，怀着无比激动的心情，任小艾登上了富丽堂皇的人民大会堂，走进一个灯火辉煌的会议室，坐着软绵绵的沙发。眼前，都是只能在电视和报纸上才能看到的中央各级各位领导，直看得人目瞪口呆；再看四周，都是北京市顶尖的特级教师，重点中学的知名校长，全国劳动模范，全国优秀教师。任小艾感到有一点自卑。自己充其量只有一个称号：北京市儿童少年先进工作者。

于是，任小艾列了个题目"建立民主、平等、和谐的师生关系"，讲为什么要建立这个关系，怎样建立这个关系，建立这个关系以后的效果是怎样的，分三个层次，几句话，到点赶快停，说"时间到了"，就停下来。

国务委员、原国家教委主任说话了："这位青年教师有很多新教育思想，愿教师都能像她一样，你继续讲下去。"

于是，任小艾以一个普通老师的身份讲了45分钟，占据了后面全部的时间。散会以后，各级领导、北大校长周培元、雷洁琼都过来祝贺，雷洁琼还过去拍了拍、拥抱了任小艾一下。以后，任小艾更出名了，当时中国教育电视台和中央电视台等各大新闻媒体都对她作了报道，她成了家喻户晓的名人。

有一句名言：机遇往往降临在有准备的人身上。假如你是一个有所准备的人，也许一个机遇降临，你会牢牢地抓住它，然后一发而不可收。假如你不是一个有准备的人，万千机遇降临，也会与你擦肩而过，失之交臂。有所准备的人是什么人？是个有心人。这个有心就在于，不仅要苦干，还要在苦干中学习一些巧干的技巧。能够不断地学习和创新，还能够不断地升华和提炼，把自己创新的东西提炼到一定的高度，就成了一个卓尔不群的人。

卢梭在他的自传体小说《爱弥儿》中有这样一句话：在敢于担当培养一个人的重任以前，你自己是否造就成了一个人？你自己是否是人心中的模范？

他的这句话就是说，在我们敢于担当培养别人的重任之前，能否扪心自问：自己是不是一个大写的人字？

3. 全面发展。

"文革"期间，北京没有艺术院校，更没有学员。于是国家就在各个中学找有艺术天赋的孩子。

任小艾从小受父母的影响，上高中的时候被北京舞蹈学院招去练舞蹈；被中央乐团声乐系找去练中音，女中音；被中央戏曲学院招去练话剧表演，多次登台演出。

虽然她没有做演员做了老师，但并不影响她发挥自己的潜能。她们班的学生只要参加全校的文艺汇演，总是拿全校的第一名。任老师教他们指挥，教他们练声，孩子们唱出来的声音，即使无伴奏都非常好听，和别的班唱出来的就是不一样。中央电视台写了一个电视剧本——《她和她的学生》，原型就是任小艾。

教师越多才多艺，对于从事教育教学，对于班主任工作就越有益，学生能从老师身上感受到的就越多。任小艾说，作为老师、作为家长，最重要的是教给孩子三项本领：第一，运动的习惯。要让他有一个运动的爱好和习惯，这样，你将来不担心孩子因为身体不好而无法承担重要的工作。因为身体是第一位的，所以我把它放在第一位。第二，让孩子有艺术的爱好。一定要培养他有艺术的爱好，因为从我对学生的培养和我自身的成长来看，我感觉到，一个有艺术爱好、有音乐欣赏能力的人，是有灵气的。一个有灵气的孩子和一个有灵气的教师，是有悟性的人，很容易感知这个世界。第三，就是学习的能力，不是只教给他知识。

今天这个社会和这个时代，我们需要的是一种什么样的教育？那就是，有着快乐心态的老师，引领着学生奔向快乐幸福的终点。但愿每一个老师能够像任小艾那样，在班主任工作中，创造出快乐和谐的教育来，让我们每一个学生在他的学生时代，感受到人生最大的幸福！

（四）窦桂梅的平凡人生

> 窦桂梅，女，1967 年生，现任北京清华附小校长，特级教师，先后被评为全国模范教师，教育系统劳动模范，全国师德标兵，十大杰出教师提名奖等称号。

把"激情"当作人字的撇，"思想"当作人字的捺，努力走出大写的、立体的人生。

——窦桂梅

吉林，一个偏僻的山村；

清华园，一个都市的教育家园。

距离，何止是地理上的遥不可及，更多的时候，这是一道难以逾越的鸿沟。很多人穷其一生也跨不过这条鸿沟。而窦桂梅硬生生地跨进了北京，跨进了清华附小，跨进了人民大会堂。人生的转折不仅仅写在她的履历表中，更烙进了她的生命里！

窦桂梅是平凡的。她来自农村，那片沃土把执著追求和脚踏实地的精神植入她的生命——给予她一个顽强的信念：要自强不息，要奋力拼搏。不管在哪个单位，从事哪门学科教学，只要埋下头来，任劳任怨，必能成为业务骨干，做出成绩，体现出存在的价值。

1982 年，15 岁的她走出山村，走进吉林师范学校。四年后，她以优异的成绩毕业留校做文书工作。同学们羡慕，她却不情愿——既然学习了四年师范，就该成为一名好教师。几经周折，终于改派到吉林市第一实验小学。由于分配太晚，她被安排到教务处做辅助工作。在这个岗位，她一干将近五年，先后教过语文、音乐、数学、美术、自然常识、思想品德几门课程。每一次代课，她都全力以赴。代数学课时，所带班级成绩名列前茅；代音乐课时，上过大型公开课。但她感觉自己还是喜欢语文，而且语文教学也能更好地丰富自己的底蕴。因此，几年里她没有停止过恳求领导，要求岗位更换——教她最喜欢的语文。1991 年她终于如愿以偿。"打杂"的五年，使她开阔了眼界，积累了经验，综合素质得以全面提升，常常会不自觉地把音乐、美术、多媒体、信息技术等形式整合到语文教学中。显然，从一个青年教师专业化发展的角度来讲，窦老师"开局不利"，遭遇了很多周折——而大多数青年教师要幸运得多。

窦桂梅是平凡的。在她东北人先天带着的豪爽开朗的特点里，有风风火火，不达目的不罢休的劲头，也有显得简单而欲速则不达的缺陷。东北人豪爽的性格，逐步成就了她豁达的性格。在成就面前，她还在努力改变着自己，继续修正自己，继续把"激情"当作人字的撇，"思想"当作人字的捺，去努力走出大写的、立体的人生……性格本无好坏，只是看人自身如何去调整自己。很多小学班主任充满一颗童心，未必是由于先天的开朗和活泼，是他们在与学生相处的过程中，在努力地适应孩子、靠近孩子，为孩子而改变。这是多么了不起的自我改造啊！

窦桂梅是平凡的。作为一个女人，一个母亲，一个妻子，一个行政管理，她也有很多常人需要面对的除学生之外的人群。从 23 岁到 32 岁，作为居家女人最为辛劳的时期，她利用九年的时间，从函授专科一直读到师大研究生课程班。报考中文函授本科的时候，她每天下午 5 点钟到师范学院进行补课学习，晚上 9 点钟到家后，再给孩子做第二天上幼儿园的菜，有时还要备课，或者给学生改作业。之后她再复习成人高考的内容，直到半夜才睡觉。她坦言，这些年一直这样奋斗过来，得到了很多，也失去了很多。人的精力是有限的，她考虑的是在我现在的状态下，能给家庭、给女儿带来什么样的回馈。一个热爱学生的老师必然拥有一颗充满阳光的心！

窦桂梅是平凡的。面对教育也会有困惑，也会需要帮助。她越来越感悟到：课堂教学是一门艺术，有领导、专家指导的公开课是提高教学水平的快车道。于是她找到校长要求上公开课。工作了 30 多年的李校长，从没有见过自己争取上公开课的教师。他告诉窦老师，要先在年级组内练练，然后再说。于是年级组的教研活动，窦老师特别积极地参加。除了年级组内老师的帮助，她还三天两头请领导、专家听课，每一次接受领导评课都郑重地把本子打开念道："上节课里您告诉我有以下几条缺点，您看这节课我改了多少。第一条……

第二条……"环境和伙伴的合作，成为个人发展与竞争的重要因素。

可是，读着这些平凡之处，我们却似乎更清楚地感受到了窦桂梅的不平凡！

为了更真切地了解窦老师，我们邀请了在她身边共事的许剑老师为我们进行描述，但愿这样近距离的描述，能让我们看到一个光环背后的真实的窦桂梅。

行走于平凡与不平凡之间
——我眼中的窦桂梅

走进清华附小，被凝重、典雅的氛围感染；走进附小，又被浓郁的文化气息吸引，墙壁上的文化石，古树掩映下的成志书院……置身其中，你的心情说不出的舒畅和惬意，你的思想变得专注，你的精神得到荡涤，你的心中涌起一种责任和力量，它会化作一种动力，在对附小的依恋中，在对事业的追求中，我们和全国著名特级教师窦桂梅一起，全身心地投入到课堂里，这样的投入，让你能够感受自己成长的足音，回味生活的美丽与饱满。

与窦老师相识、相知、相处的日日夜夜都是真切而感动的。

记得，我初来附小应聘，由于当时来不及到教务处拿新书，她急急忙忙从自己的书柜中找到一本语文书。打开，里面的每一课，几乎是密密麻麻的小字。一种敬佩油然而生，敬佩中多了一份来附小的坚定。

之后，一次次台下聆听她的教学，与她进行心灵的相遇；一次次和她备课，体会她对教材的解读和打磨；一次次和她促膝谈心，感受到的是她对事业的追求和积淀，心灵的碰撞，得到的是更多的鼓励与激发。

她很可爱。也许这是东北人的特点，给人的感觉总是神采奕奕。于是，你会欣赏她的感染力。一袭得体的装束，让人想到的是明媚的春天；一脸灿烂的笑容，让人觉得生活如阳光般美好。记得她的女儿批评窦老师的表情太丰富，年龄大了，一笑褶皱太多，很吓人。可窦老师告诉女儿："妈妈的表情学生愿意看，你作为高中生觉得不舒服，那是你长大了……"于是，天真还略加可爱的她，显得更加儿童了。

来北京将近五年了，她还没有来得及感受城市的律动，动不动你会听她把北京市说成她的家乡"吉林市"。于是，两点一线，早上从家里出来进入清华园，晚上从学校出发穿过清华园——工作的路程就这样简单。有的教师议论她好像不食人间烟火，反正你和她在一起，没有听过什么家长里短，或者买什么菜，给孩子做什么饭之类的生活"调料"。她也想这样"女人"，只是没有时间。

是啊，人的精力毕竟有限，你看她，课堂成了她生活的全部世界。于是，你看她，觉得她很"不正常"。她呢，好像总有自己的理由。对于教育，她总有忙不完的事儿，干不完的活儿。远观，你会发现她的每一天都过得充实而有意义，她前进的脚步是那么坚定，那么轻盈，而且从未停息。于是，喧嚣似乎不属于她，简单的思路属于她，复杂与烦恼便远离了她。

每天晚上，你走出校门的那一刻，回头，她办公室中的灯光会给你疲劳的心照亮。灯光不算亮，但它会告诉你，她还没有回家。那盏灯总是静静地亮着，散发着迷人的"幽香"——会让你想象，她又在读书或写书，或给某个老师备课……于是，每晚回头看灯，已成了一份期待。一旦发现某一天灯光没有，你会不自然，猜想：窦老师到哪里去了？

她的课堂很有自己的风格。"为生命奠基——语文教改的三个超越"的报告曾在人民大会堂作为专题发言。如何进一步建立课程的观念，依托一种可行的操作实现"三个超越"，于是，她带领我们走向主题教学；确定课堂教学的三度：深度、温度、广度；建立课堂文字、文学、文化的三个层面。把语文教学不断地诠释，不断地向前延伸。

她有激情，也不乏思想。作为教师，每一个人的成长经历都是不同的，重要的是你要做你自己。从教已是 19 个年头的她常常在琢磨，在思考。她知道，光有激情那是一种"疯狂"，只有"思想"恐怕也会成为一种"狂妄"。是不断的反思帮助她稳步向前，是不断的反思推动她不断超越。

每一次听她的课，给你的感觉就是一种强大的冲击力。魅力四射的语文教学，让我们爱得没商量——我们流连在她的课堂上，和她，和她的学生一起共度生命中最美好的时光，更多的时候，听她的课，仿佛我也是一名学生，而且跟着她从教材的解读中读出了自己，读出了人生。听她的史铁生的《秋天的怀念》：人生或如白菊花般淡雅，或如红菊花般灿烂，只要热爱生命，只为好好生活；《晏子使楚》让我们懂得人自尊才能被人尊重，国家强大才有自己的强大；为了挑战自己，她又走向了古诗教学，《游园不值》讲出了不遇中的有遇，人生有太多的不圆满，而失中就有得，诗人与园主人有了精神上的相遇，还有他求？

回味的时候，你也许对她的某些动作或者声音感兴趣，甚至你认为自己不会像她那样，但是，你会有一种感觉，她的课就是演绎自己的特色，她把对教育，对学生，对人生的理解都融入到教学的言谈举止和整个流程中。有人说，她当演员也会出名，的确，整个课堂就像一场演出，她就像出色的指挥家，孩子在她的指挥下，演奏一首首生命的歌曲。演员在演绎别人，而她在演绎自己的为师人生。演员演戏，她在演心，演自己。我们发现，她好像不太在意别人对她的要求甚至"束缚"。于是你会感觉她的课不能用完美来评价，而是一种豪气，大气。

其实，每一次教学成功的背后，都包含了她和我们辛苦后的甜美。因为每一次的引路课，她总是和年级组的老师们研究，听完试教之后，她要把大家召集在一起进行批判——必须说说课堂的问题或遗憾。最后，她还要强调她自己身上存在的问题就是大家也要注意的问题。为了尊重老师的不同意见，她还把张晓东老师对《晏子使楚》的不同意见推荐到《人民教育》，附在自己观点的后面发表。

当然，她不回避自己的优点，当老师表扬她的可取之处的时候，她的笑也是挂在脸上，而且也"大言不惭"地强调一定要像她学习这一点。

窦老师很感性。初来时，显得风风火火，有一种不达目的不罢休的劲头。当然，出发点是好的，不过有时候显得简单而欲速则不达。于是，你会看到她脸上的表情变化，你单独和她交流谈心的时候，你会看到她的眼泪。这个时候，你才发现她柔性中的一面。

五年了，岁月打磨了她，人群修正了她。不变的是忠实于自己的职责，自然，慢慢成熟中，又有了课堂教学外的教学管理的可喜探索。从理念上的引领到课堂教学细节的指导；从教学管理的思考，到大胆的创新改革。附小的教学管理一步步走向深入，从学校、年级组、教师个人三个层次教学的研究，使课堂教学研究走向深入，资源共享，为每一位老师搭设成长的平台、展示的空间，走进每个人的课堂，倾听每个人的思考。从各年级教学规划的制定，把学校的三个教学目标：一手好字，一副好口才，一篇好文章，细化到每一个阶段落实。规划出教师、学生的人生之路。又围绕着主题教学的三度，制定了附小课堂教学的评价标准，引领着教师的备课、上课、评课。还有从阅读教学、作文教学、课外阅读三个层面并进的教学研究；大胆尝试评价的改革，与学生能力的成长，个性的发展，社会的需求接轨。当然，所作的探索不一定都是对的。不过，我们有理由相信，只要上了正确的路，目标就不会远。

作为管理者，她最大的特点是用业务带动管理。我曾是一个业务校长，由于苦恼于事物的繁琐，我现在专心当了一名班主任。她呢，精力真够过人。除了一些社会活动要参加，在学校必须"全天候"。说心里话，她也真不容易。可以看得出，她不把业务当作权利来做，是在引领、组织、开放中实现教学过程的管理，从而使教学管理的效果达到最大化。在教学的指导中，她挖掘教师个人的最大潜能，用赏识的目光关注每一位教师，发现他们身上的闪光点，当教师在她的帮助与鼓励下取得了成绩，此时，她又给予更大的鼓励，并且给他展示的舞台，宣传他的事迹，让他在这方面做得更出色，发挥得淋漓尽致。这时候，她总是默默地坐在台下注视。

说到这儿，这和她当年的成长有关——自己当年的成长必然离不开领导专家甚至老师们的巨大帮助。然而别人的嫉妒和狭窄也让她吃过苦头。她对我说，看着年轻人成长心里就是高兴，绝对不能让年轻人感到压抑。帮助别人，就是在帮助自己。不是吗？老师们的教学"艺术"起来，她的管理自然就艺术起来。

她很有组织才能。为了让教师们的才能得到展现，她很爱表扬人，甚至夸张地营造气氛——目的就是凝聚每一位教师，以提高团队的整体素质，让每一位教师投入到研究教学的快乐中。分层次培养教师，在哪一方面经验丰富的老师，就承担并负责这一项研究工作，带动这项工作的开展。教学有特长的老师，就给她创造机会让她的特长发挥得更长。更多的教师是在她说课评课的过程中成长起来的，教研组里一人上课，其他人同样参与备课、评课的全过程，在这个过程中全员得到提高，而且资源得到了共享。

就这样，在朝夕相处中，在耳鬓厮磨中，我们和她一起成长着，渐渐的，她开始内敛而沉着，轻松而从容。

回过头来，看她作为业务管理者的进步，东北人豪爽的性格，逐步成就了她豁达的性格。于是，义正显得词婉，理直显得气和了一些。看得出，她在努力地改变着自己，现在的她已经很平和，很自然了。不变的仍是那份对同事的真诚，对工作的执著。多了一份谦和后，她会常常静静地倾听我们对教学的理解，然后是接纳、吸收、加工、整理，最后总结给我们。她从别人的思考中读出了更深的思考，她的路走得越来越宽了。

生活中的她，活得真实而坚强，远离家乡与亲人，多了一份牵挂之苦，还有对滋养她成长的吉林一实验，对为她铺路的人，又那样难以割舍，感恩之情长存心底，对昔日的不依不舍化作对工作的动力，她，想遥寄一份对远方的思念。

家庭生活中的她，窦老师这样讲述：

这些年一直这样奋斗过来的，得到了很多，也失去了很多。但生活就是这样，不可能都那么完美。人的精力是有限的。我考虑的是在我现在的状态下，干什么最快乐，能给家庭、给女儿带来什么样的最大回馈。我发现，一个人的状态会影响一个家庭，我给我家带来的最大影响是精神上的影响。我女儿在我这样向上的状态下成长，她看到了，妈妈是这样生活，这就是她未来的生活。当然，我不希望她像我一样，每个人活着的状态都是她自己的独特存在，谁也不能成为谁。不过，至少我女儿对生活的态度是积极的，心态是阳光的——也许这是给她的最大影响。

我的情况比较特殊，事业占了我大部分，几乎全部的精力，但这并不意味着我作为女性对家庭的影响就没有了。我每天回家都很晚，但我会抓紧时间跟家人作"有效沟通"，不会过多唠叨。也可以说，我经常给我先生和孩子作"报告"，在精神上和他们交流，所以我先生在家里付出了许多，但也是快乐地做着。这也是我家的一个特色。

人最重要的是要清楚地知道自己适合干什么，合理安排时间，而且要从中找到快乐，在家里也是这样。家里每个人都找到了自己的位置，很现实地面对自己的位置，并在自己的位置上做最大的努力，从每个人的角度发挥最大的作用来形成最大的"核"。所以我的家庭是和睦的，当然家庭的每一个成员是幸福的。

生活是多元的，不能为得到一些而失去一些，要规划自己的人生，让你的人生精彩，更让你身边的人因你的存在而同样精彩。

我常常想：究竟是什么支撑着她，使她在平凡中铸就其精彩、美丽而又完美的人生。我寻找答案，于是，我发现：

激情不老——这是她为师品格的重要追求。只要生命在，激情就在。教师的激情就是要点燃学生的情绪，照亮学生的心灵。对教育的激情，应该从现在的外在表象化为内在的精神气质。因此，她时常反问自己，一时激情，一阵子激情，能一辈子激情吗？真正的激情是不会因年龄的增长，环境的改变，地位的升降而改变的。

读书一生——如果说有字书是光合作用，无字书就是化学反应。她崇尚为学生生命奠基的教育追求，而古典文学修养和哲学修养的不足，决定了她必须加强这两个领域的学习，以对自身弥补和进修，努力做到以教促读，以写促读。总之，读书成为她必需的生活，也是永远的生活。

宁静致远——她常告诫自己要学会内敛一些。性格急也要学会慢慢走。虽忙忙碌碌，也要围绕自己的特色钻研下去，深化、细化，创造属于自己的心灵财富。在浮躁的现实中寻求一份属于自己宁静的心境，并置身其中，朝着理想的目标默默地努力，静静地成长。

以写促思——写作不仅是积累经验的一种方式，更是逼迫自己勤于阅读和思考的强劲动力。因懂得这些，虽工作辛劳，文笔稚嫩，但她仍坚持用文字记录自己的教育生活，让忙碌的她不断与宁静的她进行对话，让冲动的她不断接受理智的她的批判，让实践的她不断接受理论的她的提升。

慎独养身——个人独处，他人不知，能严格按照慎独去做，没有其他杂念，实实在在按照道德准则去做。克服"慎众"，这几年，面对荣誉她已经知道给周围的其他人；面对不同声音的评价要拿得起，放得下。不在乎别人的毁誉，而要自信自醒，打击的力量就是前进的力量。教学研究中但问耕耘，莫问收获，竭尽全力，就是胜利。

伸展个性——个性不是特性，教师不能没有独特的风格，不能没有鲜明的个性。随波逐流，循规蹈矩是自己成长的最大敌人。"独立之思想，自由之精神"也应成为我们为师的座右铭。她认为努力让自身的缺点变成特点，就不会形成缺陷；努力让学习变得"学问"一些，就不会变成心术问题。努力让性情变成生命的一种性格，就不会出现人格问题。

海纳百川——无论是现在还是过去，谁走在前面，谁就是老师，包括学生，尤其是那些老教师——敬业、博学、钻研、激情、严谨、刻苦等教育传家宝，已经成为我们"通向现在和未来美好教育境界的阶梯"，把我们引领到当今课程改革的风口浪尖，心中永远铭记他们，并在今后的工作中时时记得向周围的同志学习。

合作同进——新的时代与环境，强调的是团队的力量。尤其是激烈的竞争环境，必须真正合作。没有合作之心的人，内心是焦躁而绝望的，也不会取得真正的成功。你有什么样的情怀，就有什么样的处世方式；你有什么样的期许，就有什么样的行为。因此，强调个人发展与竞争，一定要依靠环境和伙伴的合作——学会沟通、学会倾听，同行彼此理解，彼此支持，共同分享经验，以减少由于孤立而导致的个人行为。

角色定位——教育，不变的永远不会变，改变的必将会改变。创新不是推倒历史，更不是在沙漠上建设大厦。回顾过去是有益处的，如果我们对前人视而不见，我们身上的独创性不会很好地保存下来并取得快速的发展。教师要成为一名真正的审视者、反思者、继承者，但应当永远把自己定位在是教育海洋中微不足道的一颗海星的角色——也许，这是一种理性状态。

她反复强调，上面的这些话，讲的都是自己阳光照耀的一面，那些背后的苦辣与辛酸，还没有具体说出。她告诉我："个人虚荣心强，所追求的境界还没有达到高度，缺点或缺憾也都没有和盘托出。当然，记忆和经历也都成了矫正我继续行走的脚印。当巴黎市长把电影皇后的奖章赠给张曼玉的时候，她感慨地说，过去自己拍了许多胡闹剧，走过的路，好的，坏的，都是你的人生录像，再也抹不掉了。我们教师又何尝没有失误和无法挽回的痛苦呢？好在离退休还有十多年，还有修正的一些时间，让我继续把'激情'当作人字的撇，'思想'当作人字的捺，去努力走出大写的、立体的人生……"

就这样，忙碌的她，教育的旋律在她似一个优雅的弹者，手起，琴响。弦音漫过夜色，宁静淡泊，儒雅至极。飘逸的弹者唱出一种幽娴的神韵，一种恬淡的灵性，唱得满塘的荷叶婆娑，满池的莲花婷婷开放。于是，莲的清香从四面八方飘拂滚涌而来。这美丽便栖落在一片最初的荷塘月色之上。

女儿四十什么样？快近四十岁的她，活得真实、舒展，就像贝多芬的《月光曲》，当波涛汹涌之后，大海归于平静，留在每个人脸上的是安详与美丽。现在我们从她身上看到的就是这份安详与美丽。就让我们也带着这份安详与美丽走向明天的生活。

深深祝福您，窦老师！

（清华附小　许剑）

[实践与反思]

这些优秀班主任的成长经历，给你的最大启示是什么？怎样才能做到不断超越自我、实现自我？

三、我们向优秀班主任学什么[①]

随着班主任专业化进程的不断推进，越来越多的年轻班主任开始认识到班主任专业发展的重要性，逐渐从事务型向专业型转变，进而自觉不自觉地产生了向优秀班主任学习的愿望，并付诸自己的教育实践。向优秀班主任学

---

① 齐学红.我们向优秀班主任学什么？[J].班主任，2013（1）.

习成为班主任自我成长的一个重要途径。这是一个可喜的变化。但是，一些教师在向优秀班主任学习的过程中，往往持一种功利主义的取向，希望在短期内见到成效，因而照搬照抄一些具体做法，效果却常常不佳。因此，对于一些年轻班主任而言，向优秀班主任学什么，如何学习，成为摆在他们面前的现实而又急迫的问题。

（一）"优秀班主任"与"名班主任"的区别

这里，我首先做一个界定，区分一下"优秀班主任"与"名班主任"。

优秀班主任往往是在长期从事班主任工作的实践中炼成的，他们在人格上更加成熟完善，对学生的影响更加全面深远，在班主任实践智慧和人格魅力方面堪称楷模或典范。他们往往具有大家风范以及作为教育家的优秀品质，其实践经验和教育智慧是经得起时间考验的。而且，他们自身也在不断学习、不断超越自我。

同优秀班主任相比，名班主任的诞生往往具有一定的偶然性和人为性，其诞生机制本身是值得深思的。所谓名班主任，即近年来在班主任工作中做出了一些成绩，通过优秀班主任评选、班主任基本功大赛、班会活动展示等一系列活动脱颖而出，进而受到一些行政部门、媒体的关注和表彰，有一定知名度、关注度的班主任。这些名班主任往往有一些共同的特点，如大多比较年轻，在班主任工作中有一定创新，受到学生的欢迎和喜爱等。名班主任的诞生可谓班主任专业化的产物，更是近年来一些地方、学校纷纷推出的名班主任的评选政策的产物。他们中有许多人已经非常优秀，但也有很多名班主任正走在变优秀的路上，他们的经验还有待时间的检验。

（二）批判性思维：以他人为镜

向优秀班主任学习，不可采用追风式的简单模仿，而要经过客观分析，以审慎的态度创造性地学习运用。因为教育情境的复杂性，不同班主任面对的学生实际情况各不相同，班主任自身的个人特质、知识储备、能力结构也各不相同，不能采取简单的拿来主义的做法。所以，在探讨"向优秀班主任学什么"这一问题之前，我们必须首先明确怎样学习的问题，也就是学习的态度和立场问题。

向优秀班主任学习不是一个经验层面的简单分享，而应成为与优秀班主任的对话过程，对话不是单向度的效仿，而是批判性地吸收与借鉴。对于今天的教师而言，批判性思维的形成尤为重要。在中国现行的教育体制下，标准化的考评制度、行政命令、专家意志、媒体力量、家长因素等多方面力量综合作用于教师的成长，使得教师的批判性思维几乎丧失殆尽，教师的工作越来越沦为简单地照章办事，不折不扣地执行长官意志或行政命令，教师的独立性、创造性受到极大的消解。"考试成绩好的学校即好学校，考试成绩好的教师即好教师"的评价标准大行其道，班级管理成为学校管理机器上的一个零件。成功、高效管理背后的教育理念，以及由此评价标准形塑的教师行为往往是值得怀疑的。因此，在现行的学校管理体制下向优秀班主任学习首先应避免盲目的偶像崇拜。另外，优秀班主任可以作为班主任自我成长中的一面镜子，从他们身上，既可以发现自己的不足，同时也要发现自己的优势所在，只有这样，才能不断成长和进步。

（三）学习的三种水平：操作—观念—人格

那么，我们从哪方面入手向优秀班主任学习呢？我认为，可从操作、观念、人格三个层面进行，进而区分为学习的三种层次或三种水平。如果以问题的方式表述，即"是什么""为什么""怎么样"的问题。从学习品质来分析，具体表现为"思""悟""行"三个要素。

班主任工作是一个实践性很强的工作，在实践过程中往往体现为大量繁琐的事务性工作。对于刚从事这一工作的年轻班主任而言，班主任工作实务的学习和操作显得尤为重要，例如，初任班主任的"三个一"：如何开好第一堂班会课，与学生、与家长的第一次见面，上好第一堂课等。因此，对于年轻班主任而言，学习优秀班主任的带班经验和具体做法往往成为第一要务。这种学习大多停留在事务性的操作层面，具体而言，就是学习优秀班主任是怎样带班的。这个学习阶段往往表现为简单模仿，向优秀班主任学习的往往是一招一式，并且大多采用拿来主义的做法，缺少自己的独立分析和创造性运用。如果自己所带班级与优秀班主任所带班级情况比较吻合，可能会在短期内取得一定的成效；如果班级情况不一致或不相符，则效果不佳。

一些善于反思的班主任可能会提出这样的疑问：同样的做法为什么效果截然不同？进而引发自己的独立思考，是自己的做法有问题，还是方法本身值得思考？于是进入学习的第二阶段——观念层面的学习，反思优秀班主任做法背后的观念是什么，即为什么会这样做？背后的思考是什么？

班主任的教育观念、教育理念不是空洞无物的，而是具体体现在每一个教育细节中，如魏书生老师"让班上的每个孩子都有岗位"与有的老师"让班上的每个孩子都有职位"的做法，看似一字之差，背后的观念却大相径庭。"人人都有岗位"体现了全班学生对班级活动普遍的参与意识，而"人人都有职位"强化的是学生的"官本位"意识。再如有的班主任坚持每学期走访班上每个孩子的家庭，与班上每位学生谈心一次，与全班学生一起制定班规等做法，都体现了班主任"心里有学生""以学生为本"的教育观念。在此意义上，向优秀班主任学习不是操作层面的简单模仿，而是发现做法背后的原理性东西以及思想性的内涵。这样的学习意味着班主任要逐渐确立和形成自己的教育观念与教育理念，始终把全面深入地了解学生、走近学生作为自己的必修课。在此基础上，对学生作为一个发展中的、充满个体差异性的、具有无限发展潜能的完整的生命体有着充分认识；对教育的内在本质、教育教学的规律性等有着整体性的把握。即教师要树立对于教育的内在信念，形成一定的专业品质，并将终身学习作为自己的努力方向。

向优秀班主任学习的最高境界是感受、体悟优秀班主任的人格魅力。教师的人格魅力作为一种潜移默化的力量，在学生一生的发展中都发挥着不可替代的作用。优秀班主任的人格魅力是其在长期的班主任实践中教育智慧、人生境界的结晶。人格魅力作为一个人的本色、底色，往往同一个人的人生阅历、人生境界有关，非刻意追求、人为修饰、急功近利而成，也是向优秀班主任学习时最难效仿的。为此，年轻班主任要能潜下心来，深入研究教育教学规律，将班主任工作作为一个专业以及毕生从事的事业，不断学习，用心经营。相信通过长期不懈的努力，一定可以达到优秀班主任的精神境界。

（四）"名班主任"的局限及其超越

最后，我认为有必要专门就向名班主任学习这个问题提出一点想法。

近年来，在一些名班主任身上表现出一些可喜的个人品质，如对于教育事业近乎痴迷的热爱，对于自己理想信念的坚守，对于开展班级活动始终如一的坚持，对于班主任教育实践的创新意识和创新能力，对于新生事物的敏感力和接受能力，以及一定的自我反思能力、不断学习进取的精神等。他们中的一些人已经形成了自己独具特色的带班风格以及明确的自我发展意识和发展能力。这些优秀的个人品质都是值得年轻班主任学习的。但是，我们也发现，在一些名班主任身上尚缺少一些内在的精神品质，如对名与利的过度追逐以及由此带来的行为表现等。在人生境界和人格魅力方面的差异正是所谓的名班主任与优秀班主任之间的差别所在。在当今日益功利化的社会，名班主任的诞生机制在"速成"了一批名班主任的同时，也使得一些人的精神世界变得日渐苍白，导致一些人身上人为包装、修饰的成分居多，更有甚者，一旦成名之后，往往满足于到处作报告，介绍经验，相互鄙视与攻击，在人生舞台上上演着一幕幕形形色色的人间悲喜剧，将教育演绎成人生的名利场。媒体的宣传，自我的标榜往往使一些人沉醉于自我的"造神运动"中，个人崇拜及自我意识膨胀，自我言说与实际行为出现极大反差，进而产生了不利的社会影响。其功利化的人生追求以及实际行为中暴露出的问题需要引起人们的反思，也是年轻班主任在向名班主任学习过程中需要加以识别与警惕的。

当然，名班主任并不是完人，在他们身上表现出的这样那样的人格缺陷和行为表现放在其他行业或其他人身上是可以理解的，但是教师职业的特殊性，需要我们对于这样一些人格缺陷和行为偏差表现出特殊的敏感性，因为它们会潜移默化地影响学生，乃至影响他们一生的健康发展。"以他人为镜，可正其身"，在此意义上，名班主任作为年轻班主任成长中的一面镜子，往往具有可资借鉴与可供批判的双重意义和价值，由此也可形成班主任的批判性思维能力和鉴别能力。这正是我特别提出向名班主任学什么这一问题的价值所在、用意所在。

出版后记

　　历时近一年的书稿即将交付之际，内心的感受是非常复杂的。酸甜苦辣，个中滋味，只有在掩卷长思中细细回味。书的写作过程是一个理论与实践对话的过程，也是理论工作者向一线教师学习的过程。他们丰富的教育实践和教育智慧，成为本书一笔宝贵的精神财富。当然，写作过程的艰辛也是常人难以体会的。书中的作者大都来自中小学一线的普通班主任，虽然在自己的班主任工作中积累了丰富的实践经验，但是，口头上说说容易，真的要把它写出来，不仅要写出自己是怎样做的，还要讲出一个道理来，为什么这样做，当时是怎样考虑的，即通常所说的学会反思，本身就不是一件容易的事。更何况，作为一线教师，他们承担着繁重的教学任务，每天属于自己支配的时间本身就很有限，写作任务基本上是在晚上夜深人静时。为此，他们牺牲了自己的休息时间，放弃了节假日与家人的团聚。出于对这份事业的热爱，大家经常是相互感动着在做这样一件看似容易实则艰难的事。整个过程曾数易其稿，仅提纲就有多个版本。

　　书中作者大多来自普通中学，有的甚至是生源很差的学校，他们面对的教育对象往往是被家长、教师放弃的所谓"差生"。在这些富有爱心的班主任眼里，每个人的身上都有闪光点，让每个孩子都抬起头走路，班主任与他们一起分享学习的快乐，学会承担责任，守住诚心，共担风雨。师生结伴同行，班主任与学生共同成长，他们是教育爱的守护神。由一线班主任来写自己的成长故事，反思自己的成长经历，这样的写作角度给那些刚刚走上班主任工作岗位，或者正在为班主任工作困惑、苦恼的一线班主任提供一些借鉴和参考。

　　本书的特点是，汇集了大量的来自中小学一线班主任的生动而鲜活的教育案例，反映了新时期班主任工作面对的新问题，以及解决问题的新途径和新方法，例如，如何做一个受学生欢迎的班主任，班主任与学生同写教育叙事，以及如何利用教育博客这样一个快速、便捷的成长平台，形成一支优秀的班主任团队等内容，对于今天的班主任和班主任工作会有新的启示作用。

参与本书编写的作者主要有：引言，第一、四章（吴虹）、第二章（王静、吴向军），第三章（陈奎奎），第五章（张慧、许剑）等。另外，书中还引用了许多一线班主任个人博客中的内容。作为一名教育工作者，我为我们拥有这样一批怀揣心中的师德上路的年轻班主任而自豪、骄傲；作为一名家长，我为我们的孩子生活在这样一批有爱心、有智慧，人格高尚的老师身边而欣慰，并向全国近500万中小学班主任道一声感谢！道一声珍重！

还要感谢丛书的两位主编，班华教授为丛书定下了很好的基调，即采用与一线班主任进行对话、协商、讨论问题的表达方式，而不是居高临下地说教；站在理论的前沿，直面现实中的具体问题；同时也为该书提出了许多建设性的意见和建议。感谢高谦民教授为该书的修改付出的大量心血，他的严谨治学令我钦佩、敬重。感谢王宁给予我的理解与支持，我们共同分享了编书过程中的许多焦虑和紧张、艰辛和快乐！还要感谢华东师大出版社大夏书系给予本书的理解与支持，以及为本书出版付出的大量工作。是班主任丛书把我们联结成一个学习的共同体、研究的共同体，我们自己也与书的作者一起走向成长！

齐学红

2006 年 6 月于南师随园

再版后记

　　《今天，我们怎样做班主任——优秀班主任成长之路》一书出版于2006年，是我作为主编出版的第一本书，作为自己班主任研究的处女作，也是我与一线班主任开展合作研究的开始。该书历经一年多时间的精心打磨，见证了我和作者团队一起成长的心路历程，在朴实稚嫩中透露着真诚自然、不加雕琢的质朴之风；书名本身历久弥新，充满着鲜明的时代气息。在这里，我们秉承着"班主任的书是由班主任写的，也是写给班主任看的"的写作立场，将优秀班主任的成长视为一个不断学习、不断成长的生命历程；而这一生命历程不是以说教的方式，而是一种生命成长叙事，即班主任在面对瞬息万变的时代命题、层出不穷的学生问题时，如何向实践学习，向书本学习，向同伴学习，向学生学习，进而不断增长实践智慧，走向自我教育生命的丰盈与完善。因此，此次再版的书名修改为《今天，我们怎样做班主任——优秀班主任成长叙事》，凸显该书的文风是叙事的，而非说理的；是与一线班主任平等对话的，不是高高在上的。它真实地再现了一线班主任如何从新手班主任成长为优秀班主任的生命历程，真实记录了许多年轻班主任的成长足迹。

　　修订版与第一版相比，有两个明显的变化：一是在内容上增加了许多班主任工作案例，尤其是新生代班主任的成长故事，体现了新的教育理念和实践智慧。而那些保留下来的内容，在不失经典的同时自然带有明显的时代烙印，这也是历史的必然，不可能也不应该用今天的眼光诠释昨天的故事。二是在呈现方式上，在保留叙事体风格的同时，在体例上做了调整，试图给读者提供一个关于班主任专业成长轨迹的可参照性的分析框架，呈现出夹叙夹议的写作风格。

　　参与修订版编写的作者主要是我的2020、2021届硕士研究生：仝磊、彭瑶、李亚蒙等。现任上海沪江网执行官吴虹女士在百忙之中对于此书的修订给予了大力支持。在此一并表示感谢！

齐学红于南师大随园校区

2021 年 5 月 17 日

图书在版编目（CIP）数据

今天，我们怎样做班主任：优秀班主任成长叙事 / 齐学红
主编 . —上海：华东师范大学出版社，2021
ISBN 978-7-5760-1902-5

I.①今 ... Ⅱ.①齐 ... Ⅲ.①班主任工作 Ⅳ.① G451.6

中国版本图书馆 CIP 数据核字（2021）第 118634 号

大夏书系·全国中小学班主任培训用书

今天，我们怎样做班主任
——优秀班主任成长叙事

主　编	齐学红
策划编辑	李永梅
责任编辑	任媛媛　万丽丽
责任校对	杨　坤
封面设计	奇文云海·设计顾问

出版发行	华东师范大学出版社
社　址	上海市中山北路 3663 号　邮编　200062
网　址	www.ecnupress.com.cn
电　话	021 - 60821666　行政传真　021 - 62572105
客服电话	021 - 62865537
邮购电话	021 - 62869887　地址　上海市中山北路 3663 号华东师范大学校内先锋路口
网　店	http : //hdsdcbs.tmall.com

印 刷 者	三河市龙林印务有限公司
开　本	700 × 1000　16 开
插　页	1
印　张	17.5
字　数	258 千字
版　次	2021 年 9 月第一版
印　次	2025 年 7 月第十二次
印　数	20 101 - 21 100
书　号	ISBN 978 - 7 - 5760 - 1902 - 5
定　价	55.00 元

出 版 人　王　焰

（如发现本版图书有印订质量问题，请寄回本社市场部调换或电话 021-62865537 联系）